행복한 삶과 골프 되시길
축원합니다.

당신은 이제 골프왕

당신은 이제 골프왕

김덕상 지음

집사재

당신은 이제 골프왕

초판 1쇄 인쇄일 / 2004년 11월 5일
초판 5쇄 발행일 / 2019년 10월 22일

지은이 / 김덕상
발행인 / 유창언
발행처 / 집사재

일러스트레이션 / 이일선

출판등록 / 1994년 6월 9일
등록번호 / 제10-991호

주소 / 서울시 마포구 성미산로로2길(서교동) 33 202호
전화 / 335-7353~4
팩스 / 325-4305
e-mail / pub95@hanmail.net

ISBN 89-5775-084-3 03690

값 10,000원

※잘못 만들어진 책은 구입처에서 교환해 드립니다.

| 추천사 |

　아마추어와 프로의 세계는 달라도 엄청나게 다릅니다. 우선 평균적 거리 차이가 50야드 심지어는 100야드까지 납니다. 프로들은 페이드, 드로 등 의도하는 샷을 대부분 구사할 수 있는 반면, 아마추어들은…… '볼이 똑바로 갔으면 좋겠다'는 식의 결과적 골프를 칩니다. 퍼팅이라고 다를 바 없습니다. 프로들은 5~6m 거리가 버디 찬스지만, 아마추어들은 그 거리에서도 3퍼팅이 비일비재 나타납니다.
　현실이 이와 같지만, 대부분 골프책이나 대다수 교습가들은 아마추어에게 '프로 관점에서의 골프, 프로 관점에서의 스윙'을 가르칩니다. 아마추어 골퍼들이 매 라운드 5타를 줄일 수 있다면, 그것은 진정 행복한 성취, 행복한 골프가 됩니다. 하지만, 프로 관점에서의 원론적 골프 이론으로는 '현실적 스코어 개선'이 여간 어렵지 않죠. 소화를 하면, 대번에 싱글 수준이 될 수 있지만, 글쎄요. 그런 골퍼들은 100명 중 한 명입니다. 그 한 명도 프로만큼의 노력, 연습, 라운드를 한 골퍼들이지요.
　제가 생각하기에, 왕짜님(인터넷 필명, 올림픽 C.C. 김덕상 사장)의 골프논리에는 2가지의 '핵심 전제'가 있습니다. 하나는…… '현재 시점의 골프능력을 최대한 살리자'는 것과, 다른 하나는…… '왕짜식 골프를 치면 누구나 현재 시점부터 5타는 줄일 수 있다' ……는 전제입니다.

　가능할까요? 가능합니다.

　왕짜님과 골프를 치면 누구나 충격에 휩싸입니다. 그는 주말에 한 번 정도 골프를 치는 전형적인 아마추어 골퍼입니다. 운동선수 출신도 아니고 골프를 業으로 삼아 죽자사자 볼을 때렸던 골퍼도 아닙니다. 샷이 화려한 것도 아니고, 장타자도 아닙니다. 하지만 라운드 후 스코어 카드를 보면, 언제나 70대 스코어입니다. '들쭉날쭉' 이 아마추어골프의 전형이자, 골프의 영원한 패턴 같은데, 일관된 70대라니…….

　그러나 사람들이 충격을 받는 건 그의 스코어가 아니라 그가 골프를 치는 방법입니다.

　왕짜님은…… 철저하게 '확률골프'를 칩니다. 다시 말해…… '자신의 골프능력 범위 안에서 모든 샷을 구사하며, 자신이 낼 수 있는 최선의 스코어를 내는 방식'입니다. 한번 더 말하죠. 자신의 골프능력 범위 안에서 모든 샷을 구사하며, 자신이 낼 수 있는 최선의 스코어를 내는 방식! 아마추어 개개인의 입장에서 이 보다 더 과학적인 골프, 이 보다 더 현명한 골프는 없을 것입니다. 물론 그 같은 골프는 철저하게 '데이터'를 기초로 합니다. 자신의 골프 데이터가 없으면, 전략도, 확률도, 관리도, 스코어링도 없습니다.

   이 책은 그러한 왕짜식 골프의 집대성입니다. 이 책을 통해, 조금만 더 현명하게 골프를 친다면, 상급자들도 5타는 줄일 수 있습니다. 5타를 줄이면 골프가 행복해지고, 인생이 행복해집니다. 이 책으로, 여러분 골프가 행복해지기를 바랍니다. 분명 행복해질 겁니다.

                              (주)골프스카이(www.GOLFSKY.com)
                                        대표이사 김홍구

| 머리말 |
행복한 골프와 삶 되시길 빕니다

　지난 15년 간 1,000라운드 모든 기록을 하나도 빼지 않고 분석하였더니 올해 어느 잡지에 골프광으로 소개되었고 편집광, 기록의 달인이라는 호칭이 붙기 시작했습니다. 평생 한 번도 반 대표로 운동회에 뛰어 보지 못한, 봉급장이 몸치 주말 골퍼가 핸디 6에 오른 것은, 자신의 장단점을 끊임없이 분석하고 통계와 확률에 의한 전략적 플레이를 추구하였기 때문에 가능했다고 생각합니다.

　가족 스포츠로 퍼블릭 코스에서 함께 운동하던 아들이 12살 나이에 경비가 저렴한 호주로 유학을 떠나, 외국에서 외로운 생활을 하는 그에게 도움을 주려고 끊임없이 연구하고 각종 데이타를 얻고 분석하며 1,000통의 편지로 조언하다 보니 어느새 골프 전문가처럼 되었습니다.

　비싼 그린피에 어렵게 얻은 주말 부킹으로 힘들게 골프장을 찾은 아마추어들은 대개 혹시나 하고 희망을 가지고 왔다가 역시나 하고 실망스럽게 돌아가지요. 골프장 안에서 행복은 대체로 스코어 순이라는 것을 부인할 수 있는 골퍼는 없을 것입니다. 어느 날 언더파의 좋은 성적을 이루던 선수가 바로 그 다음 날 심하게 허물어지는 것을 보면 골프는 기술보다 마음이 앞서는 것임을 알 수 있고, 특히 주니어 선수와 아마추어의 경우 심적 요인의 비중이 훨씬 크다는 것은 확실합니다.

세계적인 선수 최경주 프로는 골프만큼 마음가짐이 중요한 운동은 없다고 했습니다. 골프라는 게 실수를 최대한 줄이는 스포츠인 만큼 잠시 집중이 흐트러지면 엄청난 차이를 낼 수 있기 때문이라고 했지요. 최 프로가 열악한 환경에서 골프를 늦게 시작했으나 세계 정상에 설 수 있게 된 것은 피나는 노력 이외에, 그만의 마음 다스리기 비결이 있었기에 가능한 것이었습니다.

IMF시절 어려움을 겪으면서, 인생의 1/3 후반전은 남에게 도움이 되는 삶을 살겠다고 결심하였습니다. 후배 골퍼들을 위한 뜻으로 www.golfsky.com에 전략과 마인드 컨트롤을 주제로 글을 쓰기 시작하며 「왕짜&골박」의 컬럼을 갖게 되었고, 경기 이코노미21에 「골프와 경영」, 에이스골프 신문에 성숙한 골프 문화를 추구하는 「골프 Essay」를 연재하고 있습니다. 부족한 글이지만 여러 글들을 모아 책을 만들어 보았습니다.

고수가 되고 싶은 아마추어 골퍼는 물론 주니어 선수와 그 부모, 그리고 골프장의 캐디들에게 이르기까지 한 단계 더 지혜롭고 성숙한 골프를 하고 또 그렇게 도와줄 수 있는 방법을 저의 1,000라운드 경험 사례를 바탕으로 소개하고자 합니다. 비즈니스 골프이건 친선 골프이건 또는 시합이건 주어진 여건에서 만족스러운 결과를 얻도록 최선의 방법으로 노력한다면 언제나 승리하며 행복한 골프를 누릴 수 있고, 삶은 더욱 풍요로워질 것으로 믿고 있습니다.

　많은 도움을 주신 www.golfsky.com 김흥구 사장님과 전 임직원, 경기이코노미21, 에이스 골프신문 관계자들께 감사드리고, 골프를 사랑하는 모든 분 그리고 이 책의 독자들께서 항상 건강하시고 행복하며 승리하는 삶과 골프를 누리시길 축원합니다.

　　　　　　　　　　　　　　　　　　　　　　　　　김덕상 올림

| 차 례 |

■ 추천사　7

■ 머리말　10

■ 제1장 전략 : 생각대로 되는 골프　19

21＿ 앵글을 아시나요?
23＿ 개다리는 바깥부터 뜯어라
26＿ 파 온은 이렇게 늘려라!
29＿ 망가진 홀은 한 개로 막아라
32＿ 또 짧았군요, 핀 하이로 치세요!
34＿ 세 달에 20타 줄이기 성공 비결
37＿ 당신은 확실한 승부 샷이 있습니까?
39＿ 쉽게 파를 할 수 있는데, 왜 어렵게 보기를 할까?
41＿ 세상에 보기가 이렇게 쉬운데…
44＿ 순응하면 웃음, 거스르면 죽음
47＿ 진짜 전투조는 무리한 전투법을 쓰지 않는다
50＿ 연속파 행진곡에 웬 더블파 장송곡이…
53＿ 비교하는 열등감 버려야 싱글 핸디
56＿ 보기 플레이어가 6개월에 핸디7로!
62＿ 포스트 샷 루틴 - 복습이 더 중요한 것
65＿ 쇼트 트랙 계주에서 배우는 전략
68＿ 효과적으로 정복하자, 파 3홀편
72＿ 파 5홀을 다스리는 법
75＿ 일단 침대에 오르면 대담하라
78＿ 부정적인 징크스 vs 현명한 메모리 뱅킹
81＿ 장타자 골리앗을 눕힌 꼬마 다윗의 매치 비결

■ **제2장 지혜 : 알고 치면 쉬운 골프** 85

87__ 최고의 숏게임 공짜연습장, 지하철
89__ 네 보폭을 알라, 최소한 4~5타가…
92__ 쓸어 쳐요, 찍어 쳐요? 아뇨, 그냥 쳐요!
96__ 칩 샷과 머리는 굴릴수록 좋다!!
99__ 연습하지 않은 새 클럽, 필드에서는 쥐약!
101__ 메야? 3번 아이언이 주특기라고? 푸하하…
103__ 스핀을 모르고 골프를 논하지 말라
106__ X-Factor와 "허리, 어깨, 무릎, 팔♬"
108__ 얼라이먼트 잘 하려면 클럽을 바닥에 맞추어라
111__ 뽑은 칼은 끝까지 휘둘러라

■ **제3장 수신 : 마음으로 치는 골프** 115

117__ 첫 티샷 O.B.의 행운을…
119__ 넌 물이야, 2%가 부족해서…
121__ 폼이 그렇게 좋으니 스코어가 엉망이지!
123__ 너만 또 따블이야! 일명 열 Go는 금물
125__ 굼벵이도 구르는 재주는 있다
127__ 의식하는 순간 바로 해저드가 된다
129__ 골퍼에게 소중한 다섯 가지의 기본
132__ 삐리릭 소리에 인자한 P대사는 헐크로 변하고…
135__ 침묵은 금, 습사무언
138__ 자기 눈의 티는 혼자 못 꺼낸다
140__ 말이 씨가 되요, 씨가 된다니까…
143__ 어렵다는 골프 쉽게 잘 치는 법

146__ 매타삼사 백무일실
148__ 교만은 분노를, 분노는 상처를 낳는다
150__ 떨지 말고, 당신의 샷과 퍼팅을 믿어라
153__ 실수를 없애는 특급 비결
156__ 마음이 불편하면 쉬었다 하라
160__ 고수들만의 다섯 가지 특성
163__ 낙심을 이기려면…
166__ 가상 라운드로 쾌적하게 잠드는 법
168__ 뒤돌아보면 죽는다
171__ 죽으면 살리라

■ 제4장 독백 : 내가 죽어야 사는 골프 175

177__ 고.들.개.가 몰고 온 홀인원
179__ 퍼터는 잘 닦았는감?
181__ 캐디가 당신의 등을 떠밀지라도…
184__ 골프장에서 십자가는 혼자 짊어지지 말라
187__ 저주의 부메랑
189__ 아들아, 그 홀인원의 의미를 알겠느냐?
192__ 행운도 만들기 나름, 16번 홀의 버디
194__ 버디한다 자랑말고, 더블 보기 추방하자!
196__ 쓰러진 자는 놓아두라
199__ 클럽 선택, 자존심 버리고 실리를 취하라
202__ 뽑은 채도 다시 보자

■ 제5장 경영 : MBA 성공하는 골프   205

207__ 존경받는 골퍼의 열 가지 성공 비결
211__ 수신제가치국평천하
214__ 싱글 골퍼의 첫 걸음, '네 자신을 알라'
217__ 거물 골퍼들의 3덕목:소언·호문·치대
220__ 바이블에서 배우는 골프 전략 십계명
224__ 실패하는 골퍼의 세 가지 악습
227__ 좋은 라이벌은 곧 나의 스승
230__ 골프 QC 불량품 줄이기는 프리 샷 루틴이 최고
233__ 룰도 알아야 면장
236__ 벙커 피해 80대, 깃발 피해 70대
239__ 골프도 경영하면 언제나 70대
242__ 안전 경영의 표본, 레이업
245__ 가급적 쉽고 단순하게, 승부의 분수령은 일관성
248__ 스코어 경영의 다섯 가지 쉬운 법칙
251__ 골프도 경제도 심칠기삼
254__ 코스 매니지먼트는 이렇게 하라
257__ 주식투자에서 배우는 여덟 가지 성공비결
260__ 고인 물은 썩고, 졸면 죽는다
263__ 필드의 리스크 매니지먼트 벙커 전략
266__ 불안감 다스리기
269__ 비전을 세우고 강점으로 승부하라
272__ 곁가지 정리하니 주가도 골프도 '쭉쭉'
275__ 골프도 경영도 안전 전략이 최우선
278__ 실수 후 반응이 성패의 갈림길
281__ 실패 후 재기 방법
284__ CEO 예수의 골프 경영

■ 제6장 묵상 : 승리하는 삶과 골프 287

    289__ 승리 다음 뜻밖의 패배
    292__ 강점으로 승리하라
    295__ 때가 이르매 거두리라
    297__ 왜 걱정합니까? 페어웨이에 보낼 수 있는데…
    299__ 골프도 인생도 실수를 통해 배운다
    301__ 높이면 낮아지고 낮추면 높아진다
    303__ 작은 것에 충성하라
    305__ 반석위에 지은 골프
    307__ 화를 품고 골프장을 떠나지 말라

■ 제7장 필드에서 7가지 실수, 확실히 없애는 법 - KPGA 김병곤 프로 311

    313__ 이 글을 쓰면서……
    315 슬라이스를 방지하자
    317__ 훅을 없애려면
    319__ 뒤땅 치기를 없애라
    321__ 토핑은 금물
    323__ 생크는 무섭지 않다
    324__ 벙커에서 탈출하기
    327__ 여러 라이에서의 샷

■ 책을 닫으면서 329

■ 특별한 스코어 카드 양식 332

■ 저자의 2003년 골프 기록 통계 사례 334

제1장

전략 : 생각대로 되는 골프

앵글을 아시나요?

어느 날 라운드 도중, 캐디가 내게 물었다.

"회원님은 왜 티샷을 꼭 왼쪽으로 치시나요?"

"오늘 오른쪽 그린을 쓰니까 왼쪽으로 치지요. 바로 앵글(Angle) 때문입니다." 이렇게 답을 하였다. 전략을 많이 생각하는 골퍼는 아마추어라도, 가장 효율적인 코스로 공략을 한다.

즉 가급적 트러블에 걸리지 않고, 편하게 다음 샷을 할 수 있는 지점을 확보한다는 말이다.

티 그라운드에 설 때, 우선 자기의 구질을 파악하여 결정을 한다. 슬라이스나 페이드 성의 볼을 치는 골퍼는 티 그라운드의 오른쪽에서 티샷을 하고, 혹이나 드로 성의 골퍼는 티 그라운드 왼쪽에서 티샷하는 것이 백번 좋다. 물론 페어웨이의 반대편 쪽을 향해서 쏘는 것이다.

또한 오른쪽 그린일 때에는 페어웨이의 절반 왼쪽으로 티샷을 하고, 왼쪽 그린일 때에는 페어웨이의 절반 오른쪽으로 치는 것이 통상 벙커를 양쪽으로 비켜내면서 세컨 샷을 할 수 있는 장점이 있기 때문이다. 평소 탄도 높은 장타자라면, 큰 걱정이 없겠지만, 만약에 주로 단도 낮은 볼, 또 거리가 짧은 골퍼들은 굴러서라도 올라가는 안전한 루트를 확보하는 것이 점수를 획기적으로 줄이는 비결이다.

파 3홀에서도 그렇다. 핀이 꽂혀 있는 그린의 반대편 쪽에서 티업하여 샷을 하면 그린의 공간을 훨씬 넓게 사용할 수 있다. 또 그린을 놓치더라도, 어프로치하기에 좋은 위치에서 그린 중앙이 흡사 멍석을 깔아 놓은 것처럼 넓고 편하게 느껴질 것이다.

미켈슨처럼 빨리 멈추는 로브 샷에 능하지 않다면 핀의 좌측이던 우측이던 그린의 넓은 공간으로 샷을 하는 것이 현명하다. 도그레그(Dog-leg)홀에서도 꺾인 쪽 보다는 바깥쪽으로 루트를 정하여야 그린에 접근하는 각이 좋다.

가끔 200야드짜리 긴 파 3홀에서는 온그린을 놓치더라도 어프로치를 하기 쉬운 지점을 염두에 두고 안전 지대를 설정하는 것이 현명하다. 자주 가는 코스에 난이도가 높은 185야드짜리 파 3홀이 있는데, 좌 그린은 좌측에, 우 그린은 우측에 깊은 벙커가 있기 때문에, 나는 좌 그린의 전방 중앙, 우 그린의 전방 중앙, 그리고 그린과 그린 사이의 중앙을 잇는 삼각형을 그려 놓고, 그린을 놓치더라도 그곳에서 어프로치 샷 후에 1퍼트를 노릴 수 있도록 한다. 마음 속으로 그린 트라이앵글(Green Triangle)이라고 칭한다. 마약왕 쿤사의 골드 트라이앵글(Golden Triangle)과는 달리, 왕짜의 그린 트라이앵글은 사고를 막아주는 평화지역이 된다.

앵글을 이해하는 여러분은 이미 상급자가 되셨다고 자신 있게 말할 수 있다.

개다리는 바깥부터 뜯어라

웬 험악한 표현? 개다리건 닭다리건 바깥부터 뜯어야 맛이 좋을까?

어느 골프장이나 도그레그(Dog-leg) 홀이 최소한 두세 개씩 있게 마련이다. 일반 아마추어들, 또 싱글 핸디캐퍼들, 심지어는 프로들도 이 도그레그 홀에서 흐름을 망치는 경우가 참 많다. 더구나 캐디 도우미가 "여기 써비스 홀이에요" 하고 한마디만 더 얹으면, 모두들 전쟁터에 나온 병사처럼 두 눈이 벌개지며 불타는 투지를 보인다.

안양베네스트 5번 홀, 약 350야드 내리막 오른쪽 도그레그 홀이 아주 좋은 예이다. 소위 장타자들은 이곳에서 사탄의 유혹을 많이 받는다. 웬만한 아마추어 장타자는 잘 쳐야 그린 앞 40~50야드 지점에 가니까 숲을 가로질러 친다고 한 번에 온그린이 되는 것도 아니고, 원 온을 방지하는 벙커가 그린 코 앞에 깊게 드리우고 있는데, 그런데도 우매한 골프 중생들은 나방처럼 불 속에 파고 든다.

"고지가 바로 저긴데, 그냥 가로질러서 넘겨 버리자……."

이게 뭐 고지 탈환하는 전투인가? 아니 티샷이 뭐 곡사포를 조준하고 쏘는 것인가?

도그레그의 안쪽 코너를 직선으로 잘 넘기면 물론 거리가 많이 단축된다. 그것은 천하가 다 안다.

그러나 과연 성공 확률이 얼마나 될까? 기라성 같은 미국 PGA 토너먼트 프로 중 드라이빙 안착율 1위가 겨우 80%일진대, 아마추어가 그렇게 좁은 각도로 정확히 200야드 이상 날아가게 티샷을 성공적으로 치는 것은 결코 쉬운 일이 아니다.

중견 건설업체 K사장은 대단한 장타자로 핸디캡 5의 실력자.

"평생 공격, 돌격 앞으로."

돌격정신이 충만한 그는, 모든 도그레그 홀을 가로질러 친다. 자신의 장타력을 과시하며 동반자들의 마음을 흔드는 작전이기도 하다. 그러나 원숭이도 나무에서 떨어진다고, 왼쪽으로 꺾인 도그레그에서는 훅으로, 오른쪽으로 꺾인 도그레그 홀에서는 슬라이스로 심심치 않게 OB를 낸다.

완벽하게 코너를 가로지르는 티샷으로, 그린 근처까지 갈 수 있다면 기꺼이 모험을 할 가치가 있을지도 모른다. 그런데 만약 멋지게 가로지른 샷이 70야드 전후의 거리가 남는다면, 웨지로 하는 콘트롤 샷보다 차라리 120야드 9번 아이언 풀샷(Full shot)이 훨씬 더 정확하지 않을까?

또한 파 5홀의 경우 두 번에 온그린 시킬 수 있을까? 투 온을 노리는 두 번째 우드 샷이 실패할 경우 혹시 OB로 얼룩지는 것은 아닐까? 물론 두 개의 용감한 샷으로 이글의 기회를 잡는다면 도그레그 홀을 기꺼이 가로지를 가치가 있다.

그러나 안정적인 플레이, 또 실수가 적은 건실한 플레이를 하고 싶으면, 도그레그 홀은 절대로 바깥(반대)쪽으로 티샷을 하여야 좋다.

그것이 실수의 경우에도 치명상을 입지 않고, 성공하였을 때 아주 좋은 앵글, 즉 공격 각도를 보장하기 때문이다.

미국 시니어 투어에서 좋은 성적을 내고 있는 G. 길버트는 페어웨이의 넓은 쪽을 충분히 쓰자고 충고한다.

결론: 개다리는 바깥부터 뜯읍시다.

파 온은 이렇게 늘려라!

스코어가 좋으려면, 일단은 파 온(Greens in regulation)이 많아야 한다. 한국이나 PGA시합을 보면 우승자의 경우 대개는 그 시합에서 파 온 숫자가 많은 것을 쉽게 알 수 있다.

'개똥 밭에 굴러도 이승이 좋다' 라는 말이 있지만, 거리가 먼 부산이나 목포라도 온그린 된 것이, 가까운 거리인 연평도나 영종도 러프보다 훨씬 좋다는 것은 100을 못 깬 초보자도 잘 아는 사실이다.

많은 골퍼들이 이렇게 자문을 한다.

"왜 나는 거리도 빵빵하고, 방향도 괜찮은데, 생각보다 파 온이 잘 안 될까?"

온그린이 안 된 샷의 대부분은 아예 그린에 접근도 하지 못한 짧은 샷이었고, 심지어 그린 주변 어프로치 샷의 경우도 1/3은 아예 짧아서 처음부터 온그린 가능성이 없었다는 것이 미국골프연구소에 소개된 통계치라고 한다.

나의 좁은 소견이지만, 이렇게 생각만 바꾸어도 꽤 많이 파 온이 될 것 같다.

1. 거리에 대한 환상을 버리자.

어쩌다 한번 잘 맞은 거리가 보통 자기의 평균 거리로 착각을 하는 골퍼가 너무 많다. 같이 라운드를 하다 보면 파 3홀 네 군데 모두 최소한 10야드 이상 짧게 친 동반자들을 쉽게 만날 수 있다. 짧은 클럽으로 온그린 시키면 누가 한 점 더 인정해 주는가? 한 클럽씩 길게 잡아 보라. 때로는 실수로도 올라가는 경우가 생긴다.

2. 목표를 정확히 조준하자.

정말로 목표가 있는가? 많은 골퍼들이 막연하게, '오비만 피하자. 물은 넘기자. 왼쪽 숲은 피하자' 와 같이 생각을 한다. 목표는 구체적으로 정확히 설정하여야 한다. 온그린을 노리는 샷에서는 꼭 핀을 보고 칠 필요가 없다. 예를 들어 핀의 위치가 앞쪽이면 오히려 그린 중앙을 목표 지점으로 잡는 것이 더 좋다. 안전한 지점을 확실하게 목표로 선택 조준하는 것이 좋은 방법이기 때문이다.

3. 모든 샷은 일관성 있는 템포로 차분하게 친다.

프리 샷 루틴*⁾(Pre-shot Routine)을 만들어 보자. 클럽 선택과 타구 방향, 탄도, 착지 지점 등 구체적인 아이디어가 생길 때 볼에 접근하라. 특별한 상황이 아닌 한, 꼭 자기 차례를 지키면서 서두르지 말고, 프리 샷 루틴에 따라 차분하게 샷을 하여 보자. 허둥대다 낭비한 타수

---

*) 프리 샷 루틴(Pre-shot Routine)이란 일상의 준비과정으로, 샷을 치기에 가장 좋은 정신적, 육체적 상태로 만들기 위한 일련의 단계를 의미하며, 두뇌가 육체에게 이제 곧 아주 중요한 작업이 시작된다는 신호를 주고, 분산된 신경을 집중시키면서, 또한 정신적 압박감을 잊고 오로지 샷에 몰두할 수 있는 환경을 만들어 주는 매우 중요한 과정이다.

가 특히 그린 주변에서 의외로 많았다는 것을 모두 쉽게 느끼고 있으리라. 절반의 파 온, 그것은 이미 싱글 핸디캐퍼를 의미한다.

망가진 홀은 한 개로 막아라

프로 시합을 보면 기라성 같은 세계적인 선수들이 트러블에 빠져 터무니없이 더블 보기, 트리플 보기를 하는 장면을 쉽게 보게 된다. 또한 허물어져서 세 홀, 네 홀 연속 보기를 하는 장면도 흔히 볼 수 있다. 골퍼들은 아마 이런 경험을 많이 하여 보았을 것이다. 나머지 세 홀을 연속 보기만 하여도 베스트 스코어에, 싱글 스코어를 기록하는데, 16홀 티샷이 오비가 나더니 트리플 보기를 하고, 다음 홀에서도 더블 보기를 하고 마지막 홀까지도 쓰리 온 쓰리 퍼팅을 하여 더블 보기를 함으로써 80대 중반을 겨우 치고, "난 안돼, 바보" 하며 자학을 해 본 그런 경험 말이다.

흔히들 이야기하기를, '좋지 않은 스코어와 나쁜 홀은 몰려다닌다' '실수는 또 다른 실수를 유발한다' 등의 격언을 한번쯤은 들었으리라. 나쁜 홀이 겹쳐서 몰려다니지 않도록, 망가진 홀은 한 홀로 끝내야 골프가 더욱 견실해지지 않겠는가? (누군 모르나?)

나 역시 지금도 비슷한 실수를 계속적으로 할 때가 있지만, 많은 전문가들의 의견을 읽고, 생각하며 나름대로 정리하여 보았는데, 그 방법으로는 다섯 가지이다.

1. 타임 아웃(Time-Out)

농구나 축구 경기를 하다, 계속 흐름이 나빠 경기에 밀리고 있으면, 코치들이 그 나쁜 흐름을 깨기 위하여 타임 아웃을 부른다. 마찬가지로 스스로 타임아웃 개념을 도입하는 방법이다.

예를 들어, 신발 끈을 고쳐 맨다든가, 장갑을 바꿔 낀다거나, 사용하는 볼을 바꾸어 본다거나(룰에는 볼의 종류는 같아야 함)…… 잠깐이라도 머리 속에 남아 있는 개운치 못한 찌꺼기를 다음 번 샷을 하기 전에 씻어 보도록 노력해 본다.

2. 약간의 성질을 기술적으로 부린다.

야구 중계를 보면 이따금 삼진 아웃을 먹은 타자가 육두문자를 쓰는 입 모습을 볼 수 있다. 기분을 풀지 못한 상태에서 다음 샷을 하면, 때로는 또 다른 실수가 생기기도 한다.

클럽을 집어던지는 행위 같은 것은 곤란하지만, 양쪽 주먹을 꾹 쥐고 부르르 떨어 본다거나, 다음 홀로 가는 길에 가볍게 나무 밑둥치를 발로 차 본다거나, 어느 방법이라도 파트너에 실례가 되지 않는 범위 내에서 약간의 성질을 부려 보는 것도 인간적인 방법이다.

오히려 성질 대신에 콧노래를 부를 수 있으면 더 좋지만…….

3. 계획을 바꾸지 마라.

세계적인 프로들도 한 라운드에 두세 홀은 트러블에 빠진다. 한 홀 망가졌다 해도, 나머지 게임플랜을 바꿀 필요가 없다. 그저 그 한 홀을 버리면 된다. 혹시 버디라도 하나 찾아와 주면 금방 원상회복이 되니까, 늘상 하던 대로 프리 샷 루틴도 지키고, 안전하게, 편안하게 치도록 한다.

4. 분석은 하되, 자학하지 말라.

나쁜 샷이 있은 후에 자기의 실수를 지나치게 자학하고, 격한 감정에 치우치면 점점 더 깊은 수렁으로 빠지는 수가 많다. 한 개의 더블 보기로 플레이어가 격하되지는 않는다. 타이거 우즈도 트리플 보기를 할 때가 있지 않은가? 다만 똑같은 실수를 하지 않도록 조금 더 조심하면 된다. "난 안돼, 바보"를 뇌까리는 것은 또 다른 실수를 암시하는 것과 같다.

5. 의기소침하지 말고 자신 있게 행동하라.

어떤 경우라도 자신감을 잃지 말고, 다음 홀에서 과거에 가장 멋있는 샷을 하였던 장면을 기억하고, 혹시 처음 온 골프장이라면, 비슷한 상황에서 좋은 경기를 하였던 장면을 연상하여 자신감을 회복하도록 한다.

> **또 짧았군요, 핀 하이로 치세요!**

실패한 샷은 대부분 짧았다. 티샷이건, 어프로치건, 퍼팅이건. 우리 모두가 공감하는 사실이 아닐까?

'길게 치면 스코어의 혁명이 일어난다.'

'길어야 오다가다 들어가지 않겠는가?'

'Never up, never in.'

숱하게 많은 말들이 짧으면 손해 본다는 것 아닌가? 특히 포대 그린처럼 홀(컵)이 보이지 않는 상황에서는 플레이어가 거리의 착시현상을 일으켜 대부분 실제 거리보다 짧게 치는 경향이 있다고 한다.

해결 방안이 있을까? 해답은 물론 있다. 깃발 높이 핀 하이(Pin High)로 볼을 쳐 보라. 프로 선수나 아마추어 지존급의 한 손 싱글들이라면 거리 파악 능력이 뛰어나겠지만, 대부분의 주말 골퍼들은 오직 한 가지 해결 방안이 홀을 보고 치는 것이 아니라, 핀의 꼭대기 깃발을 겨냥하라는 충고이다. 설사 심한 내리막 파 3홀에서 핀 하이로 쳐도 그리 큰 손해나 문제가 생기지 않는다.

골프에서는, '거리가 부족해서는 부족함뿐이지만, 목표를 다소 지나쳐도 지나침이 없다'라는 것이 나의 주장이다. 실제로 깃발을 맞고 그 자리에 떨어져서 홀인원이 된 경우도 있었다.

세 달에 20타 줄이기 성공 비결

대학 골프 동호회에서 16년 후배인 밤톨양(인터넷필명)을 처음 만난 것은 지난 겨울 남서울 연습장에서였다. 여러 후배들이 연습장 번개를 쳐서 지도차 그곳을 방문하였다가 좋은 스윙 폼을 가지고 있는 밤톨양을 만났다. 스윙 기본은 좋지만 조금은 설익은 미숙함이 풋사과 스윙 같았다. 그 후 동호회에서 선배가 후배 가르치기, 도제 시스템을 만들었고, 그녀는 나의 지도를 받게 되었다.

3월말 나와 처음 라운드를 하였을 때, 더블 보기 언저리 평균 110타를 치던 그녀가 그로부터 3개월 만에 90대 초반을 기록하더니, 바로 얼마 전에는 89타의 좋은 기록을 세웠다.

만약 매일같이 연습하고 일 주일에 두 번 이상 필드를 찾았다고 한다면 그리 대단한 일도 아니겠지만, 밤톨양은 외국기업체의 간부로 무척 바쁜 생활을 하고 있는 전문직 여성이고 주 1~2회 연습장 방문, 한 달에 4번 정도의 라운드만으로 바쁜 시간을 쪼개서 골프를 쳤기 때문에 그 발전이 더욱 돋보인다. 무엇이 성공의 비결일까?

나는 주저하지 않고 밤톨양의 전략적 접근 방법에 있었다고 본다.

우선 그녀는 자기 자신의 능력을 정확히 파악하여 그 범위 내에서 최선의 샷을 하려고 노력하였다. 대체적인 샷의 경향, 클럽별 평균 거리, 보폭 파악과 숏게임시 홀과의 거리 파악, 코스 안내책자(Stroke Saver) 등 가능한 모든 정보를 활용하였다.

우스운 이야기이지만, 100도 못 쳤던 그녀가, 내가 만든 세상에서 가장 복잡한 스코어 카드*)를 매 홀 열심히 기록한 것이다. 주변의 사람들은 애처롭다고 하기도 하고 한심하다는 눈총을 주기도 하였다고 한다. 그러나 스코어 카드가 5장, 10장으로 늘어가면서 그녀의 코스 매니지먼트 능력은 하루가 다르게 발전하기 시작하였다. 소위 자기 자신의 능력과 성향을 정확히 파악하면서, 확률과 통계의 골프를 시작한 셈이다. 아직도 그녀는 벙커 샷에서 실수도 하고, 티샷에서 OB도 내고, 토핑도 하고, 그리 멀지 않은 곳에서 3퍼팅도 하지만, 실수의 횟수가 현저히 줄었고, 또 같은 실수를 자주 반복하지 않는다는 큰 강점을 가지게 되었다. 내가 밤톨양에게 초보 탈출을 위하여 가르쳐 준 방법은 다음의 몇 가지로 아주 간단하였다.

- 티샷은 안전하게만 쳐라. 멀리 칠 필요도 없고, 페어웨이가 아니라도 세컨 샷 하기 맘 편한 곳으로만 보내라. 거리 늘리기는 다음 문제이다.
- 세컨 샷도 온그린을 노릴 필요가 없다. 그저 벙커만 피해서 편편한 안전지대로 쏴라. 그러나 항상 길게 쳐라. 길게 쳐야 스코어의 혁명이 일어난다.

---

*) 책 끝부분에 스코어 카드를 첨부하였음.

- 어프로치 샷도 핀에 붙이려고 할 필요가 없다. 그저 그린 중앙을 노려라. 그러면 다소 길거나 짧아도 큰 문제가 없다.
- 벙커는 무조건 피하라. 그러나 벙커에 빠졌으면 기죽지 말고, 볼 뒤의 모래를 함께 퍼내도록 하라. 트러블 샷과 마찬가지로 그저 빠져 나오기만 하라.
- 퍼팅도 피니시를 자신 있게 길게 하라. 프로도 롱 퍼팅은 못 넣는다. 2퍼트면 무조건 성공이다. 홀 좌우, 후방에 반지름 1미터의 반원을 그리고 그 안에만 넣어라.
- 숏 퍼팅은 집 안에서 매트 위에서 해도 충분하다. 스코어 좋은 사람이 최고로 강한 것은 1~2미터짜리 숏 퍼팅 능력이다.
- 연습은 실전처럼, 실전은 연습처럼 하라. 연습장에서 가상 라운드를 자주 돌고, 실전에서는 무념무상으로 마음 편하게 샷을 하라.

위에서 보다시피 무엇 하나 특별한 것이 있는가? 가장 보편적인 접근 방법과 그것이 통한다는 믿음, 그리고 실천 바로 그것뿐이다. 그것이 평생 운동을 열심히 해 보지도 않은 작은 체구의 그녀가 곧 상급자 대열에 낄 수 있게 한 작은 기적을 이루었다.

당신은 확실한 승부 샷이 있습니까?

지난 해 여름 S골프장 클럽 챔피언 출신 K사장과 라운드를 마치고, 그에게 질문을 하였다.

"바쁘실 텐데 연습장에 자주 가지 못 하시면서도 잘 치시는 비결이 특별히 있습니까?"

"가끔 아이언 8번 하나 들고 연습장을 찾습니다. 스윙 템포도 체크할 겸 한 200개 치고 나면 많은 도움이 되지요."

그의 답변이었다.

"왜 하필이면 8번 아이언일까?"

그것이 그때 나의 의문이었다.

여러 가지 이유가 있을 수 있겠지만, 8번 아이언은 K사장이 가장 선호하는 클럽이 틀림 없다. 내 자신도 8번 아이언이 가장 마음이 편한 클럽이다. 구옥희 선수도 8번 아이언 샷을 가장 좋아한다고 들었다.

지금 치는 이 샷은 바로 다음 번 샷을 치기 좋은 곳으로 보내기 위하여 치는 샷이다. 파 4홀의 세컨 샷은 가장 선호하는 클럽의 거리일 때에 온그린 확률이 높아진다. 그렇다면 자기의 가장 선호하는 클럽

을 위닝 샷(Winning Shot)으로 만들 필요가 있다. 또한 플레이어가 자주 쓰는 클럽 순서로 연습을 하는 것이 현명하다.

나는 연습장에서 3, 4번 아이언과 씨름하지 않는다. 아이언은 주로 6, 7, 8번을 집중적으로 연습하는데, 특히 8번의 경우 가장 많이 연습을 한다.

최근 5개의 다른 골프장에서 내가 잡은 아이언 별 횟수이다. (파 3 홀의 티샷도 포함)

4번: 2회 (모두 티샷)
5번: 10회
6번: 14회
7번: 19회
8번: 22회
9번: 9회
총 76회

위에서 본 것처럼 8번과 7번 아이언 두 개가 절반을 넘게 사용되었으며 가장 많이 쓰는 아이언 별로 연습량은 비례하고 있다. 나의 위닝 샷은 8번 아이언이다. 실제 8번 아이언으로는 파 온을 80% 이상 시켰다.

여러분의 위닝 샷은 무엇인가?

쉽게 파를 할 수 있는데, 왜 어렵게 보기를 할까?

곤지암의 E골프장이었다.

"음, 파 5홀인데 480야드라! 이것 한번 노려볼 만하군."

명색이 핸디캡 1번 홀인데, 거리가 짧다는 이유로 난이도를 완전히 무시한 교만한 생각이었다.

"최 도우미양, 저기 오른쪽 벙커를 넘기려면 캐리 얼마나 치면 될까요?"

"220야드만 치면 넘을 겁니다."

"흐흐, 220야드쯤이야!"

마음은 이미 버디를 낚고 있었다.

"굿 샷!"

그러나 220야드쯤이면 가볍게 넘을 줄 알았던 티샷은 바로 벙커 끝에 빠지고 말았다.

"아니 최소한 캐리로 240야드 이상은 쳐야 되는 것 아닌감?"

거리를 10야드만 길게 알려 주었어도 그렇게 치지 않았을 텐데, 그러나 이미 엎지러진 물.

벙커를 지나자마자 페어웨이가 온통 깊은 러프로 되어 있었다. 이것을 알았다면, 절대로 벙커를 넘기려는 샷을 구사하지는 않았을 텐데……. 정확한 코스 파악 없이 짧은 파 5홀이라고 얕잡아 본 우매함을 탓할 수밖에……. 그래도 명색이 핸디캡 1짜리 홀인데 왜 어려운지 이유는 파악했었어야 하였다.

깊이 박힌 벙커에서 겨우 빠져 나오기 급급하였고, 벙커를 나온 볼은 엄청난 페어웨이 러프 속에 놓여 있으니, 헤븐우드(Heaven Wood 7번)로 최선을 다하였으나, 그저 160야드 전진에 불과하였다. 네 번째 샷은 어프로치이지만 무려 60야드나 남았다. 절대로 짧아서는 안 된다는 생각으로 약간 길게 쳤으니, 결국 투 퍼팅으로 이어져 보기를 하였다.

티샷 훌륭하였고, 벙커 샷 나쁘지 않았으며, 써드 샷 우드 샷 최선을 다한 괜찮은 내용, 어프로치도 비교적 잘한 편이었다. 원 퍼팅으로 마무리는 현실적으로 어려웠으니 퍼팅도 무난한 편이었다. 여섯 타를 모두 다 괜찮게 쳤는데, 내용은 보기. 결국 무지무지 힘들게 보기를 한 셈이 되었다.

만약에 220야드쯤 3번 우드로 티샷을 하고, 평탄한 라이에서 7번 아이언으로 150야드쯤 보냈다면 나머지 110야드 정도는 피칭 웨지로 풀스윙(Full Swing)하면, 아주 가볍게 써드 샷에 온그린 시켰을 것이고, 쉽게 콧노래를 부르며 파를 하였으리라.

결국 쉽게 파를 할 수 있는 홀에서, 고생 직사게 하며 어렵게 보기를 한 셈이 되었다. 그저 잠깐 생각을 놓친 것 때문에…… 잘 모르는 코스의 파 5홀은 무조건 보수, 안정적으로 치는 것이 현명하다.

세상에 보기가 이렇게 쉬운데…

　모 경찰서장 L씨와 라운드를 하였다. 그는 40대 중반으로 비록 체격은 크지 않았지만, 경찰 간부답게 장타자로 매샷 '돌격 앞으로'의 화끈한 경기를 추구하는 중상급자 골퍼였다.
　첫 홀에서 티샷을 시원하게 날리고, L씨는 "틈틈이 제 샷 좀 봐주시고 끝난 후 개선할 점을 조금 일러주십시오"라고 정중하게 부탁을 하여 왔다. 사실 티 그라운드에서는 누가 누구를 봐 주는 것인지 구분할 수 없을 정도로, 그의 롱게임은 시원하고 또 화려하였다.
　"아니 그렇게 샷이 좋은데, 싱글 핸디캐퍼가 왜 못 되었지요?"
　내가 이렇게 묻자,
　"열두 홀 정도는 완전히 싱글 핸디캐퍼같이 잘 치지요. 그런데 나머지 몇 홀에서 다 말아먹는 것이 제 특기랍니다."
　그가 주저 없이 대답하였다.
　레이크사이드 동코스 7번, 왼쪽 도그레그의 파 5홀에서 맞바람 때문에 나와 L씨의 티샷은 훅이 나서 똑같이 왼쪽 러프 좋지 않은 라이에 걸렸고 세컨 샷 그 지점에서는 핀이 보이지 않았다. 직선 거리로 보내기 위해서는 늘어진 나뭇가지를 넘겨야 하는 상황이라, 나는 아예 160야드 전방 페어웨이 우측을 바라보고 미들 아이언 샷을 하였다.

L씨가 질문을 하였다.

"우드를 충분히 잡을 수 있는 실력인데, 미들 아이언을 잡은 이유가 무엇입니까?"

"티샷을 잘못하여 이곳에 왔는데, 나쁜 라이에서 우드 샷을 한 번 더 실수하면 파 찬스는 완전히 물 건너 가지요. 그래서 이번에는 확실히 뜨는 채로 안전히 치고 세 번째 샷을 우드로 그린을 점령하고자 합니다"라고 이야기했다.

그 역시 나와 같이 미들 아이언 샷을 하였고, 써드 샷에 온그린을 노렸으나 약간 짧아 엣지에 붙었고, 어프로치가 미숙하여 결국 보기를 하였다.

"맞아요, 아까 만약에 제가 그 나쁜 라이에서 우드 샷을 하다가 실수를 하였으면 아마도 여기에서 최소한 더블 보기 이상을 쳤을 겁니다."

몇 홀이 지나 400야드짜리 파 4홀에 도착하였다. 맞바람이 불자 L씨는 바람을 이기고자 하였는지 어깨에 힘이 들어가 토핑을 했다. 페어웨이까지 들어가지도 못한 그의 볼은 홀까지 250야드가 남았다. 그가 3번 우드를 꺼냈을 때, 내가 물었다.

"온그린 시킬 것입니까?"

"아닙니다, 맞바람에 온그린이 될 상황은 아니고 실력도 그렇게 안 됩니다. 그저 가까이 보내려고 합니다."

"60야드 전후의 어프로치를 잘 하십니까?"

"아닙니다, 그 거리가 매우 취약합니다."

"자 보십시오, 우드 샷이 슬라이스가 나면 워터 해저드 행입니다. 똑바로 잘 맞아서 짧으면 그린 전방의 벙커에 빠집니다. 나쁜 라이에서 리스크를 걸고 우드 샷을 해도 별로 영양가가 없습니다. 차라리 맘 편히 보기 하십시오. 타이거 우즈도 가끔 하는 보기 말입니다."

L씨는 7번 아이언 샷을 하였고, 100야드 남긴 지점에서 피칭 웨지를 거의 풀스윙하였고 볼은 핀 바로 1.5미터 옆에 붙었다. 퍼팅은 홀을 스쳐 파 세이브를 하지는 못하였다.

"아니 세상에 이렇게 보기 하기가 쉬운데!"

홀을 떠나면서 L씨가 내게 한 말이었다.

점심을 먹으면서 L서장은 내게 이렇게 이야기하였다.

"문제 없이 치는 열두 세 홀은 그냥 똑같이 치겠습니다. 그러나 티샷이 망가진 홀에서는 절대로 무리하지 않겠습니다. 사실 티샷 잘못하고도 보기를 하면, 저로서는 절대 섭섭치 않거든요. 세상에 보기 하기가 그렇게 쉬운 줄은 몰랐다니까요"

강타자 L서장이 생애 처음으로 전략 골프를 생각하기 시작한 것이다.

순응하면 웃음, 거스르면 죽음

H회계법인 회계사 S상무는 핸디캡 5의 실력자로 자타가 인정하는 공격적인 장타자, 파워 히터인 그는 로프트 8.5도의 드라이버를 사용, 드로우 구질로 평균 거리가 270야드 이상 나간다. 그는 일반 아마추어와는 달리 2번 우드를 쓰고 있었다. 따라서 550야드 안쪽의 파 5홀은 장타자답게 투 온을 시도한다. 모든 샷을 언제나 가로질러 치지, 절대로 우회하지 않는 특유의 돌격부대 선봉장이다.

대학 선배인 나는 그에게 자주 농담을 한다.

"내가 그 정도 거리를 치면 매일 콧노래 부르며 70대 초반은 치겠다."

비록 지금은 그가 나와 맞놓고 치지만, 1~2년 이내 숏게임과 매니지먼트를 개선하면 분명히 그는 나보다 훨씬 더 잘 치게 될지도 모른다. 그러나 그에게도 취약점은 있다. 성공 확률 70% 기준 퍼센티지 골퍼인 나와는 극명하게 다른 플레이를 하고 있었다. 그의 기준으로는 '도전적인 골프' 이지만, 내 기준으로 보면 '만용의 골프' 일 수도 있다. 그는 작은 보답을 위하여서라도 얼마든지 모험을 하는 유형이고

(실제 버디를 잘 한다), 반면에 나는 '리스크는 크나 성공해도 보답이 적은 것'에는 절대로 무리하지 않는 타입이다(더블 보기는 피한다). 버디하려다 실수하면 더블 보기가 될 때, 과연 공격의 가치가 있다고 할 수 있을까?

뉴서울 남코스 4번 홀, 레귤러 티잉 그라운드에서 약 300미터인 우측으로 많이 휜 도그레그 파 4홀. 티에서 홀까지 직선 거리 약 250미터, 그러나 조금만 실패하면 우측과 전방으로 OB. 항상 드로우로 치는 그의 구질로는, 250미터의 숲을 가로질러 그린에 안착하기가 쉽지 않다. 또 설사 숲을 넘었다 하더라도 착지 지점에 벙커가 도사리고 있고, 만약에 잘 친 샷이 그린 위에 떨어진다 하더라도 8.5도의 드라이빙으로는 볼을 그린에 세우기가 거의 불가능하다. 그렇다면 파 4홀의 1타에 온그린 확률은 20% 미만이고 잘 해야 버디이며, 오히려 실수하여 OB가 될 확률은 그보다 큰데, 더구나 드로우 구질로 오른쪽 도그레그홀을 공격하는 것이야말로 성공하면 버디, 실패하면 더블 보기의 남지 않는 장사이다.

그러나 S상무는 그린을 향해 숲을 넘기는 티샷을 쏘았고, 그의 볼은 숲속으로 사라졌다. 그는 OB 특설티에서 친 제 4타로 온그린 시켰고, 12미터의 롱 퍼팅을 성공시켜 극적인 보기를 하였으나 이븐 파 플레이는 그 OB 한 방에 허물어졌다. '작은 보답을 위해 모험을 하는' 전형적인 모습이라고 할 수 있다. 이 사례에서 나는 두 가지를 지적하고 싶다.

첫째: S상무는 그의 구질을 인정하고 구질에 따라 플레이했어야 한다.

만약에 그 홀이 왼쪽으로 도그레그 홀이었다면 숲의 오른쪽 가장자리를 넘기는 드로우 샷으로 그린 주변까지 볼을 보낼 수 있었을 것이다. 페이더(Fader)가 아닌 그가 그린보다 오른쪽을 겨냥하여 드로우를 걸어 온그린 시킨다는 것은 순응하는 게임이 아니라 거스르는 게임을 하고 있는 셈이다. 다양한 샷을 만들어 칠 수 있었던 잭 니클라우스도 절대절명의 상황에서는 평상시 그의 구질이었던 페이드(Fade)로만 공격을 하였다고 술회하고 있다. 승부를 거는 샷은 평소의 구질이 먹히는 쪽으로 공격하는 것이 현명하다.

둘째: 성공 확률이 높은 공략 방법이었어야 했다.

설사 숲을 넘기는 것은 성공하였다 하더라도, 온그린에 실패하였다면 벙커에 빠졌거나 아니면 홀까지 40야드 남짓의 거리가 남게 되었을 가능성이 높다. 그에게는 40야드짜리 컨트롤 샷이 100야드짜리 웨지 풀스윙보다 크게 유리할 것도 없었다.

그렇다면 숲을 넘기는 것은 성공하였다 하더라도, 실제로는 별로 소득이 없는 무모한 투자가 되었을 가능성이 더 많다. 만약에 그가 정상적으로 페어웨이 한가운데를 노리고 드라이버로 티샷을 하였다면 50야드 내외의 샷을 하게 되었을 것이고 아이언 티샷을 하였더라도 풀 웨지 샷이면 족하지 않았을까.

물론 이 경우에는 티샷에서 전혀 OB의 위험은 없으니, 세컨 샷이 붙으면 버디요, 떨어져도 쉽게 파를 할 수 있었으리라. 버디나 파를 위하여, 실패하면 죽음의 길을 구태여 택할 필요가 있을까?

자신의 구질과 성공 확률이 높은 쪽에 순응하면 웃음이 찾아오고, 이를 거스르면 공포의 죽음이 찾아올지도 모르는 것이 골프의 세계다.

진짜 전투조는 무리한 전투법을 쓰지 않는다

흔히 듣는 손자병법에 나오는 이야기이면서 또한 골프장에서 흔히 볼 수 있는 장면인데, 눈에 불을 켜고 이를 악물고 나타나서는 "너희들은 오늘 다 죽었다 하하하" 하고 호기를 부리는 골퍼들은 대체로 그 날 만신창이가 되어 들것에 실려 퇴장을 하게 된다.

반면에 조용히 밖으로 드러내지 않고 본심을 여간해서는 보이지 않는, 또 어떤 트러블에 걸려도 그 위기를 맞은 흔적을 표정으로 나타내지 않는 포커 페이스들이 겉으로 보기엔 평화유지군 같지만, 실제로는 진짜 무서운 싸움닭 전투조이다.

H그룹의 M이사는 여태까지 상대해 본 봉급쟁이 주말 골퍼 중에서 가장 고수에 속한다. 핸디캡 5의 수준인 M이사는 스스로를 생계형 골퍼라고 칭한다.

'봉급쟁이가 한 번이라도 더 치기 위해 내기에는 꼭 이겨야 한다'는 것이 그의 철학이다. M이사는 매년 말 가장 부상이 큰 동반자들에게 보너스 상품을 선물하는 고객관리도 한다. 그의 경기 스타일은 결코 화려한 플레이는 아니지만, 그와 라운드를 하게 되면 시작부터 그의 분위기에 서서히 압도되기 시작하며 결국 '전쟁을 잘 하는 자는 무리한 전투법을 쓰지 않는다'는 손자병법을 실감하게 한다.

그는 나이 사십 전에 단신으로 해외에 근무한 적이 있는데, 그때 가족과 떨어진 외로움을 달래고자 틈만 나면 열심히 연습하였던 것으로 알고 있다. 평범한 체격이지만 M이사는 임팩트가 좋아 본인이 원한다면 족히 250야드 이상 날릴 수 있는 능력의 소유자이다. 그렇지만 그의 백스윙은 다소 작다. 그러나 부드럽게 휘두르는 콤팩트한 스윙으로 230~240야드 똑바른 티샷을 치며 뛰어난 방향성을 보여준다.

페어웨이의 좋은 라이를 거의 놓치는 법이 없는 티샷, 더구나 힘들여 치지도 않으면서 꽤 멀리 나가는 그의 티샷 때문에 많은 동반자들은 안간힘을 쓰며 고생하고 허물어진다. M이사는 세컨드 샷 역시 그리 힘 안 들이고 설렁설렁 친다. 그래도 온그린이 되거나 또는 그린 엣지의 안전한 지대를 확보한다. 그러니까 좀처럼 그는 트러블 샷을 하게 되는 상황을 만들지 않는다. 특별한 사태가 발생하지 않는 한 아주 손쉽게 파를 하게 되므로 그의 골프는 화려하지는 않으나 아주 견고한 플레이를 한다.

오래 전에 그와 R골프장에서 라운드를 한 적이 있었다. M이사는 학번이 비슷한 동문과 한 조로, 나는 은행장인 K선배와 한 조로 OB, YB 간 스트로크 합산 팀 매치를 벌였으나, 매 홀 티샷의 페어웨이 확보와 정규 온그린 또는 쉽게 파 세이브하는 것에 우리 OB팀은 무릎을 꿇지 않을 수 없었다. 드라이버, 아이언 샷, 어프로치 샷, 퍼팅에 이르기까지 어느 하나 아주 특출난 플레이를 보이지 않으면서도 다시 말하자면 화려한 플레이가 없으면서도 견고한 파 위주의 경기를 펼쳐가는 그의 모습에서 골고루 70점만 맞아도 골프에선 우등생이 될 수 있다는 사실을 확연히 알게 되었다.

　버디 후에 곧바로 더블, 트리플 보기를 치거나, 또는 260야드의 멋진 티샷을 날린 후 터무니 없는 토핑을 하고 허물어지는 기복 심한 일반 아마추어 골퍼들에게 들려주고 싶은 교훈이 바로 '멋진 샷은 쇼이고, 꾸준한 샷이 돈이다' 라는 사실이다. 언제 어디서나, 스트로크 플레이나 스킨스 경기이거나 가리지 않는 M이사의 꾸준한 경기 공략법은 그가 진정한 의미에서 아마추어 최고의 전투조인 것을 증명한 셈이다.

　골프장에서 절대 얼굴 붉히지 않고, 어쩌다 일어나는 실수에도 허허 웃으며 대수롭지 않다는 듯, 또 포커 페이스로 자기 템포를 유지하며 자기 방식대로 홀을 공략하는 M이사는 우리에게 확실한 교훈을 보여 주는 모델이다.

　'진짜 전투조는 무리한 전투법을 쓰지 않는다' 는 진정한 코스 정복 방법 이야기다.

연속파 행진곡에 웬 더블파 장송곡이…

대학 동창 K는 대략 80대 후반을 기록하는 해외파 골퍼. 요즈음 한층 주가 높은 H사의 부사장으로, 북아일랜드에서 근무할 때 주말마다 열심히 다듬은 실력이다. 동반자인 S사장, 회계사 K씨 모두 싱글 핸디캡의 실력으로 보였으나, 나와는 초면이라 내기 없이 그냥 볼을 치기 시작했다. 몇 홀이 지나자 서먹했던 분위기도 풀렸고, 그냥 치기가 맹숭맹숭하다며 참석자 모두 생산성 높이기로 작은 단위의 친선 스킨즈 게임을 합의하였다. 초반의 느슨한 경기로 집중에 실패한 나는 겨우 보기 플레이를 하고 있었으니 마다 할 이유가 없었고, 우리 모두 심기일전하여 좋은 경기를 벌이기로 하였다.

제일 핸디캡이 높은 K가 의외로 나의 스킨 획득을 철저히 가로막으며, 파죽의 4연속 파를 기록하였다. 그로서는 아주 돋보인 경기였다. 그런데 그의 좋은 리듬과 파 행진은 13홀에서 터무니없이 더블 파로 막을 내렸다.

레스크사이드골프장 서코스 13홀, 약 370야드로 비교적 난이도가 있는 홀이었다. 드라이빙의 거리와 방향을 정확히 선정하여야, 워터 해저드에 빠지지 않고 세컨 샷에 온그린을 노릴 수 있는 까다로움이 있었다. 오너(Honor)인 나는 페어웨이 한가운데로 안전한 티샷을 하였고, 이어서 K는 힘찬 티샷을 하였으나, 토핑하여 그의 볼은 불과 50야드 앞 러프에 놓였다. 그는 여기서 우드를 잡았고, 또 한 번의 토핑으로 비슷한 거리를 보냈다. 차분한 성격의 K는 웬일인지 클럽을 바꾸지 않고 또 우드를 사용하고 또 실수를 했다. 연속되는 실수는 골프인지, 필드 하키인지 구분을 할 수 없을 정도였고, 물은 겨우 건넜으나 벙커에 빠졌던 불쌍한 그의 볼은 여섯 타 만에 그린에 올라, 기진맥진 더블 파를 기록하고 말았다.

무엇이 연속 파 행진을 더블 파의 수렁으로 빠지게 했을까?

옆에서 지켜 본 나는 이렇게 판단을 하였다.

우선 K는 파죽의 4연속 파로, 한층 기분이 최고조에 달했다. 골프는 잘 될 때에 더욱 겸손하여야 하는데, 의욕이 앞선 그의 티샷은 평소보다 더 강력했으나 급했고, 토핑이 되었다. 러프에 빠진 상태에서 우드를 뽑은 것도 현명한 판단으로 보기는 어려웠다. 그러나 우드 샷을 실수한 다음에는 분명히 미들 아이언 정도를 선택하였어야 했다. 적어도 워터 해저드의 위치를 감안하였다면…… 아마도 그는 잃어 버린 거리를 보상받으려는 욕심에 우드를 잡은 것 같았다.

때로는 프로도 하는 실수, 단지 실수 한번 한 것을 그대로 받아들였다면, 그의 세컨 샷은 미들 아이언 정도로 페어웨이의 안전 지대에 잘 보냈어야 했다. 세 번째의 샷을 같은 우드를 사용한 것도 현명하다고 볼 수는 없다. 일반 아마추어의 경우, 같은 장소에서 같은 클럽으로 비슷한 스윙을 할 경우 계속 같은 실수를 할 가능성이 매우 높기 때문이다. 그래서 적어도 같은 클럽으로, 같은 실수를 다시 하는 일은 없도록 쉬운 클럽으로 잘 띄워서 볼도 마음도 리커버리(recovery)하는 것이 좋지 않았을까.

연속 파 행진이, OB도 없는 더블 파로 이어진다면 얼마나 속이 상하겠는가? 조금만 더 신중하게 생각을 하였다면 치욕적인 결과를 피할 수 있었는데…… 연속 파 행진으로 한껏 사기가 올랐던 그는 풀이 꺾인 채 보기 플레이로 만족해야 했다.

골프, 정말로 중용의 도(道)가 필요한 스포츠이다. 과하지도 않고 부족하지도 않게, 자신의 능력 범위 내에서 마음을 다스리며 최선의 경기를 하는 것이 가장 좋은 결과를 가져오기 때문이다.

비교하는 열등감 버려야 싱글 핸디

　세계 최고 타이거 우즈는 티샷, 아이언, 어프로치, 퍼팅, 샌드 세이브율 그 어느 것에서도 1위가 아니다. 세계에서 볼을 가장 멀리 친다는 캐나다인 아무개는 투어 자격도 없는 그저 평범한 장타자 골퍼이다. 평균 260야드도 잘 못 친다는 단타자 코리 페이빈도 존 댈리 못지않게 몇 차례 우승을 한 적이 있고, 퍼팅 실력이 좋은 브래드 팩슨도 그 짧은 거리를 딛고 수차례 우승을 하였다.

　지구 역사상 동서고금, 남녀노소를 가리지 않고 열등감 없는 사람은 없다. 수재들이라고 불리는 서울대학교 학생, 하버드 대학원생들까지도 열등감을 많이 가지고 있다는 것이 입증된 이론이다.

　부부 생활에 전혀 문제가 없음에도 많은 성인 남자들은 목욕탕에서 남들과 퍼터 싸이즈를 비교하며 신체적 열등감을 느낀다고 한다. 열등감은 의외로 많은 것을 가진 사람들에게서 더 심하게 나타나기도 한다.

　아마추어로 꽤 멀리 치는 장타자들도, 자기 보다 조금만 더 멀리 치는 골퍼가 나타나면 이를 악물고 죽기살기로 거리 경쟁을 한다. 바로

숨겨진 열등감 때문이다. 그리고 나중에 형편없는 스코어 카드를 보며 후회와 자학을 한다. 장타상이 걸린 홀에서 유독 OB와 페어웨이를 놓치는 샷이 많고, 실제로 참가자들의 평균 거리가 보통 여느 홀보다도 더 떨어지는 것은 골퍼들의 멀리 치려는 욕심 때문에 오히려 동작이 위축, 제어되는 탓이다. 이유는 한 가지, 누구누구에게 거리를 지기 싫어서…… 어찌 보면 열등감의 발로이다.

어느 골퍼나 자기에게 약간의 장기는 있게 마련이다. 자기가 부족한 점을 구태여 감추고, 꼭 남과 비교 경쟁하려는 것보다는, 현실적으로 부족한 점을 인정하고, 오히려 자기의 장점으로 승부하는 쪽이 훨씬 현명하다. 티샷이 짧은 사람은 롱 아이언과 우드 샷을 더욱 보강하고, 아이언 샷의 정확성이 부족한 사람은 어프로치를 정교하게 하면 되지 않겠는가? 물론 남의 장점을 이기려고 아등바등하는 것보다, 그 장점을 배우는 것이 현명할 것이다.

내가 작으면, 남이 커 보이는 법이다. 그러나 내가 작다는 것을 떳떳이 인정하면, 상대가 큰 것이 부담스럽지 않게 된다. 남과 비교하지 않을 때, 그때라야 동반자에 의해 흔들리지 않는 '나만의 골프, 나만의 전략'이 가능해진다.

동반자가 운이 좋게도 의외의 버디를 하였을 때에도 찡그리기 보다는, 나는 나대로의 전략과 계획이 있으니 그의 버디에 위축되지 않고 파로 응수하며, 또 진정으로 축하하는 성숙한 모습을 보여줄 필요가 있다.

골프는 동반자와 비교하는 열등감에서 해방될 때에 비로소 비현실적인 또 힘에 겨운 목표의 중압감을 벗어던질 수 있기 때문이다. 자기의 능력과 실력 범위 내에서 현실적으로 가장 긍정적인 목표를 설정하고 골프에 임할 때, 절대로 재앙을 부르는 엄청난 실수를 면할 수 있게 된다.

골프는 불가능한 것을 이루려는 미션 임파서블의 작전이 아니다. 예상이 가능한 상식 선에서 쉽게 플레이하는 것이 가장 편안한 골프가 될 것이고 지혜로운 골퍼가 되는 길이다. 필드에서는 절대로 남의 장점과 비교하지 말라. 오히려 그 장점을 겸허하게 배우도록 노력하라.

보기 플레이어가 6개월에 핸디7로!

고교 10년 후배 L사장의 성공 사례이다. 작년 말에 동계훈련을 시작하여야 하겠다고 한 때에 그의 핸디캡을 물었더니,

"그냥 보기 플레이어입니다."

그가 이렇게 대답하였다. 드라이버 거리가 시원하게 나가는 것을 빼고는 스윙이 그렇게 화려하지도 않았다. 그저 잘 치는구나 정도였다. 그런데 그가 바로 몇일 전에 +1로 베스트 스코어를 기록하고 동호회에서 핸디캡이 13에서 7로 수직 강하를 하였다고 했다.

"이제 겨우 싱글 핸디가 되는 기분입니다"라고 겸손하게 말하지만, 그는 분명히 성공한 싱글 핸디캐퍼가 분명하다. 나의 집요한 질문에 그가 털어놓은 이야기는 여러 사람들에게 도움이 될 수 있는 성공 사례로 생각되어, L사장의 동의를 받고 여기에 소개코저 한다.

우선 그는 일반 아마추어보다는 굉장히 유리한 환경이다. 골프연습장 사장이기 때문이다. 구력 5년인 그는 처음 4년 간은 별 관심 없이 그냥 기회가 있으면 볼을 치러가는 평범한 중급자에 불과하였다. 그저 일년에 약 50번 정도 라운드를 하였다고 한다. 그가 지난 겨울, 동

계 훈련을 선언하고, 태국에 전지 훈련도 다녀왔고, 그 나름대로 계획을 세워 노력한 결과, 한 달에 한두 개 꼴로 핸디캡이 내려가게 되었다.

내가 본 그의 장점과 논리는 다음과 같다.

1. 드라이브가 안정적이다. 보통 12개를 페어웨이에 떨어뜨리고, 약 240야드를 친다. 물론 최근에 연습을 충분히 하였다. 안정된 드라이브가 자기 골프 성공의 키라고 믿고 있다. 장점을 잘 살리고 있는 셈이다.

2. 숏게임을 부단히 연습하였다. 특별히 어프로치 방법을 단순화하였다. 그 동안 미들, 롱 아이언이 부실하여 온그린이 잘 안되었고, 그 약점을 극복하기 위하여 숏게임을 집중 연습하였고 특히 거리에 따라 20야드는 샌드웨지, 30야드는 어프로치웨지, 40야드는 피칭웨지로 사용클럽을 정하고 일정한 패턴의 샷을 하였다. 아주 마음 편하게 어프로치가 가능하게 되었고, 숏게임이 강해지니 결과가 좋아지더라고 했다.

3. 드라이브가 장타이므로 주로 100야드 내외의 세컨 샷이 많았는데, 그 동안 부실하였던 숏 아이언을 집중적으로 훈련한 결과 온그린 횟수가 획기적으로 늘게 되었다. 역시 온그린 횟수가 늘어야 스코어가 좋아진다.

4. 퍼팅을 포함하여 모든 샷을 공격적으로 하였으며, 그 과정에서

많은 교훈을 얻었고, 트러블 샷의 능력이 향상되었다. 점점 더 응용력이 생기고, 최근에는 좋은 느낌이 왔다고 한다. 어떠한 상황에서도 볼을 쳐 낼 수 있다는 자신감도 생겼고…….

5. 언제나 룰에 따라 바른 골프, 정직한 골프를 쳤다고 한다. 기본에 충실한 셈이다.

6. 스윙 폼에 크게 연연하지 않고 자기 스타일을 구축하였다. 왼팔이 구부러지고 적지 않게 오버 스윙이지만 나름대로 일정한 패턴을 유지하는 한, 크게 개의치 않고 계속 자기 스윙대로 볼을 친다. 사실은 폼도 **빠지지 않는** 편이지만…….

내가 보기에는 L사장은 가장 많이 쓰는 클럽을 많이 연습하였고, 대체로 공격적인 골프를 지향하였으며, 퍼팅을 포함하여 숏게임에 투자를 많이 하였고, 자신을 믿고 기본에 충실하였던 것들이 **빠른** 시일 내에 핸디를 파격적으로 내릴 수 있었던 비결로 보여진다.

그는 최근 연속해서 싱글 스코어를 기록하고 있는데, 싱글을 추구하는 아마추어 골퍼들에게 좋은 사례가 될 것 같다.

핸디 12가 싱글 치는 방법

보기 플레이어가 싱글 스코어를 내는 것은 현실적으로 매우 어렵다. 그러나 상급자로 분류되는 핸디캡 12가 싱글 스코어를 기록하는 것은 손바닥 뒤집기 만큼이나 쉬운 일이기도 하다. 정말로 몇 가지만 생각을 고쳐도 싱글이 그리 어려운 일은 아니다.

K손해사정회사 Y사장은 핸디캡 12의 중상급자. 같은 골프장 회원으로 지난 해 나와 약 20여 차례 라운드를 하였다. 2년 전쯤에는 샷 감이 좋은 날, 나와 스크래치를 할 정도로 위협적이었던 Y사장은, 지난 해 내내 매번 패배하여 우리 부부의 주말 영화 관람비용을 착실히 내주었다.

그런데 Y사장이 최근 변하기 시작하였다. 전반에 연속 파 행진을 하다가 한 번 무너지기 시작하면 겨우 보기 플레이로 마쳤던 Y사장은 아주 간단한 교정만으로 이제 자기 핸디캡을 쉽게 치게 되었다고 했다. 비결이 무엇일까? 단 한 가지, 자기 자신을 알았다는 고백이다.

백스윙, 톱스윙, 임팩트에 이르기까지 스윙 내내 일정한 높이를 유지하지 못하고 조금씩 들썩거린다는 것을 수차례 지적하였지만, Y사장은 큰 관심이 없었던 것 같았다. 그런데 지난 주말 몇 차례 걸쳐서 비디오 촬영을 하여, 자기의 결점을 눈으로 확인하고는 톱스윙시 무릎이 펴지는 악습을 과감히 고쳤다. 그것 하나로 스윙이 안정되자 스위트 스팟(Sweet Spot)에 볼이 맞기 시작하며 드라이빙의 평균 거리가 약 30야드씩 회복된 것이다. 처음 다섯 홀에 이븐 파를 기록한 Y사장의 연속 파 행진은 결국 중단되었지만 심한 봄바람 속에서 +12로 오랜만에 좋은 결과, 자기의 핸디캡을 기록한 셈이다.

나는 Y사장이 지금 이 상태에서 조금만 전략을 가다듬으면 금년 중에 틀림없이 최소한 몇 번은 싱글 스코어를 맛볼 수 있다고 믿는다. 핸디 12 정도이면 언제든지 싱글을 칠 수 있는 실력인데 혹시나 하고 왔다가 역시나 하고 돌아갔던 이유는 전략의 부재 때문이었다. 내가 Y사장에게 권한 전략은 아주 간단하다. 바로 설계자의 의도를 알고 그에 따른 홀 별 전략을 세워야 한다. 적어도 지난 2~3년 간 같이 라운드를 한 내 평가로는 그에게는 특별한 홀 별 전략이 따로 없었다고 본다. 무조건 파를 목표로 치는 것이었다.

전략은 파 5홀, 파 3홀, 파 4홀로 나누어 난이도에 따라 세워야 한다. 예외는 있지만, 대체로 파 5홀과, 파 3홀에서 각각 1홀은 무척 어렵고, 1홀은 쉽게 구성되어 있다. 나머지 2개 홀은 난이도가 중간 정도이다. 파 4홀의 경우, 2홀은 무척 어렵고, 2홀은 아주 쉬우며, 6개는 중간이다. 따라서 어려운 4개의 홀에서는 절대로 파를 노리지 않고, 확실히 보기를 한다. 아무리 길어도 보기 온을 하는 데 별 애로가 없을 것이다. 보기 온을 하겠다고 작정하면 절대로 벙커나 워터 해저드가 문제되지 않는다. 그럼에도 보기 온 후에 원 퍼팅으로 파가 된다면 그것은 그냥 보너스로 생각한다. 중요한 것은 이렇게 어려운 홀에서도 절대 더블 보기를 하지 않는다는 전략이다.

쉬운 4개의 홀에서는 꼼꼼하게 그러나 죽기 살기로 파를 확보한다. 드라이빙이나 파 3홀에서 아이언 티샷에 무리를 할 필요가 없다. 대체로 아이언만 두 번 쳐도 짧은 파 4홀은 온그린이 되기 때문이다. 보통 이런 홀은 벌타의 위험이 없기 때문에 집중만 잘 하면 별 문제 없이 파를 잡는다. 또한 쉽다고 해서 섣불리 버디를 노리고 친다면 안전한 파 작전에 문제가 생길 수도 있다.

나머지 10개의 중간 난이도 홀은 무리한 샷보다는 벌타를 피하는 안전한 샷으로 안전 지대를 골라 플레이하도록 한다. 싱글 스코어는 물론 파의 숫자가 많아야 하겠지만, 동시에 더블 보기가 없어야 쉽게 이루어진다. 이렇게 파 반, 보기 반을 이루면 그것이 바로 싱글 스코어이고, 혹시라도 보기 하나가 버디로 바뀌면 그것이 바로 79, 소위 70대 스코어가 된다.

자신을 알고, 코스를 이해하면 언제나 싱글로 업그레이드된다.

포스트 샷 루틴 - 복습이 더 중요한 것

요즈음 들어 프리 샷 루틴(Pre-shot Routine) 이야기가 신문이나 방송에서 많이 나온다.

미국 PGA 프로들의 약 75%가 샷을 하기 전에 약 22초 내외의 일정한 패턴으로 프리 샷 루틴을 하는 것으로 밝혀졌다. 샷의 정확성, 스윙과 퍼팅의 일관성을 갖기 위하여 일정한 프리 샷 루틴을 갖는 것이 좋다는 점은 과학적으로도 검증된 사실이다.

그런데, 그렇게 했음에도 미스 샷이나 약간의 실수가 나왔을 때, 유심히 보면 몇몇 프로들은 그 스윙을 똑같이 다시 하여 보는 포스트 샷 루틴(Post-shot Routine)을 하는 것을 볼 수 있다. 보통 나쁜 샷을 치고 난 후에, 골퍼들은 몹시 화가 나 있거나, 사기가 죽어 버리거나, 또는 스윙의 기술적인 점(Mechanics)에 대한 혼선으로 마음이 잘 정리되지 않는 것이 현실이다.

그런 상태에서는 다음 샷에도 나쁜 영향을 가져 올 가능성이 많아진다. 흔히들 실수는 몰려서 다닌다고 하지 않는가? 따라서 나쁜 샷을 한 이후에는 꼭 포스트 샷 루틴을 가지라고 권하고 싶다.

보통 우리가 샷을 한 이후에, 일행들은 아무도 우리의 다음 동작에는 신경 쓰지 않는다. 진행에 별로 방해가 되지 않는다면, 다음과 같은 방법으로 포스트 샷 루틴을 갖고, 즉시 좋은 이미지를 찾도록 노력하는 것이 현명하다고 본다.

1. 감정 처리

사람이니까 얼마든지 실수할 수 있다고 솔직히 인정하고, 마음을 다스리기 위하여 예의에 어긋나지 않는 범위 내에서 약간 성질을 부려본다(화를 안고 다음 홀로 가지는 말자. 좋아하는 18번을 콧노래로 불러 본다).

2. 심호흡을 2~3번 크게 한다.

숨을 가쁘게 쉬면 화가 식지 않으니 깊게 두세 번 심호흡을 한다.

3. 클럽이나 퍼터를 다시 가볍게 잡고, 바닥을 2~3번 툭툭 두들겨 본다. 이것은 긴장 완화에 크게 도움이 된다.

4. 조금 전의 실수와는 다른, 좋은 이미지의 스윙을 상상한다.

5. 그 자리에서 두 번째의 샷을 하는 기분으로 스윙을 하고, 이번에는 목표 지점으로 아주 잘 갔다고 생각하고 움직인다.

그럼에도 불구하고 계속적으로 좋지 않은 스윙이 나오고, 게임을 망치게 되었다면 절대로 그냥 집으로 돌아가지 말고, 연습장으로 직행하여 특별히 문제가 되었던 몇 개의 홀을 집중적으로 가상 라운드를 돌아, 나쁜 징크스가 되지 않도록 한다.

　우드건 아이언이건 또는 연습 그린에서 퍼팅이건, 항상 마지막 샷은 잘 치거나 성공한 것으로 마감을 하여야 좋은 이미지를 가지고 끝낼 수 있다. 또 찡그리고 집에 들어가서는 가족에게 성질을 부리는 일까지 생긴다.

쇼트 트랙 계주에서 배우는 전략

맨 마지막 퍼팅을 잘 넣기 위한 것이 골프의 최종 목표.

그저 다음 샷을 편안하게 할 수 있도록 거기까지만 쳐 놓으면 된다.

그 작은 구멍을 정복하기 위하여 역사상 얼마나 많은 남자 또 골퍼들이 피와 땀을 흘렸는지 모른다. 그렇다. 인류 역사상(?) 최종 승패는 구멍의 정복에 달려 있다. 골프 스코어의 최종 결과는 그날 퍼팅이 어떻게 되었느냐에 달려 있다. 어느 메이저 대회의 우승자도 그 대회에서 퍼팅의 정복 없이 우승컵을 거머쥔 예는 없다. 골프는 맨 마지막에 편안한 숏 퍼팅을 하기 위하여 티샷과 세컨 샷 그리고 어프로치를 하는 것이라 하여도 과언이 아니다.

모든 골퍼의 소망이 티샷은 멀리 그러나 똑바른 방향으로 보내는 것이 아닐까? 그러나 티샷을 멀리 똑바로 보냈을 때, 과연 그 홀에서 파나 버디를 했는가 돌이켜보라. 게임의 흐름과 전략의 실마리를 시원한 티샷으로부터 찾는 골퍼의 경우 십중팔구 그림 같은 티샷에 이은 형편없는 세컨 샷 실수의 아픔을 많이 맛보았으리라. 일반 아마추어의 경우 아주 좋은 티샷 이후에 갑자기 커진 기대감으로 오히려 세컨 샷을 그르치는 경우가 대단히 흔하다.

　클럽 챔피언 같은 아마추어 강자들이 대체로 티샷이 좋은 것은 사실이지만 그들 모두가 결코 대단한 장타자라고 볼 수는 없다. 오히려 거리는 뛰어나지 않지만 좀처럼 실수가 없는 안정적인 골퍼인 경우가 더 많다. 그들의 공통점은 어느 곳이 세컨 샷을 하기 가장 좋은 곳인가를 파악하고, 그곳을 향하여 티샷을 날리는데, 만약 실수를 하였을 때에도 벌타를 면할 수 있는 안전지대를 최우선 목표로 삼는다는 점이다.

　그리고 페어웨이 세컨 샷에, 고수들은 맹목적으로 핀을 겨냥하지 않는다. 역사상 세계 최고의 골퍼라는 잭 니클라우스도 그의 전 생애에 걸쳐 대부분 핀 보다는 그린 중앙을 노렸다고 이야기했다. 어떤 선수들은 성공 확률이 75%가 될 때에만 직접 핀을 노렸다고도 한다. 그들이 그린의 중앙 지대를 겨냥하였던 이유는 바로 그곳이 첫 번째 퍼팅을 가장 편하게 할 수 있는 전략 요충지였기 때문이다.

　프로 골퍼의 경우 대략 13개 정도 규정타에 온그린을 시키고, 핸디 4~5의 싱글도 겨우 10개 전후의 파 온을 시킨다. 그런데 그들이 그렇게 많은 파 세이브를 이루는 것은, 세컨 샷에 그린을 놓쳤어도 볼이 어프로치하기에 좋은 인근 위치에 있기 때문이다.

　퍼팅이 좋은 사람의 어프로치를 유심히 살펴보면, 그들의 첫번째 퍼팅은 대체로 평지나 오르막 퍼팅인 것을 알 수 있다. 그들은 첫 퍼팅이 편안한 곳을 향하여 어프로치를 한다. 프로나 싱글 핸디캐퍼들도 내리막 롱 퍼팅이 걸리면 크게 긴장하고, 쓰리퍼팅의 빈도가 높아진다는 것을 잘 알기 때문이다.

　퍼팅의 경우 '대체로 길게 쳐라', '17인치를 지나게 하라' 등등 많이 주문하지만, 모든 프로들이 많이 지나쳐서 실수로 내리막 퍼팅이 길게 걸릴 지점에서는 오히려 홀보다 짧게 쳐서 오르막 마무리 퍼팅을 남게 하는 것을 자주 볼 수 있다. 그 원리가 무엇일까? 해답은 간단하다.

'골프는 쇼트 트랙에서 마지막 주자가 제일 먼저 결승점에 들어갈 수 있도록, 첫째 주자부터 셋째 주자까지 그 임무가 안전하게 바톤을 이어주는 것처럼, 지금 이 샷은 바로 다음 샷을 잘 하기 위한 지점을 확보하는 샷 이며 그것이 최선의 전략이다.

다음 샷을 잘 하기 위한 지점 확보가 최고의 골프 전략인 것이다.

효과적으로 정복하자, 파 3홀편

실제로 파 3홀을 어떻게 치느냐에 따라, 프로건 아마추어건 그 게임의 흐름이 크게 좌우된다고 할 수 있다. 프로들에게는 가장 어렵다는 파 3홀, 그들에게도 200야드가 넘는 파 3홀은 거리가 길어서 적어도 미들 아이언 이상을 잡아야 하니 부담스럽다. 티샷을 실수하였을 때 파 4홀이나 파 5홀보다 보기를 칠 가능성이 훨씬 높기 때문이다.

그러나 오히려 아마추어에게는 단 한 번의 샷으로 쉽게 파를 얻을 수 있는 곳이다. 초 중급자들의 경우 가장 파를 많이 잡는 곳이 파 3홀임에 의심의 여지가 없다. 파 4~5홀과는 달리 바로 눈 앞에 코스가 다 보이니 코스의 전모를 파악하기도 쉽다.

그럼에도 불구하고 왜 많은 골퍼들이 보기, 더블 보기 또는 그 이상의 나쁜 스코어를 기록하며 허물어지기도 할까? 그것은 한 마디로 게임 플랜이 부족하였기 때문이다.

다음과 같이 공략 방법을 세워 보자. 그러면 스코어가 훨씬 안정될 것이다.

1. 연습장에서

파 3홀 4개 중 대개 하나는 상당히 어려운 편이고, 나머지 3개는 보통이거나 난이도가 쉽게 구성되어 있다. 아마도 2개 홀은 미들 아이언으로 티샷하기에 족한 거리이다.

평소에 자주 가던 골프장이 아니더라도, 요즈음은 인터넷 등을 통하여 쉽게 코스의 개요를 파악할 수 있다. 연습장에서 그 거리를 연상하여 골프장에서 실제의 샷을 하는 기분으로 가상 라운드를 반복적으로 해 본다. 물론 매트보다는 티 위에 볼을 놓은 상태로 샷을 하는 것이 훨씬 좋다.

2. 티잉 그라운드에서

1) 우선 안전 지대를 파악하고 그곳으로 샷을 한다.

대개는 그린의 중앙을 노리면 되겠으나, 그린의 넓은 지역이 간혹 벙커나 깊은 러프에 둘러싸인 경우에는 설사 그린을 놓치더라도 위험 없이 어프로치할 수 있는 평평한 지역을 선택하는 것이 현명하다. 8번이나 9번 정도의 숏 아이언으로 탄도 높은 샷을 하여 볼을 그린에 잘 세울 수 있다면 벙커를 넘기는 샷을 할 수 있겠으나, 미들 아이언 이상을 사용하여야 한다면 오히려 평평한 안전 지역을 택하는 것이 현명하다.

2) 항상 티업한다.

영국 여자프로 로라 데이비스는 티샷을 할 때에 잔디를 조금 끄집어 올려 봉긋하게 만들고 그곳에 볼을 놓고 티샷을 한다. 주니어 골퍼 출신 K는 보통 티에 놓지 않고 잔디 위에 볼을 놓은 후에 그냥 티샷을 한다. 그러나 양쪽 모두 결코 좋은 방법이 아니다. 실수를 적게 하고 일관성 있게 볼을 치려면, 항상 티업(tee up)하는 것이 좋다. 티에 놓고 볼을 치는 경우에는 볼을 띄워 올리려는 의식을 없앨 수 있으며 볼 콘택이 훨씬 정확해진다.

3) 긴 채로 핀 하이 볼을 친다.

많은 아마추어들이 파 3홀에서 동반자가 어느 클럽을 쓰는가에 신경을 쓰고, 체면상(?) 짧은 클럽을 쓰고 난 후, 짧아서 후회한다. 파 3홀에서 뒷팀에 싸인(Call)을 줘 보면 대부분의 골퍼들은 핀보다 무척 짧게 샷을 하는 것을 보게 된다. 물론 그린의 경사가 앞쪽으로 아주 심하게 기울어졌다면 이해하겠으나, 아주 평평한 그린에서도 아마추어들은 대개 상당히 짧게 티샷을 한다. 동반자와 클럽 경쟁을 하지 말고, 생각보다 한 클럽 길게 잡고 넉넉히 깃발 높이(Pin High)로 칠 때 파 3홀의 파 확률은 두 배, 세 배로 늘어난다.

4) 통상 10야드 단위로 고저(高低)에 따라 클럽을 결정한다.

우리 나라처럼 산악지역에 건설한 골프장에서는 티 그라운드와 그린의 고저 차이가 심한 경우가 많다. 아마추어들의 경우 통상 거리가 10야드가 늘어날 때마다 한 클럽을 길게 잡는다. 그린의 고저도 티 그라운드를 기준하여 10야드 높으면 한 클럽 길게, 10야드 낮으면 한 클럽 짧게 선정하면 큰 무리가 없다. 단 그린이 티 그라운드보다 높은 경우에는 그린에 떨어진 볼이 생각 보다 많이 구를 수 있다는 것을 염두에 두어야 한다.

5) 레이업*⁾(Lay up)은 파 3홀에서도 할 수 있다.

통상 1개의 파 3홀은 매우 어렵다. 거리가 길고 벙커가 깊어 온그린 시키기 아주 어려운 파 3홀에서는 과감히 레이업을 하는 것이 현명하고 용기 있는 결정이다. 레이업은 파 4홀, 파 5홀에서만 하는 것이 아니다. 물론 이 경우는 파를 포기하고, 보기를 목표로 안전을 택해야 한다. 더블 보기나 트리플 같은 대형 사고를 방지하기 위한 예방 조치이지만 가끔은 어프로치가 붙어서 심심치 않게 파도 구경할 수 있다.

3. 그린에서

그린 위의 볼에 접근할 때에는 볼의 반대 방향에서 전체적인 경사를 관찰하며, 홀과 볼과의 거리를 보폭으로 재면서 걷는다. 온그린한 후에 스코어를 망친다면, 그것은 대개 첫 퍼팅이 짧아 쓰리 퍼팅을 하는 데 원인이 있다. 홀을 40센티 지나치게 길게 치라고 하지만, 차라리 10% 길게 치라고 권하고 싶다. 즉 10발자국이면 11발자국만큼, 5발자국이면 반 발자국만큼 더 길게 치도록 권하겠다.

---

*⁾ 레이업(Lay up) : 다음 샷을 하기 좋은 지점까지만 안전하게 잘라치기. 야구의 번트 같은 것.

파 5홀을 다스리는 법

프로와 싱글 핸디캐퍼에게는 파 5홀이 가장 플레이하기 쉽다.

타이거 우즈는 파 5홀에서 버디하는 횟수(52.5%)가 파 3홀의(15.2%) 3배가 넘는다. 프로와 싱글들의 경우 파 5홀에서 좋은 성적을 내지 못하면, 그 경기는 물 건너 간 것으로 봐야 한다.

그러나 보통의 아마추어에게 특히 초보자에게 파 5홀은 가장 어려운 관문이고, 그 주된 이유는 파 5홀의 긴 거리 때문인 경우가 많다. 애버리지 골퍼의 경우 규정타에 온그린 시키기 위해서 무난한 3개의 샷이 연속해서 나와야 가능하다. 그렇지만 거꾸로 이야기하자면, 아주 거리가 짧은 단타자가 아니라면 한두 개의 좋은 샷으로 버디까지도 바라 볼 수 있는 곳이 또한 파 5홀이기도 하다.

이렇듯 파 5홀을 어떻게 치냐에, 프로건 아마추어건 스코어의 흥망이 따른다고 할 수 있다.

처음 가는 골프장의 블라인드 홀(Blind Hole)이 아니면, 나는 항상 그린부터 거꾸로 공략도를 그려 본다.

1. 어느 곳에서 첫 번째 퍼팅을 할 것인가?

그린 전체의 경사와 난이도를 감안하여, 첫 번째 퍼팅을 긴 내리막 퍼팅에 걸리지 않도록 써드 샷의 착지지점을 선정한다.

2. 첫 퍼팅을 할 지점까지 어느 클럽으로 얼만큼 써드 샷을 칠 것인가?

나는 50~70야드 정도의 웨지 컨트롤 샷을 좋아하지 않는다.

가급적이면 짧은 파 5홀에서는 30야드 안쪽에서 어프로치 써드 샷을 하도록 하던가, 아니면 차라리 100~120야드 전후의 웨지 또는 숏 아이언 풀스윙을 하고자 한다.

3. 가장 중요한 선택, 세컨 샷 결정은 이렇게 한다.

많은 아마추어들은 설사 두 번에 온그린이 되지 않더라도, 어떻게 해서든지 두 번 만에 그린 근처로 볼을 보내기 위하여 우드나 롱 아이언을 쓰는 무리수를 두는 경우가 많다.

프로들이 기피하는 내리막 라이에서도 3번 우드를 치는 아마추어들을 쉽게 볼 수 있다. 써드 샷이 벙커나 워터 해저드를 피할 수 있는 각도로 풀스윙할 수 있는 곳이라면 설사 미들 아이언이나 숏 아이언을 쓰더라도 그곳까지만 보내도록 한다.

많은 교습가들은 100야드를 써드 샷으로 남기라고 권하기도 하는데, 대부분 아마추어들이 망가지는 곳이 파 5홀의 세컨 샷이란 것은 모두가 잘 아는 사실이다. 그렇다면 파 5홀의 세컨 샷이야말로 가장 편한 채로 무리하지 않고 산뜻하게 띄워보내야 할 것이다.

4. 티샷은 우선 파 5홀의 거리 때문에 어깨에 힘이 들어가는 것부터 탈피하여야 한다.

　골프란 것이 묘해서 힘껏 때릴수록 실수할 가능성이 높아지고, 티샷부터 초죽음 엉망이 되는 경우를 흔히 보게 된다. 앞서 결정한 세컨 샷을 치고자 하는 그 지점을 타깃으로 정하고 거리보다는 방향과 안정성에 주력하며 마음 편하게 티샷을 한다. 드라이버 대신 3번 우드나 또는 5번 아이언을 사용하여도 좋다. 키는 티샷이 페어웨이에 잘 안착하여 벌타 없이 세컨 샷을 하는 데 초점을 맞춘다. 대개 파 5홀은 도그레그 코스가 많다. 가능하면 좁은 쪽보다는 넓은 쪽을 공략하는 것이 다음 샷을 할 때에 좋은 앵글을 가질 수 있다. 보통 아마추어의 경우 아무리 긴 파 5홀도 7번 아이언으로 4번을 치면 그린에 도달한다. 그런데 처음부터 무리할 필요가 있을까?

5. 공격이냐 수비냐?

　대개의 경우 파 5홀 4개 중에서 1~2개는 상당히 도전적이며 어렵고, 또 다른 1~2개는 무난하며, 적어도 1개는 비교적 쉽게 구성되어 있다. 나는 처음부터 공격과 수비를 명확히 결정하고 티샷을 하는 편이다. 크게 실수하지만 않으면 2타에 온그린 또는 그린 부근까지 벌타의 위험 없이 접근이 가능한 경우 주저하지 않고 공격적인 플레이를 한다. 적어도 세 번째 샷을 홀에 붙여서 버디를 한다는 작전이다. 그러나 길이가 530야드 이상 되고 각종 해저드가 있거나, 언듈레이션이 심한 경우 아예 처음부터 무리하지 않게 방향 위주로 그린에 접근하는 방법을 택한다. 써드 샷도 웨지 풀스윙 거리를 남긴다. 홀에 붙지 않아도 세 번에 온그린 시켰으니 파를 잡는 것은 무난하다.

일단 침대에 오르면 대담하라

동네 어귀에서는 큰소리치며 호쾌하게 행동하던 사람들이, 문지방에 도달하면 당당하던 위세가 수그러들고, 침대에 오르면 쪼그라드는 경향이 있다. 다시 말하자면, 티 그라운드에서는 OB도 불사하며 겁없이 120% 파워로 스윙을 하다가, 그린 주변에 와서는 쭈빗대며 우왕좌왕하고, 온그린 된 다음에는 더더욱 위축되어 쪼그라들게 된다.

항상 싱글 스코어를 칠 수 있는 핸디 6 정도 상급자가 18홀 중 9홀 정도 규정타 온그린(파 온)을 시키고, 애버리지골퍼의 경우 겨우 5개 정도의 홀에서만 파 온을 시킨다. 결국 골프는 그린 주변에서 어프로치와 퍼팅의 결과에 따라, 즉 홀 30야드 안쪽에서 게임의 승패가 갈려지는 셈이다. 그 먼 길을 질풍같이 달려 왔어도 문지방에서 넘어지면 절대로 침대를 정복할 수가 없다. 그래서 그린 주변에서 홀에 얼마나 잘 붙이느냐 하는 것이 골프에서 가장 중요한 과제로 이는 칩 샷(Chip)과 피치 샷(Pitch)의 거리 조절(Distance Control)에 달려 있다고 하여도 과언이 아니다.

물론 굴릴 수 있으면 굴리는 것이 좋다는 게 잘 알려져 있는 이론이지만, 개인의 성향에 따라 탄도 높은 피치 샷을 선호하기도 하고, 또 철저히 굴리는 칩 샷을 애용하기도 한다.

그러나 어떠한 경우라도 어프로치의 거리조절은 클럽 헤드의 속도와 밀접한 관계가 있다. 그렇기 때문에 백 스윙의 크기와 비례한다고 본다. 즉 백 스윙의 크기가 클수록 헤드 스피드가 늘어나고 거리가 길어진다.

특별히 힘을 더하지 않고, 클럽 헤드의 무게로만 스윙을 하는 그래비티 스윙(Gravity Swing)의 경우 백 스윙의 크기에 따라 15야드 20야드 또는 30야드로 늘어나는 것을 웬만한 중급자들은 이미 충분히 파악하고 있으리라. 나의 경우 양 손의 위치를, 8시에서 4시, 9시에서 3시, 또 11시에서 1시…… 구분을 하여 스윙을 한다. 이렇게 스윙의 크기에 관한 나름대로의 패턴이 정립된 후, 아래와 같은 숏게임을 위한 루틴(Routine)을 확립하면 아주 좋은 결과를 기대할 수 있다.

1. 지형조사/분석 : 볼의 라이, 그린의 지형과 굴곡 그리고 전반적 상태를 파악한다.
2. 가상의 샷을 연상하고 착지지점까지의 캐리(Carry;나르는 것)와 런(run;구르는 것) 결과를 예측하여 본다
3. 실제의 샷과 같은 기분으로 확신이 설 때까지 연습 스윙을 몇 번 한다
4. '이것이다' 라고 느꼈을 때 직전의 연습 스윙같이 샷을 한다.
5. 결과를 평가하여, 좋은 결과면 다음을 위하여 머리 속에 데이터 베이스에 입력한다.

그러나 만약 나빴더라면, 다시 한 번 더 교정하여 연습 스윙을 해

본다.

그린 주변에서의 샷이라면, 그것이 벙커 샷이든, 피치 샷이든, 칩 샷이든 한 개의 원칙을 세워두면 매우 좋다.

On First : 그린보다 더 안전한 지역은 없다. 일단은 그린에 떨어져서 서는 것이 제일이다.

Close Second : 두 번째는 홀 가까이 붙여야 한다. 지나치게 공격적일 필요는 없다. 프로도 기본이 투 퍼트이다. 오히려 조심스럽게 래그 퍼트로 붙이는 것에 만족하는 것이 현명하다.

Hole out Third : 그러나 마지막으로 숏 퍼트만큼은 확실히 넣어야 한다. 많은 골퍼가 롱 퍼팅에 필요 이상 대담하고, 대신 숏 퍼트에 겁을 먹는데, 그것은 앞뒤가 바뀌어진 것과 같다. 조심스럽게 접근하여 화끈하게 넣어야 한다. 침대에서나 그린에서는 대담해야만 무엇이든 정복되는 것 아닌가? 숏 퍼트에 담대하여 지는 것, 바로 그것이 스코어 개선의 핵심이 된다.

부정적인 징크스 vs 현명한 메모리 뱅킹

S보험회사 L이사는 싱글 문턱을 넘나드는 봉급장이 주말 골퍼이다. 그와 라운드를 하면 언제나 그의 시원한 경기 스타일에 즐거움이 더 커진다. 우리는 주로 스트로크 플레이를 하는데, 그는 핸디캡 4점을 요구하고 나는 2점이면 족하다고 응수한다. 보통 웬만한 아마추어에게는 그가 원하는 대로 핸디캡을 다 주는 편인데, L이사에게만은 짜게 구는 것이 그는 언제나 내 기억 속에 대단히 볼을 잘 치는 상급자로 각인되어 있기 때문이다. 그의 빨랫줄 같은 티샷은 정말 가공할 만한 것이고, 최근에는 숏게임도 좋아져서 그린 주변에서 스크램블링(Scrambling;정규 온을 못 시키고도 파 또는 그보다 좋은 성적으로 마무리하기) 능력이 훨씬 향상 되었기에 여전히 내 기억 속에 대단한 실력자로 자리잡고 있다.

티잉 그라운드에서건 페어웨이 또는 그린 어느 곳에서도 내가 그보다 골프를 잘 친다는 증거를 찾을 수가 없다. 그가 그렇게 좋은 기량을 갖춘 골퍼임에도 불구하고 현실적으로 나에게 점수를 받아야 하는 것은 그가 정신적(Mental) 측면에서 다소 뒤떨어지기 때문이다. 평상시 그는 적극적, 공격적인 자세로 골프를 하기 때문에 보기에 아주 시원하다. 그는 웬만하면 질러가지 돌아서 가지 않는다. 그리고 성공확률 50% 정도에 기꺼이 승부수를 던진다. 그래서 그는 버디도 잘 하지만, 더블 보기도 심심치 않게 하는 편이다. 그런데 문제는 L이사가 일단 더블 보기를 하면 핀치에서 빠져 나오는데 힘이 든다는 점이다. 왜냐하면 그는 스스로 만든 징크스에 시달리고 있기 때문이다.

"맞아, 지난 번에도 잘 나가다가 이렇게 허물어지더니 끝내 회복하지 못했어."

그는 보통 이렇게 자신의 잘못 되었던 점을 뇌까린다. 그리고 그의 머리 속은 부정적 생각 즉 걱정이 많이 자리잡는다.

그날도 전반에는 대등한 경기를 벌이고 있었는데 기흥의 G골프장이 코스 수리 중이므로 챔피온 코스 9홀을 돌고 마스터 코스 후반 9홀로 가게 되었다.

그는 "Oh, No!!, 지난 번 여기 마스터 코스에 와서 오비 두 방 내고 허물어졌는데……" 하며 후반을 시작하기도 전에 부정적인 생각을 하는 것이었다.

게임을 앞두고 지나치게 자신만만하여 교만해도 좋지 않지만, 그보다 더욱 좋지 않은 것은 부정적인 생각과 걱정을 미리 하는 일이다.

그의 후반 경기는 역시 전반보다 못하였다. 나는 파 플레이로 그는 파 반, 보기 반의 성적을 유지하고 있었고 문제의 15번 홀에 도착하였다. 페어웨이가 별로 좁지도 않은데, 그는 "지난 번에 여기서 오른쪽으로 OB를 내고 망가졌단 말이야" 하며 걱정을 하였다. 평소의 그의 티샷 능력으로 보아서는 OB를 낸 것이 오히려 이상할 정도인데, 그는 그 홀에서 또 지난 번과 같은 방향으로 OB를 내고 나와의 경기에서

완전히 승기를 잃게 되었다.

"왜 미리 걱정하십니까? 지난 번에 OB를 냈기로서니 또 나겠느냐? 이렇게 생각하셔야지, 미리부터 부정적인 생각을 하는 것은 현명치 못한 방법입니다. 경제와 볼은 마음이 가는 곳으로 날아가며 걱정할수록 더 망가지는 것 아닙니까? 절대로 부정적인 징크스를 스스로 만들지 마십시오."

내가 그에게 들려준 말이다.

골프를 잘 치려면 머리 속은 온통 좋은 생각으로 메모리 뱅킹(Memory Banking)이 되어야 한다. 잘못 친 샷과 잘못 쳤던 홀의 기억은 즉시 잊고, 오로지 좋은 샷과 잘 쳤던 홀의 기억을 머리 속에 담아야 한다. 그래야 경기 시작 전 또는 샷을 하기 전에 긍정적인 생각으로 계획한 샷을 시각화(visualize)할 수 있게 된다.

요즈음 나는 후배들에게 한 라운드에서 가장 좋았던 샷과 퍼팅을 하나씩 기억하라고 권한다. 오늘 제일 잘 친 샷을 쭉 기록하고 기억함으로써 비슷한 상황이 생겼을 때, "지난 번처럼 좋은 샷을 하도록 해야지" 하고 다짐을 할 수 있도록 만들자는 의도이다. 모든 골퍼에게 실제로 드라이버부터 샌드웨지에 이르기까지 잘 친 기억의 샷이 하나씩은 있게 마련이다.

바로 그것을 기억하는 것이 현명한 메모리 뱅킹이다.

장타자 골리앗을 눕힌 꼬마 다윗의 매치 비결

성경에 나오는 이야기이지만, 설사 골프라 하더라도 거인 골리앗을 소년 다윗이 쉽게 눕힐 것이라고 생각하는 사람은 아마 아무도 없으리라. 창과 방패로 무장을 한 위풍당당 7척 거인 골리앗 앞에, 주머니 속 돌맹이 다섯 개만 달랑 들고 나선 소년 다윗은 정말 볼품 없는 초라한 모습으로, 도저히 스크래치 대상이 아니다. 그러나 상대방을 우습게 얕잡아 본 거인 골리앗은, 연약하기 짝이 없는 꼬마 다윗의 물매질 단 한방에 돌맹이를 이마에 맞고 땅에 엎어져 목숨을 잃었다. 꼬마 다윗이 드라이버 330야드를 치는 거인 골리앗에게 완승을 한 셈이다.

그의 매치 플레이 비결은 무엇일까? 그냥 순전히 운이 좋아서 이긴 것이었을까? 그가 순전히 운으로만 승리한 것이 아니라는 것을 우리는 쉽게 짐작할 수 있다. 무엇이 그가 승산 없어 보이는 매치플레이에서 이긴 비결이었는지 살펴 보기로 한다.

I. 피나는 연습

어쩌다 한번 잘 맞은 것은 실력이 아니다. 일관성 있게 꾸준하여야 그것이 진짜 실력이다. 양치기 소년 다윗은 늑대와 맹수를 쫓고 양떼를 보호하기 위하여 돌 물매질을 끊임없이 연습하였다. 위급한 상황 아래에서도 흔들리지 않고 정확한 샷을 할 수 있으려면 정말 피나는 연습, 끊임없는 노력이 있어야만 실력을 기를 수 있다. 한석봉의 어머니가 어둠 속에서 정확하게 떡을 썰 수 있었던 것도 반복된 연습 효과였다.

2. 실전 경험

아무리 연습을 많이 하였다 하더라도 실전 경험이 없다면, 경쟁에서 승리하기 어렵다. 많은 닭장 프로들이 연습장에서 화려한 샷을 보여주지만, 실전 경험이 부족한 경우 라이가 불편한 상황이나 트러블에 걸렸을 때 쉽게 허물어진다. 대표선수 선발 과정에서 과거에 큰 시합 경험이 있는 선수들을 대체로 발탁하는 것도 실전 경험이 많아야 신뢰와 확신이 생길 수 있음을 뜻한다. 즉 경험이 신뢰를 만든다.

3. 할 수 있다는 믿음과 담대함

아무리 연습을 많이 하고, 실전 경험을 쌓았다 하더라도, 할 수 있다는 믿음 없이는 성공할 수 없다. K가 처음 이븐 파를 기록하던 날, 토탈 +1으로 17번 파 5홀에서 플레이를 하고 있었다. 벙커를 피한 세 번째 샷은 그린과 그린 사이에 홀로부터 18야드 떨어져 있었고, 평소 이 거리의 어프로치 연습을 많이 한 K는 이따금 칩 샷을 그대로 넣은 경험도 있어, "이 샷은 들어갈 것입니다"라고 선언을 한 후에 예언대로 칩 인에 성공, 버디를 한 후 다음 홀에서 파를 하여 생애 첫 이븐 파를 기록하였다. 그의 긍정적인 믿음이 반쯤은 기적과 같은 결과를 만들어 낸 셈이다. 믿음이 없다면 꿈은 절대로 이루어지지 않는다.

4. 적합한 장비의 선택

연약한 소년 다윗은 골리앗이 입은 무거운 갑옷, 커다란 칼과 방패를 걸치지 않았다. 똑같이 무거운 갑옷을 입었다면 그는 아마도 움직이지도 못하고 경기에 졌을지도 모른다. 마음만 앞선 부모들이 아직 제대로 자라지도 않은 주니어 골퍼에게 스티프 샤프트(Stiff Shaft)를 쓰게 한다거나, 50대 아마추어 골퍼가 욕심만으로 9도짜리 강한 샤프트의 드라이버를 쓰는 것들도 현명하지 못한 일이다. 모든 장비와 용품은 감당할 수 있는 수준의 적합한 것이어야 한다.

5. 상대의 교만

장타자 골리앗은 자기의 파워와 롱게임 능력을 믿고 자만하여, 그 결과 매치 플레이의 공략 방안을 게을리 하였고, 소년 다윗은 자기의 부족함을 알았기에 승리를 위하여 더욱 꼼꼼한 경기 운영을 하였으며 상대의 허점을 정확히 찔렀다. 부족한 거리나 파워는 숏게임과 전략적인 게임 플랜으로 얼마든지 극복 가능하다. 특히 교만한 장타자에게는…….

제2장

지혜 : 알고 치면 쉬운 골프

최고의 숏게임 공짜연습장, 지하철

　많은 골퍼들이 시간이 없어서 연습을 하지 못한다고 한다. 또 어떤 이들은 연습장에 가서 어프로치 샷을 연습하기에는 볼값이 아깝다고 이야기하기도 한다. 충분히 이해가 가는 이야기이고, 특히 봉급장이 주말 골퍼들에게는 더욱 그렇다. 그러나 생각을 바꾸면, 도처에 골프 연습장이 널려 있다. 가장 대표적인 곳이 바로 지하철 속이다.
　우선 여러분들이 파 온에 실패하였을 때, 또는 파 3홀에서 그린을 미스하였을 때에, 홀컵까지 남는 거리가 대체로 얼마나 된다고 생각하는가? 보나마나 대부분 지하철 한 칸의 거리 내외가 될 것이다. 그렇다면 지하철 한 칸의 거리는 얼마일까? 정확히 내부는 19미터, 21야드가 된다.
　많은 숏게임 전문가들의 레슨에 따르면, 띄우는 샷보다는 굴리는 샷이 정확하다. 나의 볼이 한쪽 벽에 있고, 홀컵이 반대편 끝 벽에 있으면 21야드 거리, 이제 칩 샷의 이미지 트레이닝을 시작한다.
　이쪽 벽면에서 5번 아이언을 이용, 첫 번째 문의 중앙에 볼을 떨어뜨리면, 캐리로 1을 날아서, 런으로 6을 가게 된다.

제2장 지혜 / 알고 치면 쉬운 골프　87

두번째 문의 중앙에 떨어뜨려, 나머지 거리를 굴러가서 핀에 붙이려면 9번 아이언을 사용하길 권한다. 8야드 날아서 13야드를 굴러 가게 된다.

피칭 웨지로 샷을 해서 소위 피치&런(Pitch and Run)을 한다면 세번째 문 중앙에 떨어뜨려, 13야드 날아서 8야드 구르게 하면 될 것이다.

또한 21야드가 떨어져 있지만, 핀의 위치가 그린 엣지에서 아주 가까운 곳에 있거나 포대 그린일 경우에는, 부득이 하지만 천장에 닿더라도 샌드웨지를 사용하여 탄도 높은 샷을 할 수밖에 없다. 이 때에는 제일 먼쪽에 있는 출입문 중앙에 떨어뜨리면, 3야드 이내에서 멈추는 좋은 어프로치 샷이다. 그러나 이 샷은 고도의 기술을 요하므로, 만약 토핑이 되거나 잘못 치게 될 경우 뒷칸까지 가는 경우가 종종 있다.

평상시 지하철에서 이렇게 시각화(Visualize) 연습을 충분히 하면, 골프장에서 그린 주변의 숏게임에 자신감이 붙게 된다. 이미지 트레이닝, 특히 숏게임의 효과가 매우 크다. 지하철 연습을 주장한 세계 최초의 골퍼인 내가 책임을 질 수 있다.

참고로 지하철의 문은 폭이 130센티이고, 문과 문의 간격은 340센티가 된다. 양쪽 가장 자리는 문에서 180센티이다. 왔다 갔다 걸으면서 차제에 자신의 정확한 보폭도 확인하여 보는 것이 그린 주변에서 파 세이브하는데 무지하게 좋은 방법이다.

네 보폭을 알라, 최소한 4~5타가…

"그린 주변에서 정확히 거리 파악도 잘 안되고, 또 어프로치 때에 핀까지 거리도 잘 못 맞추겠어요. 그러니 어프로치, 퍼팅 모두 부실하지요. 무슨 방법이 없을까요?"

골프를 좋아하는 어느 의사 선생님의 질문이었다.

훌륭한 야구 타자는 무슨 능력이 뛰어날까? 정확히 멀리 치는 능력 이외에 투수가 무슨 공을 던질 것인가의 예측 능력, 또 날아오는 볼이 스트라이크인가를 구분하는 선구안이 뒷받침되어야 비로소 일류 타자가 되어 홈런을 날린다.

그렇다면 프로 골퍼나 아마추어 상급자는 무엇이 다를까? 똑바로 멀리 치는 능력만 따진다면 그들이라고 해서 특별히 나을 것도 없다. 그런데 그들의 볼은 언제나 핀에서 그리 멀지 않은 곳에 떨어지고 아마추어 중, 하급자들의 볼은 직선으로 잘 날아가도 거리가 들쭉날쭉하기 쉽다.

무엇이 그토록 큰 차이를 만들어 내는 것일까? 물론 스윙의 일관성이 부족하여서 그렇기도 하다. 그러나 가장 중요한 것은 거리 파악 능

력부터 큰 차이가 난다는 점이다. 7번 아이언으로 150야드를 똑바로 칠 수 있는 능력을 가진 골퍼가 실 거리 170야드를 150야드로 판단하였다면, 그의 잘 친 150야드짜리 샷은 그린에 못 미쳐 벙커에 빠질 것이고 심한 경우 워터 해저드 행이 되기 쉽다.

그린 주변의 어프로치의 경우도 거리 파악 능력이 부족하여, 매 홀 30센티씩 짧게 친다면, 온그린을 못 시키는 평균, 최소한 12개의 홀에서 총 3.6미터나 더 핀에서 멀어지게 되며, 그것만으로도 라운드 당, 2~3타는 족히 더 쳐야 한다.

프로나 싱글 핸디캐퍼들이 그린 주변에서 갑자기 왔다 갔다 바빠지는 이유는 무엇일까? 물론 착지지점 선정을 위한 그린의 경사 파악이기도 하지만, 다음 어프로치나 퍼팅을 위한 정확한 거리 파악에 최우선 목적이 있다고 본다. 상당한 경지에 이른 골퍼는 목측으로도 어느 정도 정확한 거리를 파악하지만, 가장 안전한 것은 역시 걸어서 보폭으로 거리를 재확인하는 방법이다.

거리 파악 능력, 특히 그린 주변에서 핀까지의 거리를 정확히 파악한다면 숏게임과 스코어의 획기적인 개선을 가져 올 수 있다. 우선 정확한 거리 파악을 위한 방법으로 각자 자기의 보폭을 알 필요가 있다. 어떤 면에서는 자기의 클럽별 표준 거리를 파악하는 것보다도 보폭을 파악하는 것이 훨씬 더 중요할 수 있기 때문이다.

만약 어느 골퍼가 핀까지 20, 30 또는 50야드의 거리를 보낼 수 있는 일관성 있는 어프로치를 연습한 후에, 실제 필드에서 보폭을 이용하여 정확한 거리 파악을 할 수 있다면, 그래서 매번 30센티를 더 홀에 가까이 붙일 수 있다면, 실제로 그린을 놓친 12개의 홀에서 아마도 4~5타는 쉽게 세이브가 가능해진다.

100미터 육상 경기장이건, 4차선 횡단보도이건, 지하철 구내이건, 실내 수영장이건, 양궁 연습장이나 학교 운동장이건, 무조건 끊임없이 반복하여 걷고, 그 보폭을 정확히 파악하는 습관을 들이자. 골프를 잘 치는 요령 여러 가지 중에, 그 첫 번째로 서슴없이 주장하고 싶다. "당신의 보폭을 정확히 알라."

쓸어 쳐요, 찍어 쳐요? 아뇨, 그냥 쳐요!

가끔 이런 질문을 받지요.
"쓸어 쳐요, 찍어 쳐요?"
저는 이렇게 답을 합니다.
"그냥 치세요."
"연습장 프로가 아이언은 찍어 치고, 우드는 쓸어 치라고 하던데요?"
"롱 아이언도 우드처럼 쓸어 치라고 하는 것 아닙니까?"
또 다시 나는 이렇게 이야기하지요.
"쓸어 치든 찍어 치든 그저 맘 편히 치세요."

때로는 간단하게 생각하는 것이 정답이다. 스윙을 하기에 앞서, 이 것을 찍어 치나, 쓸어 치나, 따지고 생각하면 머리가 복잡해서 볼도 잘 안 맞는다. 아마추어는 연습장에서는 별 생각 없이 치고, 필드에선 너무 많은 생각을 하면서 볼을 친다. 사실은 거꾸로 해야 되는데…….
맞바람에 탄도 낮은 샷을 하거나, 소위 넉다운 샷 같은 특수 상황이 아니면, 드라이버나 아이언, 웨지에 이르기까지 기본 스윙은 똑같이 하나로 한다. 문제는 볼의 위치이다. 때로는 숙달된 프로나 톱 아마추어의 경우, 거리를 더 낼 목적으로 볼을 왼발 바깥쪽에 놓는 경우가 있으나, 아주 간단하게 말하자면, 왼발 뒤꿈치 안쪽 연장 선상에 일정하게 볼을 놓고, 클럽의 길이가 길어질수록 오른쪽 발을 조금씩 넓혀 어드레스를 하면 자연스럽게 모든 것이 해결된다.

따라서 웨지의 경우는 볼이 몸 중앙에 위치하는 듯한 기분이 들고 드라이버의 경우 몸 왼쪽으로 빠져 있는 것처럼 여겨지지만, 실제로는 볼의 위치는 변함없이 왼쪽 뒤꿈치 안쪽 연장 선상에 그대로 있다. 그러나 볼 위치에 따라서 결과적으로, 웨지의 경우는 클럽이 내려 오면서 드라이버나 우드의 경우는 올라 가면서 맞게 되는 것이다.

결국 찍어 쳐요, 쓸어 쳐요는 따질 필요가 없는 질문이다. 궁금할 것 하나도 없다. 정답은 '그냥 치세요' 이다. 왜냐하면 스윙은 딱 한 가지로, 다 똑같기 때문이다.

골프는 등쳐야 먹고 산다

골프는 신사 숙녀들의 스포츠로, 심판도 없는 신성한 경기인데 등쳐서 먹고 산다니 무슨 해괴한 말이냐고 궁금할 것이다.

골퍼들마다 그 스타일에 따라 생각도 가지가지 아닌가? 대부분의 아마추어들은 멋진 연습 스윙(보여주는 스윙)과, 아주 보잘 것 없는 실제 스윙(하는 스윙), 이렇게 두 개의 확실히 다른 스윙을 가지고 있다.

그래서 나는 에너지라도 아끼라는 의미에서 실제 스윙과 다른 연습 스윙은 아예 하지 말라고 권한다. 그러나 연습 스윙을 하여야 마음이 편해지는 분은 나름대로의 프리 샷 루틴에 따라 계속 연습 스윙을 하여도 좋다.

그러면 등쳐서 먹고 산다는 것은 무슨 뜻일까? 아무리 숏게임 능력이 훌륭해도 역시 티샷이 페어웨이 한가운데로 잘 날아가 줘야 우리 아마추어들은 힘이 나고, 버디나 파 찬스가 생기는 것 아닌가?

연습 스윙과 본 스윙의 차이, 또 프로와 아마추어의 스윙 차이 중에서 가장 눈에 띄는 차이점은 무엇일까? 내 생각으로는 박세리 선수 같은 피니시 동작이 가장 구별되는 점이라고 본다. 드라이빙 방향과 거리 늘리기 방법의 매우 중요한 요소가, '완벽한 피니시'이다.

나이 40에 골프를 배우는 대부분의 아마추어들이 어린 소녀의 스윙처럼 부드럽게 팍팍 돌아가지는 않는다. 그렇다면, 아마추어의 경우에는 좋은 피니시 동작이란, 샤프트가 최소한 목 뒤 등판에 부딪치는 것이라고 생각한다. 샤프트가 등판에서 바운스가 되면, 티샷이건 아이언 샷이건 틀림없이 충분한 거리를 똑바른 방향으로 날아가게 된다.

골프는 최소한 등쳐야 터지지 않고 먹고 살 수 있는 것이다.

여러분, 우리 모두 등치며 골프 칩시다!

칩 샷과 머리는 굴릴수록 좋다!!

숏게임의 중요성은 아무리 강조를 하여도 지나치지 않는다. 기라성 같은 PGA 프로들이 보통 18홀 중에서 12~13개를 파 온시킨다. 파 온 (우리식 표현, Greens in regulation임, 규정 타수에 온그린시킴)은 아마추어의 경우 한 손 싱글 정도가 되어야, 약 10개를 파 온시키고, 물 싱글들은 겨우 7~8개를 온그린시킨다. 프로와 아마추어, 상급자와 하급자의 실력 차이가 현격하게 드러나는 곳이 바로 그린 주변이고, 여기서 파 세이브를 하는 능력에 엄청난 차이가 있다. 타이거 우즈, 필 미켈슨 같은 세계적 선수들은 7~8개 중 1개를 파 세이브에서 실패하는데, 보기 플레이어들은 반대로 7~8개 중 겨우 1개를 성공시킨다. 그나마 핸디 30짜리는 라운드당 단 한 개도 세이브 못 하는 것이 현실이다.

그린을 놓쳤을 때에 하는 어프로치 방법에 대략 세 가지가 있다.

1. 칩 샷(Chip) 2. 피치 샷(Pitch) 3. 로브 샷 (Lob).

멋으로만 따진다면 로브 샷, 피치 샷, 그리고 칩 순서이겠지만, 실속으로 따진다면 단연 칩, 피치, 로브 샷 순서이다.

그 이유는 탄도가 낮을수록 싸이드 스핀이 덜 먹고 바람의 영향을 덜 받으므로, 굴러가는 것이 떠서 가는 것보다 대체로 핀 옆에 더 많이 붙기 때문이다.

칩 샷에서 '손목으로 고정하고 핸드 퍼스트로 클럽을 리드하며……' 등등 기술적인 문제는 스윙 책자를 참고하기 바라며, 그린 주변에서 우리가 꼭 염두에 두어야 할 사항을 따져 보면,

첫째: 아마추어의 경우에는 조금 단순한 방법으로 통일할 필요가 있다.

프로들의 경우 3번 우드부터 로브 웨지까지 여러 클럽을 다양하게 쓰고 있으나, 아마추어들의 경우에는 그저 2~3개의 클럽으로 고정하는 것이 좋다. 너무 가지 수가 많으면 연습량도 부족하여 헷갈리기 때문이다. 나의 경우 피칭웨지와 샌드웨지로 국한한다.

둘째: 어프로치의 착지 지점은 무조건 그린 위로 설정하는 것이 좋다.

그린에 못 미쳐 떨어졌을 때에 매우 짧거나, 또는 불규칙 바운드가 되는 경우가 많기에 일단은 다소 길더라도 그린에 떨어뜨리는 것을 원칙으로 하고 있다.

셋째: 날고 구르는 비율을 확실히 파악하여 둘 필요가 있다.

그러나 다운 스윙의 각도, 백 스핀의 과다, 피니시 동작들의 차이로 골퍼마다 캐리와 런의 비율이 크게 다를 수 있으므로 자기만의 고유한 캐리 : 런의 비율을 아는 것이 좋다.

참고용으로 일반적인 기준을 설명한다면 '12의 원칙'을 들 수 있는데, 이렇게 기억하자.

5번 아이언: 12−5=7. 1:7 (1 날아서 7 구름)
7번 아이언: 12−7=5. 1:5
9번 아이언: 12−9=3. 1:3
피칭 웨지: 12−10=2. 1:2
갭 웨지: 12−11=1. 1:1 (반 날아서 반 구름)
샌드 웨지: 2:1 (엣지와 핀 간격이 좁을 때나, 포대그린에서)

그러나 나는 백스핀 양이 일반적으로 많은 스타일이라 '12의 원칙'이 아니라 '11의 원칙'을 쓴다. 그러면 핀을 살짝 오버하는 거리를 보내게 된다. (긴 것이 좋은 것!) 그린 주변에서 컴퓨터를 돌려 (머리를 굴려서), 캐리와 런을 잘 맞추어 어프로치한 볼이 핀 옆에 딱 붙을 때 그 유쾌, 상쾌, 통쾌함은 말로 표현하기 어렵다.

상급자들은 바로 그 맛 때문에 볼을 친다고들 한다. 티잉 그라운드에서 그린 주변에 올 때까지는 마음 편히, 시원시원하게 휘두르고, 일단 그린 주변에 오면, 굴릴 수 있는 대로 굴려 보자. 머리도 굴리고(?), 칩 샷도 굴리고…… 그래서 나는 머리와 칩 샷은 굴릴수록 좋다고 믿는다.

연습하지 않은 새 클럽, 필드에서는 쥐약!

간혹 연습도 하지 않은 새 클럽을 필드에 들고 나오는 골퍼들을 본다. 이것은 스코어 관리에 매우 부정적인 사태를 초래할 수 있다. 어떤 의미에서는 경기 중 이적행위나 자살골과 같은 효과를 가져온다. 한마디로 쥐약!

골프에서 좋은 샷이 나올 수 있는 환경은, 편안한 가운데, 무념무상의 샷을 할 수 있을 때이고, 그것은 상당한 연습을 통하여 얻은 경험의 결과이다.

그런데 연습을 제대로 하지 않은, 새 드라이버로 티샷을 한다거나, 막 구입한 로브 웨지로 탄도 높은 어프로치를 할 때에는 로우 핸디캐퍼들조차도 많은 실수를 하는 것을 쉽게 보게 된다.

그것은 '이 클럽으로 잘 맞출 수 있을까?' 하는 불안감,

'잘 쳐서 뭔가 보여주어야지' 하는 강박관념,

'잘 갔을까?' 하는 궁금증으로 헤드업을 하는 것처럼, 평상시의 스윙 같은 템포를 유지하기가 어려운 것이 사실이다.

핸디캡 9의 대학 후배 P이사는 마지막 홀에서 친지가 준 새 드라이버를 꺼냈다.

"선배님, 마지막 홀이니 이 채로 한 번 쳐 보겠습니다."

그러나 장타자 축에 드는 그의 티샷은 채 200야드밖에 나가지 않고, 슬라이스 되어 페어웨이 오른쪽 벙커로, 그것도 좋지 않은 라이에 들어가 버렸다. 마음의 평정을 잃은 그의 벙커 속 세컨 샷은 또 다른 슬라이스로 OB가 되었고, 드롭한 후 다시 친 볼마저도 또 OB. P이사는 결국 마지막 홀에서 더블 파를 하면서, 싱글 진입에 실패했고, 즐거웠던 라운드에 오점을 남기고 말았다.

나의 골프 친구 L이사는 엊그제 산 반짝거리는 로브 웨지를 연습 없이 들고 나왔다. 처음 몇 번째 홀에선가 그는 로브 웨지를 빼어 들었으나, 토핑을 하여 그 어프로치는 그린을 홀렁 넘어 숲속으로 들어갔다. 자존심이 상한 그는 게임 내내 로브 웨지를 사용하였고, 그때마다 샷의 내용은 엉망이었다. 발로 차고 가도 80대는 친다는 L이사는, 그날 결국 보기 플레이도 하지 못하였다.

성능이 검증되지 않은 전투기나 탱크를 실전에 배치하는 군사작전이 있을까? 그렇게 하는 전투가 승리할 가능성이 높을까? 필드는 연습하지 않은 클럽의 시험장이 되어서는 안 된다.

만약 꼭 쳐 보고 싶으면, 동반자에게 양해를 구하고, 정식 스트로크 대신, 마지막에 연습으로 쳐서 시험을 하는 것이 현명하다.

플레이보이는 새 것을 좋아하지만, 진정한 골퍼는 헌것(?)을 좋아한다.

메야? 3번 아이언이 주특기라고? 푸하하…

"실례지만, 프로는 아니시죠? 그런데 3번 아이언이 장기라구요?"
만약 롱 아이언이 장기라면, 아마도 당신은 영원한 하수일지 모른다.

연습장에서 죽어라고 3, 4번 아이언을 연습하는 초·중급자를 많이 본다. 매번 챔피온 티에서 치는 것일까? 싱글 핸디캐퍼가 아니라면 아마도 레귤러 티에서 칠 텐데, 세컨 샷으로 3, 4번을 쓸 이유가 있을까? 티샷이 짧아서라면 3, 4번 아이언 연습 시간에 드라이버를 연습하는 것이 낫다. 우드를 쓰기가 힘드는가? 3번을 고집하니 그렇지 우드 5, 7, 9번 같은 것은 훨씬 쉽다.

세계 랭킹 1위의 여자 프로 애니카 소렌스탐은 3, 4번 아이언을 잘 안 쓴다. 아이언은 주로 5번부터 쓴다고 한다. 소렌스탐이 거리가 짧아서 우드를 쓸까? 천만의 말씀, 금년도 평균 드라이브 거리가 26위 252.3이며 그것도 페어웨이 적중률 15위 78%나 된다. 평균 200야드 거리에 50% 페어웨이에 들어오는 보기 플레이어와는 비교도 안 된다.
그린 적중율 80%로 세계 1위인 소렌스탐이 3, 4번 아이언을 잘 쓰

제2장 지혜 / 알고 치면 쉬운 골프 101

지 않는 이유는 그만큼 다루기 어렵기 때문이다. 만약 당신이 젊은 프로 지망생이 아니라면, 골프를 사서 고생하지 말고 그냥 쉽게 치기를 권한다.

얼마 전에 비교적 길다는 남부컨트리 클럽에서 예전에 건설부 장관을 지내신 S회장님과 라운드를 한 적이 있었다. 환갑이 넘은 연세이지만, 호쾌한 장타를 치셨다. 평지에서 최소 210야드는 거뜬히 나가니 그 연세에 장타임에 틀림이 없다. 그런데 이 분이 세컨 샷과 파 3홀의 티샷에 거침없이 우드 7번과 9번을 잡으시는 것이었다. S장관께서 "저는 마음이 편해서 우드를 씁니다"라고 다소 겸연쩍으신 듯 말씀하시기에, 나는 이렇게 화답을 하였다.

"장관님께서는 최근에 같이 라운드를 한 분들 중에서 가장 현명하신 분입니다."

골프, 이것은 잘 뜨는 채로 쉽게 치는 것이 현명하다. PGA프로가 3번 아이언으로 세컨 샷을 할 때 30% 밖에 온그린이 안 된다. PGA프로들도 어렵다고 하는 롱 아이언을 들고 씨름하는 초·중급자. 아마 골퍼들은 파 온 확률이 높아 가는 속도보다, 주머니에서 배춧잎 빠져 나가는 속도와 머리카락 빠지는 속도가 훨씬 더 빠를지도 모른다.

"그래도 롱 아이언이 좋으시다구요? 그렇다면 마음대로 하세요. 어차피 제 돈 터지는 것은 아니니까요."

스핀을 모르고 골프를 논하지 말라

'백 스핀(Back spin)을 잘 다루는 골퍼가 스윙의 마스터가 된다' 는 말이 있다. 정말이지 스핀을 이해하지 못하고는 골프를 잘 치기가 어렵다.

'왜 숏 아이언은 똑바로 가는데, 롱 아이언은 옆으로 샐까?'

'왜 드라이버보다 3번 우드가 똑바로 나갈까?'

'5번 우드가 3번 우드보다 더 멀리 가는 것은 무슨 이유일까?'

이런 의문을 가져 보지 않은 골퍼는 아마 거의 없을 것이다.

또한 PGA프로들의 시합을 보면 파 5홀에서 핀까지 250야드 정도를 남겨 놓고, 투온을 노리며 3번 우드 샷을 하면, 대체로 거리는 맞는데, 방향이 틀려 러프로, 또 벙커로 들어가는 장면을 많이 보게 된다. 백 스핀은 웨지와 같이 로프트가 큰 클럽에 의하여 많아지며, 백 스핀이 커질수록 사이드 스핀(Side Spin)은 줄어든다.

따라서 웨지의 경우 미들 아이언보다, 미들 아이언은 롱 아이언보다 훅이나 슬라이스가 덜 나며, 같은 이유로 로프트(Loft)가 큰 드라이버나 우드를 사용하면, 사이드 스핀의 영향을 덜 받는다. 대체로 3, 5

번 우드의 방향성이 드라이버보다 좋은 것은 사이드 스핀이 적기 때문이다.

대학 후배 C는 호주 출장 때 ERC 9도짜리 드라이버를 사가지고 들어왔다. 그러나 겨우 보기 플레이를 바라보는 그가 로프트 9도짜리 드라이버를 손쉽게 다루는 것은 근본적으로 무리였다. 그의 샷은 어쩌다 한 번은 잘 맞았지만, 툭하면 바나나 킥 슬라이스가 되곤 하였다. 그는 지금 로프트 10.5도짜리 드라이버로 시원하게 똑바른 티샷을 날리고 있다.

최근에는 투어 프로들조차도 로프트가 큰 드라이버를 선호하는 경향이 생겼다. 2연속 US오픈 우승자 커티스 스트레인지는 10.5도짜리 드라이버를 사용해 우승하였다고 한다. 비거리 230야드도 안 되면서, 보기 플레이도 못하면서 9도짜리 드라이버를 쓴다면, 과연 현명한 판단일까? 아마추어의 경우 로프트가 적어질수록, 사이드 스핀이 많이 먹어 방향성이 떨어진다는 것을 알게 되면 구태여 로프트가 적은 드라이버로 씨름하며 고생을 할 필요가 있을까?

고교 후배 L은 알아주는 장타자. 웬만한 파 5홀은 3번 우드만 맞아주면 투 온이 된다. 그러나 어쩌다 한 번 투 온이 될지언정, 그는 3번 우드를 숱하게 토핑 또는 좌탄 우탄하여 게임을 망치곤 하였다. 그에게 던진 나의 한 마디는 충격을 주었다.

"자네 5번 우드로 치면 좀 더 멀리 갈 것일세!"

"뭣이라고라고라고~~~~~~요?"

그가 깜짝 놀라서 물었다.

"자네 긴 연습장에 가서 3번 우드와 5번 우드를 20번씩 쳐 보게. 그리고 일정 구역 내에 들어온 볼의 평균 거리를 재어 보게나. 아마도 5

번 우드가 평균 10야드는 더 나갈 것일세. 만약 그렇지 않다면, 자넨 벌써 싱글 핸디캐퍼일 것이네."

영국의 어느 골프 전문가가 통계를 내어 보니, 중급자의 경우 3번 우드 평균 거리는 170야드였고, 5번 우드 평균 거리는 200야드로 나왔다는 리포트를 읽은 적이 있다.

스핀을 이해하게 되면, 적어도 사서 고생을 하지는 않는다. 또 스핀을 이해한다면, 쉽게 골프를 치게 될 것이며 분명 당신의 골프는 한층 더 발전하게 되리라.

X-Factor와 "허리, 어깨, 무릎, 팔♪"

드라이버 거리를 늘리고 싶다. 이것은 남녀노소를 불문하고, 전 세계 골퍼의 한결 같은 소망이다. 거리를 늘리는 방법으로 여러 가지가 있다지만, 대체로 다음과 같이 이야기한다.

1. 유연한 자세로
2. 허리의 비틀림을 증대하여
3. 안정된 리듬으로
4. 피니시를 충분히

오늘은 허리의 비틀림 증대와 관련하여, X-Factor를 살펴 보고자 한다. X-Factor란 1992년 개발된 스윙 모션 트레이너의 출현으로 시작된 이론인데, '어깨의 회전각과 히프 회전각의 차이'로, 이 각도가 클수록 파워가 증대한다는 이론이다.

최근에 미국 피닉스의 스포츠 과학자들이 어떻게 다운스윙을 스타트하느냐에 따라 비틀림의 차이가 크고, 그 차이가 장타를 낸다는 의견을 개진하였으나, 일단 어깨의 회전각과 히프의 회전각의 차이가 클수록 파워, 즉 거리가 증대한다는 것은 입증된 이론이다.

프로들의 경우, 대략 힙이 45도 돌고, 어깨가 90~110도가 돈다고 한다. 예를 들어, 존 댈리의 경우 무지하게 오버스윙처럼 보이지만, 어깨회전은 120도이고, 히프의 회전이 60도이므로 실제 X-Factor는 60이 된다. 만약 어느 주니어 골퍼가 어깨는 120도를 돌고, 허리는 30도만 돈다면 X-Factor는 90으로, 그 나름대로 엄청나게 파워를 중대시킬 수 있을 것이다. 그러나 허리의 회전 각도가 커지면 그만큼 실수의 폭이 더 커진다는 문제점도 있다. 또한 유연성(Flexibility)과 밀접하게 관련되어 있음을 항상 염두에 두어야 한다.

아마추어들의 경우, 대부분 자기는 어깨를 충분히 돌리고 있다고 생각한다. 그러나 실상은 오히려 약간 스웨이만 되고 어깨는 돌지 않는 경우가 대부분이고, 또 허리를 움직이지 않으니 몸통 회전이 부족한 것이 사실이다. 자연히 자기도 모르게 팔에 의존하여, 때려서 내보내는 스윙으로 점차 변해가는 것이 아주 흔한 현상이다.

펌프를 작동할 때, 물을 조금 넣어서 펌프질을 하며 지하수를 끌어 올리듯, 어깨를 충분히 돌리기 위하여, 어른이 되어 골프를 배운 모든 아마추어는 허리 회전 역시 충분히 하여야 전체적으로 몸통 회전을 잘 할 수 있게 된다고 본다.

우리 다 같이 함께 노래 부르자.

애들은, "머리, 어깨, 무릎, 발♬"

골퍼는, "허리, 어깨, 무릎, 팔♬"

결론: 허리 회전부터 백 스윙하여 어깨를 충분히 돌리고, 다운스윙은 무릎이 먼저 리드하며, 팔은 맨 나중에 따라 내려온다.

얼라인먼트 잘 하려면 클럽을 바닥에 맞추어라

고교 동기생인 K차관은 평소 저녁 늦게까지 눈코뜰새없이 바쁘고, 휴일마저도 수시로 반납하다 보니 골프 연습할 시간이라고는 좀처럼 찾아볼 수 없다. 연습 없이 그가 충분한 체중 이동을 하기란 쉽지 않다 보니 대단히 좋은 체격에도 불구하고, 티샷은 그저 220~230야드 정도를 친다. 그래도 좀처럼 사고치는 경우는 없으니 티샷은 그런대로 합격점이라 할 수 있다.

그런데 문제는 아이언 샷의 정확도가 현저하게 떨어진다는 점이다. 아이언 샷에 정확도가 없다 보니 점점 자신감을 잃는 악순환을 가져왔고, 급기야는 길지도 않은 파 3홀의 티샷마저도 항상 불안 속에서 샷을 하게 되었다. 원래 골프의 속성상 불안 속에서 치는 샷과 퍼팅에서 좋은 결과는 좀처럼 나오지 않는다.

K와 라운드하는 날, 그의 하소연을 듣고 유심히 관찰하여 보았다. 그러다가 중대한 사실을 하나 발견하게 되었다. K는 샷과 퍼팅을 위한 어드레스에 들어갈 때, 클럽을 그립한 채 목표를 향한 비구선에 맞추어 스탠스를 잡는 것이었다. 물론 그는 비구선과 평행이 되도록 나

름대로 얼라인먼트(Alignment)에 주의를 기울였다. 그러나 그는 중대한 사실을 잊고 있었다. 스탠스에 따라 본인도 모르는 채 클럽 페이스가 목표선으로부터 열리기도 하고 닫히기도 하는 것이었다.

정확한 수치를 계산하여 보지는 않았지만, 150야드짜리 파 3홀 티그라운드에서 클럽 페이스가 3도만 열리거나 닫힌다면, 아마도 똑바로 친 샷이 표적에서 최소한 5야드 이상 빗겨나갈 가능성이 높다. 스탠스를 먼저 잡을 경우 이미 손으로 그립한 클럽 페이스가 5도 정도 벌어지는 것은 특별히 주의를 기울이지 않는 한 찾기 어려운 문제였다.

그에게 강력히 주문을 하였다. 어드레스할 때에 샷이건 퍼팅이건 꼭 클럽을 볼 뒤에 스퀘어로 지면에 대고 비구선과 수직으로 방향을 맞추고 난 후에 스탠스를 취하라고 한 것이었다.

클럽의 바닥을 지면에 스퀘어로 놓고 어드레스하는 것과, 그냥 그립한 채로 스탠스를 잡는 것과는 얼라인먼트의 정확도에 엄청난 차이가 있기 때문이다. PGA 선수들의 경우, 홀에 아주 가까이 붙어서 그저 탭 인하는 퍼팅이 아니라면 대부분의 선수들이 퍼터를 그린 바닥에 대고 페이스를 정열한 후 어드레스에 들어간다.

많은 아마추어들의 경우 짧은 퍼팅을 얼라인먼트 실수로 놓친 후에, 자기 자신의 퍼팅 스트로크에 문제가 있었다고 착각하고, 다음 홀에서 그만큼 방향을 수정하려고 하다 보니, 또 다른 쪽으로 실수하고…… 그 후에는 짧은 퍼팅을 남기고 부들부들 떨면서 플레이를 하는 것을 쉽게 볼 수 있다.

K가 그 원리를 이해한 후 어드레스 때마다 클럽을 지면에 댄 후, 페이스를 스퀘어로 정렬시킨 다음부터 놀랍도록 방향성이 좋아졌고, 그

의 자신감은 금새 회복되었다.

 골프는 멀리 치는 것보다 똑바로 치는 것이 훨씬 중요하지 않을까?

뽑은 칼은 끝까지 휘둘러라

생각을 바꾸면 행복이 보이고, 생각을 바꾸면 파가 보인다. 언제나 긍정적이고 큰 생각을 하여야 한다.

"포로로 끌려가서 아무것도 할 수 없었어도 끊임없이 생각하고 포기하지 않았더니……"

성경이나 전쟁 영웅담에서 쉽게 들을 수 있는 이야기이다.

우리 모두는 인생살이에 포기하지 않고 담대하게 사는 것이 진리라는 것을 알고 있다. 어려운 때일수록 새로운 것을 생각하고, 또 담대하여야 하며, 10번 실패했다고 낙심하거나 포기할 필요가 없다. 11번째 성공하면 되는 것이다. 진정한 실패는 포기할 때에 비로소 생겨나는 법이다.

랜 매티스 선수는 생애 두 번째 출전하고 첫 번째로 컷을 통과한 2003년 마스터즈 시합에서 우승을 거의 목전에 두었다가 연장전에서 마이크 위어 선수에게 패하고 말았다. 그의 소망과 흐름을 끊어버린 것은 끝까지 휘두르지 못한 세컨 샷 한방이었다. 모든 샷은 트러블 샷이라 하더라도 침착하게 백스윙하되 끝까지 피니시해야 한다. 페어웨이건, 깊은 러프이건, 벙커 샷이건······.

반면에 2004년 2월 뷰익 시합 연장전 파 5의 18홀에서 보여준 존 댈리의 써드 샷인 벙커 샷은 랜 매티스의 샷과 좋은 대조를 이룬다. 연장전에 나갔던 크리스 라일리와 루크 도날드는 써드 샷을 버디 사정권의 거리에 붙였으나 투 온을 노린 존 댈리의 볼은 족히 30야드는 떨어진 벙커 속에, 그리 좋지 않은 라이였기에 당시 존 댈리가 이길 것으로 생각하기는 어려웠다. 그러나 그의 벙커 샷은 확실했다. 자신감 넘치는 스윙으로 끝까지 휘두른 그의 담대함은 볼을 유리알 2단 그린을 타고 내려와 바로 홀 옆에 정지시켰다. 존 댈리 특유의 카리스마가 돋보이는 대담한 플레이였다. 9년 만의 PGA우승 소감을 말하면서 눈물을 흘렸던 그였지만, 위기 상황에서도 담대하게 끝까지 휘두른 벙커 샷으로 돈과 명예를 다시 거머쥐었다.

흔히들 이야기한다 '자전거와 스윙은 멈추면 쓰러진다' 고······ 잊지 못할 추억거리가 하나 있다. 몇 년 전 동창생들과 어울려 한일골프장에서 라운드를 한 적이 있다. 동코스 2번 홀은 양쪽이 워터 해저드로 페어웨이가 개미 허리같이 좁은 홀이다. 스타트 홀에서 보기를 하여 말구가 된 나는 친구 세 명이 모조리 물에 빠뜨리는 것을 보았다. 물싱글 급의 실력자였지만, 개미 허리 같은 좁은 페어웨이에 스윙들이 위축되어 끝까지 휘두르지 못해 부실한 피니시로 아까운 볼들을 모두 수장시킨 것이었다.

모든 스윙은 두려워 말고 끝까지 휘둘러야 한다. 쭈뼛쭈뼛하면 골프가 당신을 우습게 보고 놀리고 조롱한다. 물에 빠지더라도 차라리 강력하게 끝까지 휘두른다면 의외로 결과는 몰라보게 좋아질 수 있다.

벤치 마킹 모델로 서슴없이 추천하는 H사 M이사에게서 들은 이야기가 생각이 난다.

"티 그라운드에서는 아무것도 생각하지 않습니다. 처자식의 생계만을 생각하며 임전무퇴로 임합니다."

그 말을 들을 때 생각난 성경 말씀이 하나 있다.

"너희는 두려워 말고…… 자녀와 아내와 집을 위하여 싸우라." (느헤미야4: 14)

골프에서는 두려워할 필요가 없다. 일단 뽑은 칼은 끝까지 휘둘러야 한다. 그래야 내가 산다.

Drive, Don't Steer. (휘두르라, 멈추지 말고……)

제3장

수신 : 마음으로 치는 골프

첫 티샷 O.B.의 행운을…

　때로는 프로도 긴장이 되는 첫 티샷. 사실은 그런 것이 절대로 아닌데도, 많은 사람들이 모두 자기를 지켜보고 있다는 강박관념 속에서 샷을 함으로써, 의외로 많은 주말 골퍼의 첫 티샷이 심한 훅이나 슬라이스로 OB가 되기도 한다.

　그래서 첫 티샷을 할 때에 자신이 없다면, 커다란 네트에 표적을 그려 놓은 연습장으로 생각하고 치거나, 때로는 드라이버 대신에 아이언 티샷을 권하기도 한다. 그러나 그럼에도 불구하고, OB가 났을 때에, 많은 아마추어들은 "아, 오늘도 역시! 오늘마저 죽 쑤는 것이 틀림없구나!" 이런 자조적이고 부정적인 생각을 하게 되는 것이 사실이다.

　사실, 첫 티샷에 오비를 내 놓고 마음 편하게 플레이할 골퍼가 얼마나 될까? 그런데 생각을 바꾸면, 많은 도움이 된다. 정월 보름이면, 우리는 호두나 땅콩을 깨물어 부럼을 마당에 던지면서, "더위야 물렀거라, 피부병아 사라져라" 등 모든 악운을 떨쳐버리려는 주문을 하지 않는가?

당신이 첫 티샷에 낸 그 OB는, 오늘 하루 당신에게 닥칠지도 모르는 모든 불행을 함께 날려 보낸 것이라 생각하라. 연습을 못하여 샷에 자신이 없는 나약함, 요즈음 조금 잘 맞았다고 우쭐댔던 교만함, 스윙은 좋았으면서도 머리를 잘 못 써서 게임을 망친 우둔함, 지금 주체하지 못하는 분노까지 모두 담아서 액땜으로 날려 보내라. 그렇다면 방금 숲속으로 날아간 그 OB는 앞으로 게임의 행운을 암시하는 좋은 징조가 아닌가? 결국 그 OB는 당신에게 행운을 가져다 줄 것이다.

지금부터 100여 년 전, 제임스 브레이드가 1901년 브리티시 오픈에서 첫 홀에 티샷을 OB를 냈다. 그리고 그는 4라운드 후에 2등을 한 해리 바든을 3타 차로 여유 있게 따돌리고 우승을 하였다. 첫 티샷을 OB 낸 프로 선수가 메이저 대회를 우승할 수도 있는데, 아마추어가 첫 홀 OB를 낸 것이 무엇 그리 심각한 일일까? 앞으로 무려 17홀이 남아 있는데······.

물론 OB가 나지 않도록 첫 홀의 티샷을 무리하지 않게, 조금 짧은 듯이 안전하게 쳐 놓는 것이 중요한 것은 사실이다. 그러나 설사 OB 한 방이 났더라도, 앞으로 남은 모든 홀에서 생길 불운을 미리 날려 보낸 것으로 생각하고, 긍정적으로 플레이하는 것이 좋겠다.

넌 물이야, 2%가 부족해서…

　지난 토요일 장마 속에서 상반기 마지막 라운드를 다소 실망스럽게 마치고, 오늘 조용히 상반기 결산을 하여 보았다. 매 라운드, 매 샷 최선을 다 하였지만, 그래도 항상 아쉬움은 남는 법. 평생 후회한 샷이 없었다는 잭 니클라우스의 말이 무척이나 존경스럽게 여겨질 만큼, 나는 매번 조금씩 부족하였다는 생각이 든다.

　많은 동료, 후배들로부터 질문을 받았을 때, 내가 가장 즐겨하는 말이 바로 '2%만 더하라'이다. 과학적으로야 꼭 맞는 말이 아니겠지만, 내 생각엔 아마추어에게 아주 적당한 충고이자 조언이라고 믿고 있다.

　세계적인 선수들도 각자 스윙 폼도 다르고, 스타일도 다르다. 그것은 골프에 관한 한 정답은 없다는 사실이다. 거리가 짧은 김미현이 심한 오버스윙으로도 LPGA에서 가장 버디를 많이 하는 선수 중의 하나인 것을 과학적으로 어찌 설명할 수 있을까?

　그러나 아마추어의 경우 모든 것이 조금씩 부족하기 때문에 '혹시'하고 나갔다가, '역시' 하고 돌아오며, 스스로에게 뇌까린다. "나는 물이야!"라고…….

그렇다, 당신은 분명 물이다. 왜냐하면 바로 2%가 부족하기 때문이다. 당신이 물을 면하려면, 10%도 아니고 5%도 아니고, 오직 2%만 더 늘려보라.

어깨회전, 몸통회전 2%만 더 해도 고질적인 슬라이스를 잡을 수 있다.

스윙의 템포를 2%만 늦추어도 정확한 임팩트로 토핑과 섕크(Shank)를 면할 수 있다.

150야드의 세컨 샷, 2% 즉 3야드만 핀보다 길게 쳐도 맨날 짧아서 그린에 못 올리던 것이 숱하게 올라갈 것이다.

20야드 그린 주변의 칩 샷, 2% 즉 1피트만 길게 쳐도 칩 샷의 컵인과 파 세이브 확률이 몰라보게 늘어나게 된다.

15미터의 롱퍼팅, 2%만 즉 30센티만 홀컵을 지나가게 쳐도 라운드당 쓰리퍼팅을 1개는 줄일 수 있다.

이렇게 2%만 길게 쳐도 어쩌면 스코어의 혁명이 일어날지도 모른다. 2%만 힘을 빼고 스윙을 하여도, 거리 손해 없이 훨씬 더 좋은 방향으로 볼은 나를 것이다. 그런데 바로 그 2%, 그 2%가 부족하여 당신은 지금 자타가 공인하는 물이 되었다.

2%를 늘려라. 당신은 더 이상 물이 아니다. 당신의 스코어는 최소 4%가 줄 것이고, 당신의 주머니는 최소 16%가 두둑해질 것이다. 그리고 당신은 크게 외칠 수 있다.

"날 물로 보지 마."

폼이 그렇게 좋으니 스코어가 엉망이지!

    모 보험회사의 C부장은 스윙 폼이 아마추어로서는 보기 드물게 좋다. 그와 함께 골프를 하는 동반자들은 모두 그의 멋진 스윙에 감탄하고 칭찬을 아끼지 않는다. 회사 대리 시절 미국에 장기 연수 갔을 때, 홀로 생활하다 보니, 주말이면 골프 연습에 열중하였다고 한다. 한국에 들어와서는 마침 우리 동네에서 같이 살았기 때문에, 함께 연습을 한 적도 대단히 많다.

    연습장에서 내가 많은 시간을 숏게임 연마에 투자하는 동안, 그는 아이언 샷을 가다듬는데 가장 많은 시간을 할애했다. 그의 아이언 샷이 제대로 떨어지는 날이면, C부장의 플레이는 거의 프로 수준으로 세컨 샷이 그린 중앙을 팍팍 가른다. 지난 여름에는 3홀 연속 버디를 잡아내는 등, 아이언 샷은 그의 비장의 무기가 틀림없다. 그러나 퍼팅 실력도 빠지지 않는 그가 싱글 스코어를 기록하는 경우는 흔치 않다. 무엇이 문제일까? 그 자신도 아마 생각을 많이 할 것이다.

    최근에 그에게 다음과 같은 이야기를 해 주었다.

    "C부장, 당신은 스윙이 너무 좋아서 스코어가 나쁜 것일세."

그는 스윙을 매우 중시하는 골프 테크니션이다. 그 점에서 전략가인 나와는 크게 구별되기도 한다.

"스윙 궤도, 헤드 스피스, 다운스윙 각도, 피니시, 양손의 위치 등등……."

라운드 도중에도 그의 머리는 늘 스윙 이론과 생각으로 꽉 차 있다.

따라서 여러 홀 연속 파 행진을 하다가도, 한두 번만 실수가 생기면, 라운드 도중이라도 꼭 그것을 수정하려고 덤비고, 그 결과 연속 더블 보기를 하는 등, 쉽게 허물어진다. 그리고는 "내가 이런 스윙을 하면 안 되는데……" 하면서 자신에게 스스로 부담을 주는 것이 문제점이었다.

누구에게나 미스 히트(Miss-hit)란 흔히 있으니까, 나의 경우엔 실수 후에 지난 실수에 크게 연연하지 않고, 그저 다음 샷을 편하게 할 수 있는 방법으로 작전을 몰고 가는데, C부장은 흐트러진 자기의 스윙에 너무 큰 의미를 부여하여 스스로 부정적인 분위기를 만드는 것이 아닌가 한다.

스윙 폼이 지나치게 좋은 사람들은, 그 자부심 때문에 스윙 그 자체에 연연하여 스스로 스코어를 망치는 경우가 많다. 물론 스윙이 아름다우면 더 좋지만, 좋은 스윙이 꼭 좋은 스코어를 보장하는 보증 수표는 아니다. 8자 스윙의 짐 퓨릭도 우승을 가끔 하고 술 취한 짐 퓨릭 스윙 같은 나도 쉽게 70대 스코어를 내는 것을 보면, 역시 전략이 스윙보다 앞서는 것이 아닌가 한다. 폼이 나쁘다고 기 죽거나, 또는 동반자를 무시하지 말자.

골프의 최대 덕목은 바로 좋은 스코어이지, 좋은 폼은 아니니까…….

너만 또 따블이야! 일명 열 Go는 금물

　20여 년 전에 고스톱의 열풍이 전국을 휩쓸었던 그 시절, 회사 후배 K와, 같은 업계 동료 S는 자타가 인정하는 출중한 실력의 소유자였다. 그들의 특징은 3점짜리 기본보다는 소위 대박을 터뜨리는 대형 선수였는데, 나는 그들이 실제로 돈을 따는 것을 보지도 못했고, 또 땄다는 이야기를 들은 기억이 없다.

　기량이 뛰어난 고스톱 선수들이 결코 돈을 따지 못 하는 이유가 뭘까? 해답은 간단히 한 마디로 '매니지먼트 부족' 이다. 공격과 수비를 구분하여 조화를 이루어야 하는데, 별명대로 독일병정처럼 무조건 熱 Go만을 외쳐대니, '실력은 있으되 실속이 없다' 가 되기 십상이다.

　고교골프 동호회 회장인 후배 H는 안정된 보기 플레이어이고, S회사 L이사는 막 진입한 싱글 핸디캐퍼로 두 사람 모두 시원하게 스윙을 하는 강타자이다. 공교롭게도 이 두 사람은 '트리플 후에 더블 판' 을 잘 부른다. 터진 사람이 부르는 더블 판이니 나는 처음에는 말리다가 그냥 들어준다. 다른 플레이어들은 파나 보기로 더블 판을 잘 막는데, 더블을 부른 사람은 쉽게 더블 보기를 또 하게 된다.

대체로 더블 판이 되면 모든 플레이어들은 다소 안정/보수형으로 플레이를 하기가 십상이다.

그러나 약간의 열을 이미 받은 Mr. 더블들은, '뭔가 한방, 회심의 한방'으로 만회를 노리는데, 실제로는 어깨에 힘만 잔뜩 들어가는 스윙이 되어, 통상 좋은 티샷이 나오질 않는다. 티샷이 실수로 이어질 경우, Mr. 더블은 더욱 마음을 다스리지 못하고 열받은 마음에 점점 더 스윙은 빨라지고…… 마지막 홀 아웃을 하고 보면, 다시 또 혼자만 더블 보기를 치고…… 처참한 피바다를 이루게 된다.

좋은 샷은 가장 마음이 편안한 상태에서 무념무상으로 칠 때에 나온다고 한다. 뭔가를 보여주겠다는 지나친 욕심이나 강박관념, 또는 전 홀의 짧은 거리 쓰리 퍼팅 등으로 기분이 나쁜 상태에서는 좋은 스윙과 성적은 잘 나오지 않는다.

결국 마음을 다스리지 못하면, 더블 부른 사람만 더블 보기를 하고 혼자만 외로이 눈물짓게 된다. 또 남들이 비웃는 것처럼 느껴지게 될 것이다. "너만 또 따블이야!"라고…….

굼벵이도 구르는 재주는 있다

오늘의 주제는 '내 것은 내 것, 남의 것도 내 것.' 골프를 잘 치기 위하여 무엇이 필요할까?

자신의 장점은 더욱 갈고 닦으며, 자신의 부족함은 하루빨리 메우도록 노력하여야 한다. 그러나 그에 못지않게 중요한 것은 남의 장점을 배우고, 내 것으로 만드는 일이다.

한 달에 겨우(?) 댓 번 정도 주말 골프를 치는 아마추어로서 내가 이나마 싱글 핸디캡을 유지할 수 있다는 것은 그 동안 동반자 그 누구에게서라도 그들의 좋은 점을 재빠르게 모방하여 내 것으로 만들려고 많은 노력을 하였고, 덕분에 나의 골프가 견고하여졌다고 할 수 있다.

문학가나 예술가가 남의 것을 모방하면 저작권의 문제가 되지만, 골프 기술이나 전략은, 모방이 곧 창조가 될 수 있기에 남의 기술을 베껴온다고 하여도 전혀 문제가 되지 않는다.

드라이버가 시원한 사람,
페어웨이에서 우드 샷을 잘 쓰는 사람,
아이언 샷 방향이 좋은 사람,

거리가 멀리 나가는 사람,

어프로치가 뛰어난 사람,

마무리 퍼팅을 실수 없이 하는 사람

실수 후에 마음을 잘 다스리는 사람 등등

플레이어 한 사람 한 사람마다 분명 그 나름대로 특기가 있게 마련이다.

골프는 100을 깨지도 못한 초보자에게도 한두 가지는 분명 본받을 점이 있기 때문에, 나는 동반자 한 사람 한 사람의 플레이를 유심히 보면서 그의 장점을 발견하려고 노력한다.

아무리 멀더라도 그린에만 올라오면 꼭 넣겠다고 유달리 퍼팅에 강인한 의지를 보이는 선배 P회장님, 아무리 복잡한 브레이크라도 차분하게 퍼팅 라인을 설정하는 친구 M설계소장, 비록 보기플레이어이지만 스윙이 그림 같은 후배 C군, 내리막 라이에서도 주저함이 없이 우드를 사용할 수 있는 모 클럽 챔피언 Y사장, 작은 체구에서도 곧게 선 자세로 거리낌없이 230야드를 쳐 내는 친구 R사장 등, 돌이켜보면 분야별로 나에게 좋은 레슨을 하여 준 동반자가 무척 많았다.

여러분들도 이제부터는 동반자의 플레이를 눈여겨 보고, 그들의 장점이 발견되면 빨리 모방하여 자신의 것으로 만들어 보시기 바란다. 그렇다, 동반자 한 사람 한 사람이 모두 그들의 장점에 관하여는 좋은 스승이 될 수 있다.

초보자라 하여도 절대 무시하지 말라. '굼벵이도 구르는 재주가 있다' 하지 않았는가!

좋은 점은 무조건 배워야 한다. 또 배워서 남 주지 않고, 모두 내가 갖는 것 아닌가?

의식하는 순간 바로 해저드가 된다

　미국 맹인 골프협회 회장의 골프 에피소드이다. 정확한지는 모르지만, 젊어서 월남 전쟁 중에 부상으로 실명을 한 것으로 기억한다.
　그의 아버지는 집으로 돌아온 앞 못 보는 아들을 위해 많은 것을 생각하였다. 아들이 어려서부터 골프를 쳤기 때문에, 그를 데리고 골프장에 가서 안내 겸 캐디를 하였다. 다행히 아들은 실명의 깊은 수렁에서 서서히 정신적으로 회복을 하기 시작하였다. 그러나 평생 아버지가 캐디를 해줄 수는 없었고, 세월이 흘러 그도 결혼을 하게 되었다.
　그의 아내가 대신 안내와 캐디를 하였다. 그는 자상한 아내의 도움으로 실력이 늘어 아주 상급자가 되었다고 한다. 아내가 방향을 설정하여 어드레스 자세를 맞추어 주고, 앞의 상황을 이야기하여 주면, 대체로 정확히 그 지점으로 볼을 쳤으며, 퍼팅도 거리와 브레이크 등을 설명하면 아주 꼼꼼하게 잘 하였다.
　하루는 아내가 여행차 멀리 갔기 때문에, 다른 사람이 캐디를 해 주었다. 자주 치는 동네 골프장 어느 파 3홀에서, 그는 캐디의 이야기를 듣고 깜짝 놀랐다.

"아니 그린 앞까지 워터 해저드가 있다고요? 제 아내는 저에게 그런 이야기를 한 적이 없는데, 정말 맞습니까? 저는 정말 처음 들어봅니다."

그는 그 홀에서 티샷을 물에 빠뜨렸다.

나중에 그 이야기를 들은 그의 아내는 다음과 같이 이야기하였다.

"그것은 캐디의 실수였어요. 어차피 보이지도 않는 사람에게 워터 해저드를 설명해 줄 필요가 없었거든요."

K선배와 S골프장에서 라운드를 할 때, 선배가 캐디에게 물었다.

"저기 페어웨이 200야드쯤 왼쪽에 보이는 것이 무엇인가요?"

"아, 저것은 아주 작은 워터 해저드라서 신경 안 쓰셔도 돼요."

'응, 물이구나' 하며 친 티샷은 정확히 그곳으로 날아가 20평도 되지 않는 좁은 해저드에 빠졌다. 다시 티샷을 해서 10번에 한 번 만이라도 그곳에 넣으면 상을 준다고 해도 아마 성공하기 어려울 작은 해저드였다.

티 그라운드에서 유독 크게 보이는 페어웨이 벙커, 갑자기 선명하게 보이는 오비 말뚝—이런 것들을 의식한 후 볼이 그곳으로 날아간 경험은 다들 많으리라 생각한다. 또 장난끼 있는 동반자가 "왼쪽의 물 조심해" 하는 소리를 하자마자 물 속에 쳐 넣은 경험이나 동반자의 오른쪽 슬라이스 오비를 보고 똑같은 오비를 낸 적도 있을 것이다.

필자는 미국 맹인골프 협회장의 에피소드를 읽고 결심을 한 것이 있다. 샷 하기 바로 직전에는 OB, 해저드 같은 부정적인 것을 절대로 생각하지 않기로 했다.

불필요한 장해요인은 의식하는 순간, 그 즉시 정말로 해저드가 되기 때문이다.

골퍼에게 소중한 다섯 가지의 기본

만족스러운 골프, 행복한 골프를 위하여 골퍼가 소중하게 다루고, 친하여야 할 다섯 가지의 기본을 살펴보면,

첫째, 하늘이요

둘째, 땅이요

셋째, 동반자요

넷째, 룰과 법칙이요

다섯째, 도(道)이다.

첫째, 하늘이란

자연환경을 뜻함이다. 때로는 맑은 날일 수도 있고, 바람이 불 수도 있고, 갑자기 비가 내릴 수도 있는 것이 자연이 아닌가? 골퍼는 모름지기 자연환경에 순응하여야 한다. 바람을 거스르는 무모한 만용이 어떤 결과를 초래하는지 아마도 대부분은 경험을 통하여 알구 있으리라. 더우면 더운 대로, 비가 오면 그 빗속에서 그저 자연에 순응하듯 어우러져 보면 한층 더 즐거운 라운드로 남는다.

둘째, 땅이란

골프장일 수도 있고, 지리적 여건일 수도 있는데, 이미 그곳에 서 있는 이상, 그곳의 좋은 점을 많이 즐겨야 한다. 험난한 산악코스도, 넓고 밋밋한 코스도 따지고 보면 다 나름대로 그곳만의 아름다움과 재미가 있는 법이다. 나중에 다시 찾아오지는 않을지언정, 우리가 이미 그곳에 서 있다면 적어도 오늘 만큼은 그 땅에서 즐거움을 찾아야 한다. 아주 좁고 험악한 산악코스에서의 라운드도 후일 리커버리 샷을 할 때 좋은 경험이 될 수도 있다.

셋째, 동반자는 특별한 인연이다.

지구상의 인구가 60억이 되어도, 우리가 평생 만나서 이야기를 나눌 수 있는 사람의 숫자는 그리 많지 않고, 더구나 반나절을 함께 걸으며 운동을 할 수 있는 숫자는 많아야 기천명에 불과하다. 60억 인구 중의 기천명, 이것은 대단한 인연이다. 옷깃만 스쳐도 대단한 인연이라 하지 않는가? 이 소중한 만남을 즐겁게 마무리할 줄 알아야 진정한 골퍼이다.

넷째, 룰과 법칙을 잘 지켜야 한다.

골프는 심판이 따로 없는 운동이다. 그 자신이 플레이어이면서 심판인 셈이다. 따라서 골퍼 자신이 룰과 법칙을 잘 지켜야 공정한 진행이 가능하다. 모든 골퍼는 자기 자신에게는 엄격하고 상대에게는 다소 관대할 경우 누구에게나 칭찬받는 훌륭한 골퍼가 될 수 있다.

다섯째, 도(道)가 있어야 한다.

道란 이 라운드의 목적, 전략, 방침을 뜻한다. 나의 전략이 도의에 맞는 것인지, 동반자에게 도움이 되는 것인지, 당초의 라운드 목적에 부합하는지, 함께 윈윈을 만들어 가는지를 알아야 한다.

무작정 작대기만 휘두르는 단순한 운동으로 전락하지 않기 위하여 정신과 혼을 불어 넣고, 그 열매를 모든 동반자가 함께 나눌 수 있는 그런 라운드를 추구하여야, 道가 있는 골프라 할 수 있다. 여러분 모두 골프의 달인을 거쳐, 道人이 되길 바란다.

삐리릭 소리에 인자한 P대사는 헐크로 변하고…

우리가 프로 시합을 보면서 그들의 샷, 퍼팅 또는 게임 운영방식만을 배울 것이 아니라, 티잉 그라운드와 퍼팅 그린에서 그들이 어떻게 행동하고, 또 어디에 위치하며, 다른 플레이어를 어떻게 배려하는가를 눈여겨 보고 배워야 한다고 생각한다.

물론 티잉 그라운드에서 티샷을 마친 후 세컨 샷 지점까지 걸어가면서 과하지 않은 범위에서 담소를 나누는 것이 긴장 완화, 근육 이완, 집중 또는 사고에도 도움이 된다. 그러나 티잉 그라운드와 퍼팅 그린에서만큼은 절대 정숙을 요하며, 아마추어들끼리의 친선 라운드라 하더라도 최소한의 예의는 갖추어야 한다. 만약 도서관에서 팝콘을 씹는다거나 연주회 객석에서 일어서 관람한다면 어찌 생각할까?

2년 전 주한 캐나다 P대사와 라운드할 때였다. P대사는 싱글 핸디캐퍼, 매우 사교적일 뿐더러, 동반자들을 편하고 즐겁게 해준다. 그러나 일단 그린 위에 서면 우승 퍼팅을 앞둔 프로보다도 더 진지해진다. 물론 P대사는 언제나 상대방을 위한 배려를 철저하게 하므로, 그 분과 라운드를 할 때마다 정말 골프를 제대로 치는 기분이 들었다.

그런데 어느 홀 그린에선가 예기치 않은 돌발 사태가 발생하였다. P대사가 퍼팅 어드레스를 마쳤을 때, 함께 라운드하던 미국인 프로 A의 핸드폰이 울렸다. P대사는 얼굴을 찌푸리더니 어드레스를 풀고 야단을 치는 것이었다. 대사께서 어떻게 저런 헐크의 모습으로 갑자기 변할 수 있는지 상상조차 하기 힘들었다. 당황한 A프로는 정중히 여러 차례 사과를 하였고, 사태는 겨우 수습되었으나 A프로는 그 후, 파보다 보기가 많은 졸전을 벌였고, 결국 나에게도 무릎을 꿇었다.

그 현장을 본 이후 나는 어떠한 경우라도 골프장에서 핸드폰 벨을 울리지 않는다. 요즈음 골프장 이 구석 저 구석에서 너무 자주 들리는 핸드폰 소리는 가끔 라운드의 맥을 끊기도 하는 공해가 된 것 같다.

그러나 아무리 내가 조심을 한다 하여도 때로는 파트너에 의해 방해를 받는 경우가 불가피하게 생긴다. 과거에는 티잉 그라운드에 올라 가서 어드레스를 하였을 때, 주변에서 계속 큰소리를 내면 비교적 열을 많이 받았다. 화가 나니 결국 스윙이 흐트러져 손해를 보는 것은 내 자신이었다. 그래서 여러 가지로 해결 방법을 연구한 끝에 "죄송하지만, 진행상 말씀 도중에 치겠습니다" 라는 멘트를 개발하였다.

또한 퍼팅 그린에서 악의가 있어서 그런 것은 아니지만, 가끔은 바로 정반대편이나 또는 방해가 되는 지점에서 퍼팅을 지켜 보는 동반자들도 있다. 어떤 때엔 퍼팅 라인 쪽으로 그림자를 만들기도 하면서 퍼팅 어드레스에 들어갔을 때에는 핸드폰 같은 소리는 물론 동반자들의 조그만 동작들도 시야에 들어오면 집중에 방해가 되는 것이 사실이다. 그래서 나는 퍼팅 라인을 체크하는 모습으로 천천히 몇 걸음 걸으며, "죄송하지만, ○○님 그림자 좀 밟겠습니다"라고 예의를 갖춘 말을 한다. 대개의 경우에는 동반자들이 어색하지 않게 피하여 준다.

절대로 찜찜한 상태에서 티샷을 하거나 퍼팅을 하지는 말아야 한다. 그러면 하는 사람이 무조건 손해 보기 때문이다. 예의를 어긴 사람 때문에 플레이어가 손해를 본다는 것은 불공평하지 않은가?

침묵은 금, 습사무언

몇 년 전 동창생 B와 이따금 라운드를 한 적이 있었다. 그는 평소 매우 사교적이고 언제나 대화를 주도하는 편인데, 골프장에서도 역시 끊임없이 이야기를 하고 또 간혹 훈수도 두고, 해설도 하는 입만 프로인 더블 보기 명랑 골퍼였다. 그와 라운드를 하면 시간 가는 줄 모르게 재미는 있지만 언제나 스코어는 좋지 않았다. 이유는 딱 한가지 나 역시 말이 많아지고 때로는 티잉 그라운드에서 또 그린에서 샷이나 퍼팅을 하기 전 그의 말에 대답하다가 집중을 놓치는 것 때문이었다.

민감한 친구 S는 그린 주변 실수 후에 하수인 B가 훈수를 두자 역정을 낸 적도 있었다. P와 친한 Y선배와 나는 P의 버릇을 고치기 위해 하수인 그를 내기 골프에 불러들였다. 본인의 실력이 떨어지는 것을 아는 P는 우리와 스트로크 내기는 아예 포기하였으나, 1점당 1~2천원의 적은 금액으로 충분한 핸디캡을 주면서 설득하여 내기를 시작하였다. 그 후 P는 라운드 때에 현저히 말수가 줄더니, 스코어도 두 자리로 줄기 시작하였다.

선배 P씨는 티잉 그라운드와 퍼팅 그린에서 어드레스를 하며 중얼 거리는 습관이 있었다.

때로는 독백 수준을 넘어선 큰 소리라 동반자들이 오해를 하고 대답을 하는 경우도 많았다.

"확실히 안 돌아가니 슬라이스가 나지."

"티샷이 안 맞는 통에 아주 미치겠군."

"이게 안 들어가면 더블 보기인데……."

"아까 이런 거리에서 숏 퍼팅 놓치지 않았나?"

그런데 P선배의 입에서 나오는 독백성 이야기들은 대체로 부정적인 내용들이었다. 나는 P선배에게 조용한 가운데 프리 샷 루틴을 시작하라고 강력히 권하였다. 그 습관을 고치기 전까지 P선배는 만능 스포츠맨이면서도 골프만은 하수를 면치 못했다. 요즈음 P선배는 가끔 조용히 독백하지만 긍정적인 멘트를 한다. "이건 들어갈 걸" 처럼…….

K프로가 어린 시절 그는 아주 착하고 명랑하고 사교적인 주니어 골퍼였다. 같은 주니어 선수들과 치건, 아마추어 어른들과 치건 그는 말이 꽤 많은 편이었다. 물론 예의에 어긋나지는 않았지만, 동반자들에게 끊임없이 말을 하고 또 말을 걸었다. 하루는 보다 못한 아버지 친구가 K에게 "너 자꾸 이야기하면 입으로 좋은 기가 다 빠져서 이 다음 골프 선수를 못 해" 하고 야단을 쳤다. K가 입을 다문 후 성적이 좋아지기 시작했다.

접대 골프의 달인이라는 L상무는 동반자 일거수일투족에 접대성 멘트를 한다. 슬라이스 오비가 나면, "임팩트까진 환상적이었는데 피니시가 그만……." 퍼팅이 짧으면, "아! 아주 정확히 프로 라인인데, 야들이 잔디를 안 깎아 놓았네……." 18홀 내내 접대성 멘트를 하며 분위기를 띄우는 것은 좋은데, 그 탓에 구력 10여 년의 그의 실력은 보기 플레이도 하지 못하는 형편이다. 거래처 손님들 중 상급자들은 은근히 그가 입을 열지 않고 잠잠히 있어 주었으면 하는 눈치를 주기도 한다.

활터(국궁장)에 가면 습사무언(習射無言)이라는 표어를 쉽게 볼 수 있다. 소위 궁도 9계(九誡) 훈에 속한다는 말인데, 시위를 당길 때에는 말을 하지 말라는 뜻이다. 사격장에 가보면 관람객들이 조용하게 관전을 한다. 골프 시합도 그린 주변에서 진행 요원들이 '조용히'라는 손 팻말을 들고, 장내 정리를 한다. 왜 그럴까? 삼척동자도 쉽게 이해하는 것처럼 샷이나 퍼팅을 할 때에 집중하기 위해서는 프리 샷 루틴을 시작할 때부터 말을 하지 않아야 한다.

프로 선수들의 경우 티샷을 마치고 페어웨이를 걸어가며 즐겁게 담소를 나누다가 자신의 볼이 30~40야드 앞에 보이면 자연스레 말문을 닫고 각자의 위치로 조용히 걸어간다.

'웅변은 은이요 침묵은 금이다'라는 속담이 있다. 적어도 골프에서 샷이나 퍼팅을 앞둔 경우 이 말은 진리이다. 집중을 제대로 하기 위하여는 명심하자.

習射無言!

자기 눈의 티는 혼자 못 꺼낸다

타이거 우즈도 샷 점검을 부치 하먼에게 받는다. 같은 업계 선배인 장사장은 핸디 12의 비교적 장타자. 두 달 전에 우리는 친선 단체 모임에서 롱기스트가 되기도 하였다.

그런데 최근에는 장선배의 티샷이 뜨지도 않고, 그저 200야드도 채 못 나가며, 항상 훅성으로 돼지꼬리를 그리는 등 그의 마음은 답답하기만 하였다.

"이보게 아우, 티샷이 안 맞아, 매번 어프로치로 먹고 살려니 참 힘이 드네." 전반을 저조한 보기 플레이로 마친 선배는 나에게 조언을 구하였다.

"선배님, 그래도 파만 잘 하시는데, 잇몸으로 갈비 뜯는 맛도 좋은 것 아닙니까?" 나는 농담을 하였지만, 무엇이 장선배의 문제점인가를 살펴보기로 마음먹었다.

그런데 티 그라운드에서 어드레스 때 눈에 딱 띠는 것은, 볼의 위치와 티의 높이였다. 본인도 의식하지 못한 채, 볼의 위치가 너무 몸 가운데 쪽에 있어, 드라이버의 헤드가 내려오면서(Descending) 볼의 윗부분을 가격하게 되는 것이었다. 또한 페이스가 닫혀 맞으므로, 탄도가 낮고 심한 훅성의 구질이 생긴 것이었다. 볼이 잘 뜨지 않으니, 애써 볼을 띄우려는 동작을 하고, 오히려 더 볼의 윗부분을 때리는 악순환이 된 것이었다.

볼 위치를 왼쪽으로 조금 조정하는 것 하나 만으로, 매번 티샷이 페어웨이를 가르며 220야드 이상 날아갔고, 자신감을 얻자 더욱 시원한 피니시로 문제점이 완전히 해결되었다. 전반에 보기 플레이를 하던 장선배는 후반에 거의 파 플레이를 했다.

자기 자신의 문제는 파악하기 어려운 것이 골프의 속성. 장사장은 로우 핸디캐퍼였으니, 남들이 함부로 이야기하기도 어려웠으리라. 로우 핸디캐퍼가 이러할진대, 일반 아마추어의 경우는 오죽하겠는가?

이따금 티칭 프로나 골프를 잘 이해하는 주변의 상급자들로부터 스윙, 어드레스 등을 점검받는 것이 좋다. 더구나 이제 동절기가 다가오는데, 잘못된 스윙 습관과 어드레스로 겨우내 연습을 하게 되면 이 다음 그것을 수정하는 데는 어쩌면 두 배, 세 배의 시간이 더 걸릴지도 모른다.

세계 제1의 타이거 우즈도 스윙을 점검받고 있지 않은가? 자기 눈의 티는 절대로 혼자 꺼내지 못한다. 따지고 보면 레슨비가 훨씬 적게 먹히는 것 아닐까? 그리고 먼저 낸 레슨비는 대개 동반자들이 나중에 필드에서 보태주는 것 아닐까?

말이 씨가 되요, 씨가 된다니까…

　S건설회사의 C씨는 핸디캡 6의 실력자. 50대 초반인 그의 드라이버는 프로 골퍼 못지 않은 장타자로 티잉 그라운드에서 연습 스윙 없이 휘두르는 모습은 시원하기 그지 없다. 로우 핸디캐퍼지만, 여느 장타자처럼 그의 숏게임은 아주 정교한 편은 못 된다.

　수원 구코스 11번 홀에서 동반자 세 명은 모두 온그린에 실패하였고, C씨만 유일하게 온그린 후, 버디 퍼팅을 기다리고 있었다. 온그린에 실패한 세 사람 모두 한 발자국 이내로 어프로치를 정확히 붙였고 C씨는 전부 컨시드(Concede)를 주었다.

　그의 첫번째 퍼팅은 조금 강하게 지나쳐서 약 3피트의 내리막 퍼팅을 남겼다. 동반자 모두 그가 쉽게 마무리 파 퍼팅을 할 것으로 예상을 하였는데, 퍼팅 어드레스를 앞두고 그는 이상한 말을 하였다.

　"어, 이것 온그린 시킨 나만 보기하는 것 아냐?"

　스스로에게 부정적인 암시를 주는, 정말로 필요 없는 말을 그가 한 것이었다. 차라리 "올 파가 되겠군요" 이렇게 긍정적인 말을 하였어야 했다. 분명한 것은 '말이 씨가 된다' 는 사실이다.

반면 18번 홀에서 C씨의 세컨 샷은 홀에서 약 3미터 정도에 안착되었다. 여기서 그는 아주 긍정적인 코멘트를 하였다.

"저는 마지막 홀에서 이런 정도의 거리는 꼭 집어 넣어서 버디로 끝을 냅니다. 이 정도 거리에서 파에 만족하기는 싫습니다."

그리고 그는 정말로 버디를 만들어 냈다.

골프 라운드 18홀 내내 아주 긍정적인 분위기를 유지한다는 것이 결코 쉬운 일이 아니다. 그러나 때때로 부정적이거나 자학적인 생각과 말을 하는 것은 자기 자신에게 계속적으로 부정적인 결과를 초래하는 나쁜 주문이다.

오히려 '이 8번 아이언 샷은 그린 중앙에 잘 올라갈 것이다. 이 퍼팅이 들어가면 아주 좋은 일이 생길 것이다. 비록 멀지만 이 정도 거리에서 나는 얼마든지 투 퍼팅으로 마무리 할 수 있다' 와 같이 긍정적이고 적극적인 생각과 말을 하게 되면 자신에게 긍정적인 이미지를 가져 온다. 옛말에도 '말이 씨가 된다' 고 하였다. 구태여 나쁜 말, 나쁜 생각을 하여 스스로 그르칠 필요가 있겠는가?

차라리 그것보다는, '나는 오늘 이 골프의 주인공 람보이다. 영화 속에서 빗발치는 총탄도 주인공 람보는 피해 간다. 내가 주인공 람보이기 때문에 절대로 나는 죽지 않는다' 라고 믿는 것이 좋다.

골프는 신이 아닌 이상 그 누구도 18홀 내내 아주 편안한 샷과 퍼팅만을 할 수는 없다. 누구나 위기 상황을 맞게 된다. 어떠한 핀치에서도 결코 포기하지 않고, 중단하지 않으며, 낙망하지 않고, 꿋꿋이 다시 설 수 있다는 것을 믿는 것이 좋다. 자기 자신에게 부정적인 말을 하고 부정적인 생각을 하는 골퍼에게는 절대로 긍정적인 결과나 행운이 찾아오지 않는다. 골퍼 자신의 말이 씨가 되기 때문이다. 징크스도 좋은

제3장 수신 / 마음으로 치는 골프

징조도 결국 본인이 만든다. 같은 값이면 좋은 쪽으로 말하고 행동하라.

어렵다는 골프 쉽게 잘 치는 법

"혹시 하고 갔다가 역시 하고 돌아오지."
"이건 어째서 할수록 어렵지?"
"맞아, 한 십 년 치니까 인제 겨우 뭣 좀 알겠군."
우리가 주변에서 아주 쉽게 듣는 이야기들이다. K재보험사 P상무는 만능 스포츠맨으로 직장 야구부 주장을 지낸 강타자이다.
"움직이는 야구공도 잘 맞추는데, 그까짓 놓여 있는 골프 볼쯤이야~~"
그러나, 아무리 샐러리맨이고 주말 골퍼라지만, 우습게 보던 골프 100을 깨는데 3년이 걸렸다. 그리고 털어 놓은 솔직한 이야기.
"골프 이거 정말 아주 복잡하고 어렵구먼."
'끈기, 결심 그리고 강한 의욕' 이런 것들이 흔히 모든 성공의 비결이라고 일컬어진다. 많은 완벽주의자들은 '강하게 밀어 붙이는 것이 성공의 비결' 이라고 믿는다. 그러나 골프 실전 라운드에서만은 그런 성향이 강할수록 실패할 확률이 더욱 높아진다.
"으하하, 오늘 너희들은 다 죽었다" 하고 나간 날 볼 잘 치고 온 날이 몇 번이나 되는가?

반면 "아이고 오늘은 죽었다. 어떻게 해서든 덜 터지자" 이렇게 마음 먹은 날은 의외로 좋은 성적을 기록하지 않았는가?

연습장에서는 끊임없이 연구하고, 강력하고 다부지게 볼을 쳐야 하겠지만, 아주 잘 해보겠다는 완벽주의 정신은 실제 라운드에서 오히려 부적절한 태도가 될 수 있다. 골프에는 필연적으로 실수가 수반되기 때문에, 완벽한 샷을 자주 치는 사람보다, 실제로 실수를 적게 하는 골퍼가 최후의 승리자가 된다. 어렵다는 골프 이렇게 쳐 보면 의외로 쉬울 것이다.

1. 싸울래? 이길래? 아냐, 그냥 즐길래.

꼭 이겨야겠다는 생각, 무언가를 보여주어서 코를 납작하게 만들겠다는 생각들이 동작을 굳게 만들고 초조함과 걱정거리를 유발하게 된다. 너무 잘 하려고 하면 더 망가진다는 것은 골퍼라면 다 알고 있다. 재미를 느끼며 유쾌하게 라운드할 때에 최소한 중간은 갈 수 있다.

2. 과거를 잊어 주세요.

잘 치겠다는 굳은 결의를 한 골퍼는 흔히 자신이 한 실수와 약점으로 강박관념에 빠지기도 한다. 누구나 실수하는 법, 자신의 실수는 이미 떠나간 버스요 흘러간 강물이니, 더 이상 과거에 연연할 필요가 없다. 지금 이 순간부터 새로 잘 친다는 각오를 가져야 한다.

3. 기대가 크면 실망도 크다. 그냥 분수껏 치슈.

기대치를 너무 높이면, 승리냐 패배냐 하는 생각에 많이 사로잡힌다. 그저 내 능력이 되는 범위 내에서 좋은 쪽이면 된다는 정도의 기대면 족하다. 네 명이 스트로크 플레이를 하는 경우, 그저 2등만 하겠다는 전략이 의외로 많이 주효하다.

4. 실수한 나, 용서해.

우선 내 자신이 어느 정도의 실수를 하는지 잘 파악하고, 플레이어로서 그 정도는 실수를 하더라도 용납할 수 있다고 인정을 한다. 많은 골퍼들이 좋은 흐름으로 나가다가 단 한 번의 실수 이후에 온갖 욕설을 자신에게 터뜨리며 자학하고, 그리고 더 망가지는 것을 흔히 볼 수 있다. 실수 후에도 자신에게 "잘 했어 잘 했어. 다음에 잘 하면 돼" 이렇게 마음을 다스리는 것이 훨씬 좋은 결과를 가져 온다.

5. 그만 해, 살살해.

더욱 세게 밀어 붙이려고 하다 보면, 버디 욕심에 툭하면 보기가 나오고, 티 그라운드에서는 점점 더 힘들여 샷을 하고…… 어깨는 점점 더 굳어가고…… 엔진 오일도 부드러워야 더 힘이 좋다는 데, "참아, 참아, 그만 해, 살살해" 자신을 달래가며 플레이할 때에 성공 확률은 더욱 높아간다. 골프 뭐 일부러 고생하며 어렵게 칠 필요가 있을까? 그냥 쉽게 쉽게 쳐야 한다. 쉽게 치다 보면 분명 잘 칠 수 있는 날이 온다.

매타삼사 백무일실

범사삼사 만무일실(凡事三思 萬無一失).

종로 2가 뒷골목의 S중국 음식점 주인, 화교 할아버지께서 음식점 홀에 걸어 놓은 글귀이다. 모든 일에 세 번을 생각하면 하나도 그르칠 일이 없다는 뜻으로 해석된다. 짜장면 한 그릇 먹으러 갔다가 아주 소중한 지혜를 하나 발견한 셈이다. 좋은 내용이라 위의 내용에서 즉시 아래와 같이 표절을 하였다.

매타삼사 백무일실(每打三思 百無一失). 평상시 나의 생각과 참 비슷한 점이다. '모든 샷에 아래의 세 가지만 잘 생각하면 라운드 때, 실수가 없다' 고 나는 항상 믿고 있기 때문이다.

첫째: 목표지점을 안전하게 선택하였는가?

깊은 벙커나 워터 해저드 바로 뒤의 포인트 핀을 직접 노리고 있지는 않은가? 실수하였을 때 OB같은 처벌이 있는가? 이리 칠까 저리 칠까 갈팡질팡 한다든가 또는 이 단계에서 생각이 정리되지 않고 목표지점이 확실치 않으면 크게 실수한다.

둘째: 클럽은 올바로 선택하였는가?

왼발 내리막 라이에서 우드를 꺼내지는 않았는가? 어차피 쓰리 온인데 3번 아이언을 무리하게 뺀 것은 아닌가? 클럽 선택에서 우왕좌왕하면 실망스런 샷이 나온다. 일단 클럽을 선택하였으면 선택을 믿고 지난 생각은 지워버린다.

셋째: 성공할 자신은 있는가?

성공 확률은 얼마나 되는가? 어떤 유명 프로는 평생에 '적어도 확률이 70%가 되지 않은 샷을 한 적이 없다'고 술회하였다. 성공 확률이 적은 샷을 감행하는 것은 만용이나 다름없다. 가끔 "나는 아마추어이니까……" 하고 생각 없이 마구 치는 골퍼를 본다. 마구 치는 골퍼와 생각하는 골퍼 중 누가 더 성공할 확률이 높을까?

목표지점, 올바른 클럽, 성공한다는 자신감. 이 세 가지를 매 샷마다 생각한다면 그리고 목표지점으로 멋있게 날아가는 장면을 시각화(visualize)하면 언제라도 만족스러운 샷을 할 수 있다.

每打三思 百無一失. 대단한 진리의 말씀 아닌가?

교만은 분노를, 분노는 상처를 낳는다

골프를 치면서 화를 내보지 않은 사람은 지구 상에 한 명도 없을 것이다. 골프를 치면서 화가 나지 않는다면, 아마도 골프는 더 이상 추구할 가치나 의미, 또 재미가 없을지도 모른다. 텔레비전으로 골프 중계 방송을 보면, 많은 프로 골퍼들마저 조금 너무 한다 싶을 정도로 화내는 경우를 가끔 보게 된다. 적당히 스트레스는 풀어야 다음 샷에 영향을 미치지 않는다지만…….

나는 철저하게 전략/분석적인 골프를 추구하는 퍼센티지 골퍼(percentage golfer)이므로, 아마추어 치고는 치명적인 실수를 비교적 적게 하는 골퍼이다. 그럼에도 불구하고 마인드 컨트롤을 강조하는 내 자신도 이따금 터무니 없는 실수를 하고는 엄청난 분노를 터뜨리기도 한다.

초보자를 제외하고는, 샷에 실수를 하는 이유가 딱 두 가지 있다.

하나는 샷에 자신이 없을 때고, 다른 하나는 화가 나 있을 때이다.

대체로 화가 나는 많은 이유가 있겠으나, "내가 싱글 핸디캐퍼인데", 또는 "나는 항상 보기 플레이는 할 수 있는데", 등등 자기 자신은 실수를 해서는 안 되는 사람으로 스스로 높이 평가하는 작은 교만함에서 많이 비롯된다고 본다. 유심히 살펴보면, 프로나 클럽 참피언급 선수들이 연속 보기를 하거나, 싱글 핸디캐퍼들이 3~4개의 연속 보기를 할 때, 속이 부글거리면서 얼굴이 일그러지기 시작하는 것을 흔히 볼 수 있다.

화를 잘 다스리면 좋은 결과가 있는 것은 다 알고 있으면서도, 짜증 속에서 또는 답답한 마음 상태에서 플레이를 하다 보면, 버디나 파가 찾아오는 것이 아니라, 오히려 더블 보기가 생기기도 한다. 결국 혹을 떼려다 오히려 더 붙인 결과가 되어, 마음의 상처를 받게 되는 셈이다.

세계 제1의 타이거 우즈도 심한 경우 OB없이 트리플 보기를 하기도 한다. 하물며 우리 아마추어들에겐 실수 없는 경기를 한다는 것은 불가능한 일이다. 나의 경우 라운드당 평균 45개 전후의 스트로크 중에, 거리와 방향이 모두 아주 불만족스러운 큰 실수도 약 4~5개로 평균 10%에 해당된다.

따라서 실수가 연속되어 가슴이 답답할 때에도, 그것이 그렇게 엄청난 재앙이 아니라면, 참는 자가 최후의 승자라는 생각으로 끝까지 인내할 필요가 있다.

인내는 쓰다, 그러나 그 열매는 달다. (그리고 돈 따면 특히 더 달다.)

떨지 말고, 당신의 샷과 퍼팅을 믿어라

아침에 일어나서 주차장으로 간다. 내 차가 밤새 무사히 그곳에 있을 것을 믿고…… 회사 지하주차장에서 엘리베이터를 기다린다. 조금 있으면 문이 열릴 것을 믿고…… 어떤 이는 아침에 지하철 역으로 향한다. 오늘도 지하철이 변함없이 운행될 것을 믿고…… 승강장에서 줄 서서 기다린다. 조금 있으면 차가 도착하여 문이 열릴 것을 믿고…….

오늘 하루도, 또 내일도 모든 것이 이렇게 믿음 속에서 움직이고 유지된다. 왜냐하면 만사는 믿음으로부터 시작되기 때문이다. 만약에 이런 믿음이 없다면, 걱정 때문에 과연 아침마다 정상적으로 출근이 가능할까? 또 세상이 잘 돌아갈까?

아기가 겨우 자기 발로 지탱하고 설 수 있을 때 아버지들은 아기를 손바닥에 올려 놓고 아기가 쓰러지면 잡아주고 또 쓰러지면 잡아주는 놀이를 자주 하게 된다. 나중에 아기는 재미 삼아 일부러 쓰러지기까지 한다. 왜냐하면 아기는 아버지가 자기를 잡아준다는 것을 믿기 때문이다. 이런 믿음 때문에 아기는 겁없이 그런 놀이를 한다.

당신은 그 동안 꾸준히 연습을 하였다. 비록 프로처럼 멀리는 보내지 못하더라도 당신의 티샷을 눈 앞에 보이는 저 넓은 페어웨이 안에 떨어뜨릴 수 있을 정도로는 연습을 하였다. 그런데 지금 당신은 떨고 있다. 무엇을 두려워하는가?

당신은 그 동안 라운드도 적지 않게 했다. 비록 PGA 최고 선수들 같은 극적인 롱 퍼팅을 집어 넣을 수는 없더라도 기껏 스무 발자국의 거리라면 홀 주위 반지름 1미터의 원 안에는 충분히 넣을 수 있다. 그리고 1미터짜리의 짧은 퍼팅은 눈을 감고도 넣을 수 있는 거리라는 것을 안다.

그런데 당신은 떨고 있다. 하나도 떨릴 이유가 없는데 당신은 떨고 있다. 당신은 지금 당신의 능력을 믿지 못하고 불필요하게 불안하다. 권투 선수들은 링 중앙에서 시합에 앞서 서로 살벌한 눈으로 기세 싸움을 한다. 이때 상대방에게 기세를 제압당하는 선수는 필경 그 게임에서 지고 만다. 당신은 지금 당신보다도 훨씬 조그만 꼬마 선수 앞에서 안절부절이다. 당신의 능력으로 얼마든지 손쉽게 꼬마 선수를 쓰러뜨릴 수 있지 않은가?

나는 절대로 샷을 앞두고 떨지 않는다. 첫 홀 티샷이나 마지막 홀 퍼팅이나 마찬가지이다.

나는 나의 능력을 믿는다. 적어도 80%는 성공할 것을 믿기에 떨지 않는다. 페어웨이가 좁을 경우에 나는 실내 연습장의 네트와 하얀 표적 광목이 바로 코 앞에 있다고 생각을 하고 샷을 한다. 물론 무리하지 않게, 다소 천천히 또 거리를 약 20야드 정도 짧게 침으로써 안전한 방향성에 최우선 중점을 둔다.

또 1미터 앞의 짧은 퍼팅을 놓고는, 홀의 크기가 세수대야만큼이나

크다고 생각하고 실수할 가능성이 없다고 믿으며 퍼팅을 한다. 따라서 나의 퍼팅은 꼭 들어간다고 믿는다. 나의 티샷과 퍼팅이 실패하지 않는다고 믿고 있으면, 스윙이나 스트로크가 자신 있게 마무리 될 것이며, 불안감에 따른 헤드업 증세는 절대 생기지 않는다.

돌이켜 보라. 오비가 나거나 숲속으로 들어간 티샷, 또 홀을 스치며 빗나간 퍼팅은, 불안한 나머지 헤드업을 하고, 그래서 치다 만 스트로크 때문에 생긴 것이 아닌가? 자신의 샷과 퍼팅을 믿을 때 골프는 한층 업그레이드될 것이다. 그런데 끝내 믿음이 생기지 않는다면 그것은 필경 연습 부족 때문이다. 그렇다면 우선 연습을 충분히 해야 한다.

실수를 없애는 특급 비결

2월 중순에 동호회회원인 Y변호사와 뉴서울 남코스에서 라운드를 하였다. 한낮이기는 하지만, 겨울의 끝 무렵이니 조금은 쌀쌀한 기운이 도는 날씨였다. 라운드 전 그는 나에게 아직 싱글 핸디캐퍼와는 라운드를 해본 적이 없었다고 이야기하며 기대감에 상당히 마음이 부풀어 있었다.

첫 홀 파 4, 355미터의 내리막 홀, 얌전하게 친 티샷은 페어웨이 중앙에 떨어졌으나 다소 짧았고, 세컨 샷을 5번 아이언으로 쳐서 겨우 온그린되어 파를 기록하였다.

둘째 홀 파 5, 500미터의 내리막 홀, 티샷은 페어웨이 한쪽에 떨어졌으나, 훅이 났으며 형편없이 짧은 실수였다. 세컨 샷 지점에 가 보니, 약간 움푹 파인 곳에 볼이 놓여 있어 마음이 불편하였지만, 멀리서 좋은 라이라고 판단하고 가지고 간 5번 우드를 그냥 치기로 하였다. 그러나 그 샷 역시 토핑이 되어 그저 100야드 남짓 굴러갔다.

내가 연거푸 실수하는 것을 보자, Y변호사는 내 곁에 와서 위로의 말을 건넸다. 그때 나는 그에게 이렇게 이야기하였다.

"제 경험으로 보면, 한 라운드를 도는 동안 퍼팅을 빼고도 자기 핸디캡 숫자만큼은 실수하는 게 골프랍니다. 이제 제가 겨우 두 개의 실수를 하였을 뿐이니까, 이 정도 실수로는 오늘 라운드 대세에 전혀 문제가 없습니다."

사실 많은 아마추어들이 첫 두세 홀에서 실수를 몇 번 하게 되면, 사기가 죽으면서 '아, 오늘은 안 되는 날인가 보다' 하며 미리부터 반쯤은 포기하는 경우를 흔히 본다. 심한 경우에는 첫 티샷이 오비가 나면 그 실수 하나로 심하게 상처를 받고 너무나 쉽게 주저 않는 아마추어를 수시로 보게 된다.

국가 대표급 아마추어와 프로 골퍼에게도 물어보았다. 물론 각자의 기준이 조금은 다르지만, 프로 골퍼들도 한 라운드에서 최소한 서너 개의 큰 실수를 한다고 고백한다. 소위 거리도 안 맞으며 방향성마저 틀린 실수를 말한다.

1901년 브리티시 오픈 경기는 첫 홀에 OB를 낸 제임스 브레이드 선수가 우승을 한 적도 있다. 세계 랭킹 1위 타이거 우즈도 수시로 실수를 한다. 덕분에 우리는 세계 1위인 그가 숲속에서 리커버리 샷을 하는 것을 심심치 않게 볼 수 있다. 그렇듯 실수는 아무나 한다. 실수를 한 후에 그것으로부터 상처를 받으면 오히려 더 큰 실수가 연거푸 나오게 된다. 연속 실수를 면할 수 있는 방법은 빨리 그 실수를 잊고 평상의 마음으로 돌아와야 한다는 사실이다. 왜냐하면 골프에서 실수와 재앙은 몰려다니기 때문이다.

인간인 이상 실수를 하지 않을 수는 없지만, 실수를 줄이는 방법은 있게 마련이다. 나는 적극적으로 메모하는 습관을 기를 것을 권한다. 라운드마다 매 홀 어떻게 샷을 하였고, 어떤 실수를 하였으며, 어떤 점을 보완하여야 하고 또 어떤 점이 잘 되었는가를 기록하여 보면, 딱 열 장의 스코어 카드만으로도 자기의 스타일을 쉽게 파악할 수 있다.

역사가 미래를 위한 기록의 지침서이라면, 꼼꼼하게 적은 스코어 카드와 라운드 기록은 보다 나은 스코어를 이루기 위한 훌륭한 지침서이다.

몇 년 전에 추락하는 JAL 비행기 안에서 그 상황을 기록한 40대 일본인 가장의 이야기가 있었다. 비록 그의 기록이 그의 생명을 구하지는 못하였지만, 그의 기록을 통하여 많은 진실이 밝혀졌고, 아주 소중한 자료가 되었다.

기록하라. 그리하면 기록이 당신의 기적을 만들어 줄 수도 있다.

마음이 불편하면 쉬었다 하라

"아, 그때 잠깐 쉬었다 쳤어야 했는데……."

이런 후회의 탄식은 골퍼라면 여러 차례 해 보았으리라. 한순간의 방심으로 베스트 스코어 일보 직전에서 허물어졌거나, 또는 엎친 데 덮친 격으로 최악의 구렁텅이에 빠져 본 경험은 누구에게나 아픈 기억이다.

한국의 골프장 현실이 대부분 4인 플레이로 팀 간격이 6~7분에 불과하니, 여유를 찾기가 여간 어려운 일이 아니다. 그러나 아무리 바쁘더라도 샷을 하기 전에 마음이 불편한 상태가 되면 일단은 잠시 숨을 돌리고 하는 편이 훨씬 현명하다. 그리고 샷을 마친 후에 빨리 걷거나 심하면 뛰어가서 진행에 협조해 주면 된다.

사례 1.

왼쪽으로 굽은 파 5홀에서 싱글 핸디캐퍼 K씨의 세컨 샷은 워터 해저드 바로 앞에 멈추었다. 홀까지의 거리는 오르막 약 190야드, 그는 장기인 5번 우드를 빼들었다.

그가 우드를 빼자 캐디는 리모콘으로 카트를 출발시켰고, 카트는 K씨가 치고자 하는 목표 라인으로 계속 진행하고 있었다. 카트가 목표 라인을 비켜가면 샷을 할까 기다려 보았지만, 그럴 경우 너무 시간이 많이 걸린다는 판단으로 그냥 샷을 하였다. 그의 볼은 토핑이 되어 바로 코 앞의 연못으로 퐁당, K씨는 '10초만 더 기다렸다 샷을 할걸' 하며 후회했으나 파 행진을 계속하던 그는 이 실수로 더블 보기를 하고 말았다.

사례 2.

보기 플레이어 L사장은 17번 홀을 마치고 +8을 기록하고 있었다. 마침내 기다리고 기다리던 싱글 스코어가 바로 눈 앞에 아른거렸다. 마지막 홀에서 보기만 해도 꿈의 스코어가 아닌가?

'보기면 된다'고 굳게 마음을 먹고 그는 마지막 홀을 침착하고 신중하게 치기로 하였다. 그는 티업을 하고 연습 스윙을 두 차례나 했다. 볼 앞에 다가가서 어드레스를 하다가 그만 티업한 볼이 떨어졌다. 그는 새로 프리 샷 루틴을 하고 싶었지만, 이미 연습 스윙을 두 번이나 했기 때문에 미안해서 그냥 어드레스 한 자리에서 다시 티업을 한 후에 스윙을 했다. 그의 볼은 심한 슬라이스가 되며 오른쪽 오비 구역으로 넘어가 버렸다.

사례 3.

싱글 K와 라운드 중인 물싱글 Y씨는 지난 홀에서 중거리 퍼팅이 성공 버디가 되면서 오너가 되었다. 다음 파 3홀에 도착을 하자 그린 뒤쪽에서 기다리던 앞 팀에서 치라고 싸인이 왔다. 그는 헐레벌떡 클럽

을 빼서 티 그라운드에 올랐고, 마음이 급한 그의 샷은 부족한 피니시 때문에 전방의 벙커에 에그프라이로 박혀 버렸다. 어렵게 한 버디로 얻은 보너스는 한 방에 날아가고 미련이 남은 Y씨는 그 홀 이후 서서히 허물어졌다.

사례 4.

핸디 12의 N씨는 정교한 어프로치가 주특기이다. 그는 세컨 샷에 온그린을 잘 시키지 못하나, 그린 주변에서 어프로치가 되는 날이면 싱글 스코어를 기록하기도 한다. 그래서 그는 어프로치 때에 무섭게 집중을 한다. 16번 홀 그린, 이제 그의 어프로치가 붙어서 원 퍼트로 마무리하고 나머지 쉬운 두 홀에서 파 하나만 잡으면 70대 스코어까지 바라볼 수 있게 되었다. 그가 회심의 어프로치를 쏘려는 순간 골프장의 봉고차가 그린 주변에서 움직이고 있었다.

"저걸 보내고 쳐?"

하던 그는 그냥 샷을 하였고, 그 미스 샷은 온그린도 되지 못하였다. 속이 부글부글 끓은 그는 다음 어프로치도 실수를 하였고, 어렵게 투 퍼팅으로 더블 보기를 하게 되었다. 정신적으로 허물어진 그는 나머지 두 홀에서 계속 더블 보기를 하며 결국 자기 핸디캡을 치는 것에 만족해야만 했다.

이렇게 골프를 하다 보면 원치 않는 상황에서 샷을 하게 되는 마음 불편한 상태가 되는 경우가 흔히 있게 마련이다. 이럴 때는 차라리 동반자에게 미안하다고 이야기하거나 양해를 구하고, 한숨 돌린 후에 평소와 같이 프리 샷 루틴을 한 후 정상적인 샷을 하는 것이 좋다. 마음이 불편하면 꼭 쉬었다가 하는 것이 현명하다. 물론 그 대신 진행에 적극 협조하고 다음 행동을 빠르게 하는 것이 예의요 상식이다.

고수들만의 다섯 가지 특성

지난 15년 간 약 1,000라운드에 대략 1,000명의 국내외 동반자가 있었다. 대부분은 나와 같은 주말 골퍼가 많았으나, 그 중 50여 명은 클럽 챔피언급 고수이거나 프로 또는 주니어 선수들이었다. 그들과의 라운드를 마치면 나는 언제나 그들이 왜 골프를 잘 치는가, 또 무엇을 배워야 하는가를 분석하여 왔다. 그 결과 대체로 아래의 다섯 가지의 특성들을 발견할 수 있었다.

I. 꼭 필요할 때의 집중력

고교 선배 K사장은 뛰어난 집중력의 소유자이다. 그는 집중할 때와 그냥 친선 골프를 칠 때가 확실히 구분된다. 돈내기를 즐기지 않는 나와 스트로크에 1만원 이하의 내기를 칠 때에 K선배는 겨우 싱글을 치거나, 내게 스크래치로 치는 경우가 많다. 심지어 페어웨이의 평탄한 라이에서 중급자 같은 경미한 실수도 가끔 한다. 그러나 돈내기의 단위가 높다거나, 자존심이 걸린 한 판 또는 위기 상황의 경우 그의 놀라운 집중력은 이글거리는 눈빛과 함께 심심치 않게 그림 같은 샷과 퍼팅을 만들어 내기도 한다.

2. 샷을 창조하는 상상력

Y프로는 주니어 시절 아시아대회에서 우승을 한 강자로 그는 어떠한 상황에도 적합한 샷을 만들어 내는 소위 샷 메이킹(Shot making)의 능력을 가지고 있다. 젊은 시절 세배 바예스트로스나, 필 미켈슨, 가르시아 같은 스타일리스트처럼 창조적인 샷을 즐기고, 잘 하는 것은 그가 특별히 상상 응용력이 뛰어나기 때문인데, 흡사 쓰리쿠션을 잘 만들어 치는 당구 선수 같기도 하다. 아마추어도 응용력이 뛰어난 골퍼들은 특수한 상황에서 좋은 샷을 잘 만든다.

3. 평안의 골프 심리적 안정감

C사장은 H골프장 클럽 챔피언이었다. 금융업계 봉급장이 출신 아마추어로 최고수 신사이다. 그와 라운드를 하면 18홀 내내 그가 마음의 평온을 잘 유지하는 것을 볼 수 있다. 잘 될 때 침착하고, 다소 형편없는 경기가 되었어도, 뜻하지 않은 실수로 더블 보기를 기록한다 해도, 그는 결코 화를 내지 않고 언제나 동요 없는 모습을 보여준다. 포커 페이스 같기도 한 그의 편안한 모습에서 냄비같이 급하게 반응하는 아마추어들은 배울 것이 많다.

4. 경쟁력은 자신감에서

소대장 출신의 K사장은 구력이 10년도 되지 않았으나, 전국 대회에서 2연패를 하는 등 혜성같이 고수대열에 들어선 40대 골퍼이다. 그는 언제나 자신감이 충만한 자세와 태도로 경기에 임한다. 상대방이 연속 버디를 하건 롱 퍼팅을 성공하건 그는 별로 동요하지 않는다. 오직 자기 자신의 능력을 믿으며, 자신만의 경기를 하는 자신감의 골퍼이다.

그는 언제나 자기 자신은 자신만이 지킬 수 있다고 믿는 불굴의 사나이다. 동반자에게 영향을 많이 받는 다혈질 골퍼들은 모름지기 자신만의 게임플랜대로 경기하는 것을 배워야 좋은 성적을 낼 수 있다.

5. 위기에서 빛나는 담대함

Y사장은 G. P. 골프장 챔피언을 지낸 고수로 베스트기록이 6언더파인 것으로 기억한다.

그는 매너도 좋아서 그와 함께 라운드를 하면 하수들이 잘 배울 수 있도록 여러 가지 배려를 잘 하여 주기도 한다. Y사장과 몇 차례 라운드를 하여 보았는데, 많은 장점 중에서 특히 그의 담대함을 높이 평가하지 않을 수 없다. 위기에서 그가 보여주는 담대함은 지레 겁먹고 제대로 된 스윙도 한번 해 보지 못하고 허물어지는 많은 아마추어들이 배워야 할 덕목이다.

"호랑이에 물려 가도 정신차려야 산다고 하지 않습니까? 위기에서는 배짱이 있어야 살아날 수 있습니다."

람보와 같은 그의 담대한 표현이다.

낙심을 이기려면…

세계적인 선수라도 한 라운드에 적어도 몇 번의 실수를 한다. 더구나 아마추어라면 대개는 핸디캡 숫자보다 많은 실수를 하고 그로 인해 낙심을 하게 된다. 그러나 만약 큰 낙심으로 이어진다면 결국 라운드에 막대한 악영향을 끼치며 스코어는 크게 허물어지게 된다. 피해 갈 수 없는 이 낙심은 인생에서나 골프에서나 공통점이 많은데 그 특징을 살펴보면, 누구나 낙심은 하며 그 낙심은 계속 재발한다는 것과 전염성이 강해서 낙심한 사람들과 있으면 같이 낙심하게 되는 경우가 많다는 점이다.

따라서 플레이어가 실수를 한 후에 낙심하여 계속 실수를 연거푸 하게 되고, 바라보던 동반자들 역시 함께 허물어지는 것을 흔히 볼 수 있다. 소위 스코어의 하향 평준화가 왕왕 이루어지는 점이다. 그렇다면 낙심은 어떨 때 어떻게 생기는 것일까?

첫째, 육체적으로나 정신적으로 매우 지쳤을 때 자신감은 떨어지고 상황을 비관적으로 인식하게 된다. 회사에서의 격무, 지난 밤 술자리의 과음이나 수면 부족으로 피로에 지쳤을 때나, 업무 실적 부진, 심지어는 집을 나설 때 들은 아내의 잔소리 같은 정신적 부담도 큰 요인이다.

둘째, 우리가 갖고 있는 각종 두려움 배후에는 많은 낙심이 깔려져 있다. 이 샷이 저 물을 건너지 못한다면? 배판인 이 홀에서 또 터져 내기에서 지게 된다면? 그들이 나를 어떻게 생각할까 등 실패, 비판, 책임에 대한 두려움들이 낙심을 유발하는 요인이다.

셋째, 실패와 좌절도 낙심의 큰 요인. 때로는 심혈을 기울인 전략이나 샷이 수포로 돌아가기도 한다. 또한 아주 잘 친 샷이 벙커 턱을 맞고 후진하여 깊은 벙커에 빠지거나, 2~3홀을 남겨 놓고 라이프 베스트 스코어로 가다가 한 번의 실수로 망치게 되었을 때 크게 낙심하게 된다. 멋지게 친 리커버리 샷이 그린 주변 스프링클러 뚜껑을 맞고 온 그린 되기는커녕 터무니 없이 OB가 되었을 때 크게 낙심에 빠진다.

낙심은 이겨내야 한다. 또 적극적으로 탈출해야만 골프가 산다. 이런 방법을 취해 보자.

1. 잠시 휴식을 취한다.

서두르면 안 된다. 전반을 마쳤다면 잠시 그늘 집에서 쉰다거나, 라운드 중 실망스러운 일이 생기면 타석을 벗어나서라도 1분간 작전 타임처럼 잠시라도 정신을 안정시켜야 한다.

갑자기 느껴지는 육체적 또는 정신적 피로를 무시하면 결과는 더욱 나빠진다.

2. 쉬운 방법으로 바꿔 본다.

똑같은 실수를 계속하게 되면 크게 상처를 받기 쉽다. 가능하면 쉬운 방법, 안전하고 자신 있는 방법을 택하여 본다. 또 클럽을 쉬운 것으로 바꾼다거나 하여 기분을 전환하도록 한다. 티잉 그라운드와 그린이 아닌 곳에서는 실수 후 훨씬 다루기 쉬운 클럽으로 바꿀 것을 강력히 권한다. 티샷 실수 후에 거리를 만회한답시고 다루기 힘든 3번 우드를 잡고 몇 번이고 토핑하다가 그린까지 단독 드리볼하면서 허물어지고 결국 게임을 망쳐 버린다.

3. 낙심에 담대히 맞서라

낙심에 대하여 맞서서 싸워야 한다. 낙심한다면 이미 당신은 지고 있는 것과 같다. 끝까지 견뎌야 한다. 담대히 소신을 가지고 계속하여야 한다. 단 한가지만 건져도 완전한 실패는 아니다. 만약 단체 모임에서 전반이 형편없는 경기였다면 후반에 더욱 열심히 노력하여 전반 대비로 가장 큰 격차로 대파상을 노려 본다.

결국 끝까지 포기하지 않고 낙심에 맞서는 것이 강해지는 방법이다.

가상 라운드로 쾌적하게 잠드는 법

구력이 15년이 되었어도 라운드 전날은 여전히 설레임에 잠을 설칠 때가 많다. 마치 어린 시절 소풍 전날 밤과 같은 것이다. 특히 새벽 골프라도 한다치면 골퍼들 대부분은 '어제 밤에 잠을 못 자서……' 같은 핑계가 주절주절 나오게 마련이다. 실제로 우리의 몸은 깨어나서 약 2시간쯤 있어야 모든 것이 정상화된다고 한다. 숙면을 취하고 조금 일찍 일어나서 컨디션을 조절하는 것이 매우 현명하다.

라운드 전날 밤에 쾌적하게 잠드는 방법이 없을까 많이 생각하여 보았는데, 한 5년 전쯤에 어느 선배에게 힌트를 얻어 그 방법을 더욱 개발하게 되었다. 사실 잠 안 오는 데 억지로 잠을 자려면 짜증만 나고, 결국 잠을 설친 경험들이 많으리라.

이런 경우 가상 라운드를 돌아보는 것도 방법이다. 다음 날 라운드 할 골프장 1번 홀부터, 18번 홀까지 한 홀 한 홀 전경을 떠올리며 한타 한타 가상 리허설을 해 보는 것이다. 처음 가는 생소한 골프장이라면, 사전에 코스 특성을 조금 파악하고 그곳과 비슷한 골프장을 선택하여도 좋다.

예를 들면, 1번 홀 375야드, 오른쪽 OB, 왼쪽으로 훅이 나면 벙커…… 스타팅 홀이니까 방향에 치중하면서 혹시 실수하더라도 OB는 면하게 페어웨이 좌중간으로 그저 80퍼센트의 힘만 써서 210야드만 날린다. 첫 티샷은 절대 빨랫줄 같이 날아가는 멋진 샷을 기대하지 않는다. 세컨 샷은 훅이 나면 깊은 가드 벙커에 빠지므로, 핀보다 약간 우측을 겨냥하여 5번 아이언으로 피니시까지 우아하게…….

온그린에는 실패하였지만, 좋은 라이에서 홀까지 15야드. 써드 샷은 피칭웨지로 2:1 비율로 피치&런. 우와 컵에 딱 붙었다, 가볍게 탭인, 파! 이런 식으로 한 홀 한 홀 가상 라운드를 돌아본다.

솔직히 이렇게 행복한 가상 라운드를 하다 보면 실제로 18홀 플레이를 다 마치지 못하는 상태에서 잠이 들게 마련이다. 나쁜 생각, 걱정어린 생각으로 잠을 못 이루는 경우가 많지만, 행복한 가상 라운드를 돌다보면 어느새 꿈나라로 들어가 있다. 그 동안 많은 가상 라운드에서 최고로 오래 간 것이 아마도 15번 홀까지로 기억된다.

다음 날 아침 적어도 처음 2~3홀에서는 지난 밤 가상 라운드처럼 크게 무리하지 않게 플레이를 한다. 새벽 골프라 하더라도 처음 2~3홀을 큰 사고 치지 않고 시작한다면 최소한 평균 스코어는 유지할 수 있다고 본다.

전날 밤 가상라운드를 돌며 잠자리에 드는 것은 좋은 이미지 트레이닝도 되니까 일석이조의 효과를 누리는 셈이다.

뒤돌아보면 죽는다

"손들어! 돌아보면 쏜다."

권총 강도 이야기가 아니다. 달리기 선수는 앞을 향해 결승점만 바라보고 죽을 힘을 다 해 뛰고, 수영 선수는 곧장 앞으로만 물살을 가르고 나아간다. 스피드 스케이팅 선수도, 경마장에서 달리는 경주마도 모두 뒤를 돌아보지 않는다. 뒤를 돌아보면 속도가 떨어질 뿐 아니라 방향과 목표점을 잃게 되기 때문이다.

영화로도 상영되었던 성경 창세기의 소돔과 고모라 성이 멸망하는 이야기를 보면, 롯과 그의 가족에게 뒤돌아보지 말라는 특별한 명령이 떨어진다. 그러나 롯의 아내가 궁금증을 참지 못하고 뒤돌아보자 그대로 소금기둥으로 변해 버렸다. 뒤에 있는 것에 연연하면 앞으로 나아가지 못한다.

"뒤에 있는 것은 잊어버리고, 앞에 있는 것을 잡으려고 푯대를 향하여……."

과거에 잘못으로 지은 죄는 용서를 구했으면 뒤를 돌아보지 말라는 것이 성경의 교훈이다. 그런데 골프에서야말로 이 교훈이 아주 철저하게 맞는 말이라고 생각한다.

대학 동창생 N사장은 핸디캡 11의 상급자이다. 그는 아주 치밀한 작전과 섬세한 터치로 골프를 친다. 그래서 그와 함께 라운드하면 신중한 플레이를 하게 되므로 골프의 참맛을 만끽할 수 있어 좋다. 그런데 그 좋은 롱게임 능력과 섬세한 숏게임 감각의 N사장이 싱글 핸디캡에 이르지 못하는 데는 그만한 이유가 있다. 그것은 바로 그가 뒤를 돌아보기 때문이다. 영국 속담에는 '엎지른 우유를 놓고 울지 말라'고 한다. 물을 엎질렀다면 울고 있지 말고 그 시간에 한 동이를 더 떠와야 현명하지 않은가?

N사장에게는 4점의 핸디캡을 주고 스트로크 플레이를 하는데, 얼마 전 라운드에서 처음 두 홀을 그는 1언더파로 2타를 앞서며 전반 9홀에 핸디 적용 없이 오히려 1타를 이겼다. 그는 "오늘은 샷 감각이 좋으니, 드디어 한 번 누를 수 있겠군" 하며 은근히 나를 압박했다.

그러나 나는 결코 기가 죽거나 걱정을 하지 않았다. 다만 미소로 답했다. 왜냐하면 N사장은 한 번 무너질 때 확실히 무너지는 스타일임을 알기 때문이었다.

그런대로 게임을 잘 풀어가던 N사장은 15번 홀 온그린을 놓쳐 어프로치를 한 볼이 스프링클러 뚜껑을 맞으며 이상한 바운드가 되어 옆으로 튀어 나가자 몹시 실망을 하였다. 거기서 마음이 흔들린 그는 퍼팅 난조를 보이더니 뜻하지 않게 더블 보기를 하게 되었다. 그 다음 파5홀에서 그의 티샷은 조금 오른쪽으로 밀렸고, 약간 경사진 라이의 세컨 샷은 혹이 나더니 불운하게도 OB라인을 살짝 넘었다. 그리고 마무리가 깔끔히 되지 않으며 트리플 보기를 기록했다. 파를 기록한 나와는 한 홀에서 3타가 차이 나며 그 동안 리드하였던 점수는 한 방에 다

날라간 셈이 되었다.

　문제의 17번 홀, 티 그라운드에 오르면서도 그는 "그 억울한 바운드 때문에 이렇게 망가진 거야"를 뇌까리는 것이었다. 복잡한 머리 탓인지, 실수에 대한 미련 때문인지 티샷은 터무니 없는 훅이 나더니 또 OB라인을 넘었다. 다시 친 티샷은 페어웨이 중앙에 잘 떨어졌으나 그는 자신의 실수에 분노하기 시작했고, 그의 아이언 샷은 또 방향 감각을 잃고 그린 좌 전방 40야드에 떨어졌다. 볼과 홀 사이는 큰 벙커가 있었고, 핀은 벙커를 넘자마자 꼽혀 있어 어프로치의 간격이 매우 좁았다. 평소의 그는 핀 하이로 어프로치를 한다. 그런데 한 타의 미련 때문에 그날은 벙커와 홀 사이의 좁은 공간을 향해 어프로치를 쐈고, 짧았던 그의 샷은 벙커에 떨어져 에그 후라이가 되었다. 그의 실력으로 그린 중앙에 하는 벙커 샷 탈출은 전혀 무리가 없었는데, 그는 벙커에서도 핀에 붙이겠다는 의식으로 샷을 하다가 심한 토핑을 하여 그린을 오버시켰다. 완전히 사기가 죽은 그는 자포자기한 심정으로 어프로치를 하였고, 마무리 퍼팅을 넣지 못하여 무려 9타를 치게 되었다.

　'뒤돌아보다 죽게 되었다'는 것이 그의 소감이었다. 단 한 개의 실수로 상처를 받고 그 악령이 떠나지 않으면서 그의 마음을 흔들어댔고, 분노의 감정을 다스리지 못한 그는 두 홀에서 +8를 하는 엄청난 실수를 하게 된 셈이다. '돌아보지 마라 후회하지 마라'는 단순한 노래 가사가 아니라, 모든 골퍼가 깊이 새겨야 할 골프의 금과옥조(金科玉條)가 아닐까?

죽으면 살리라

　K보험회사 P상무는 작년 가을 심한 교통 사고를 당하기 직전 80대 스코어를 처음 맛보았다. 겨우 골프에 대한 혜안이 생길 무렵 불의의 교통 사고로 대수술을 받았고, 아직도 무릎 속에 철심을 박은 상태로 조심스럽게 재활 훈련을 하고 있는 중이다. 의사의 권유도 있어, P상무는 걸어서 18홀 라운드에 도전을 하였다. 최근에 연습을 다시 시작하였지만, 워낙 공백이 길어서 18홀 골프에 자신이 별로 없었다.

　1번 홀에서 P상무는 "오늘은 아무 욕심 없습니다. 단지 18홀을 무사히 걸어서 마치기를 바랄 뿐입니다"라고 이야기하고는 준비하여 온 보호대를 무릎에 채웠다. 몇 달 만에 친 그의 티샷은 약 200야드를 날아 페어웨이 중앙에 떨어졌고, 그의 세컨 샷은 그린에서 20야드 못 미친 안전 지대로 갔으며, 어프로치 후에 투 퍼팅으로 아주 쉽게 보기를 잡았다. 소위 마음을 비운 것이다. 교통 사고 전에 그가 치던 스타일과는 아주 대조적이었다.

　과거에 P상무의 첫 티샷은 주로 힘이 잔뜩 들어가서 대체로 짧은 훅 샷에 그쳤고, 잃은 거리를 만회하려고 세컨 샷도 무리하였고, 계속

되는 실수로 겨우 4온하여 더블 보기에 급급하던 그가, 아주 쉬운 보기 스타트를 한 것이었다. 거의 싱글 핸디캐퍼 수준의 전략 같았다.

  홀이 거듭될수록 그의 티샷은 좋은 방향으로 거리가 조금씩 늘기 시작하였고, 보기 둘에 파 하나를 섞는 상당히 안정된 플레이를 보였다.

  난이도가 높은 13번 파 5홀에서 그의 티샷은 230야드 이상 멋지게 날았고, 만면에 미소를 머금은 P상무는 힘차게 우드 세컨 샷을 날렸다. 그러나 오른팔 액션이 강한 탓이었나, 클럽이 닫힌 듯, 볼은 좌측 오비지역으로 날아가 버렸다. "옳지, 뭔가를 보여주지" 잘 맞은 티샷 이후 그의 기대가 커졌고, 자기도 모르는 사이에 근육이 긴장된 것으로 보였다.

  그는 다시 태도를 바꿔, 1번 티잉 그라운드의 초심으로 돌아갔다. 그래서 무리하지 않는 플레이로 14번 파 3홀에서는 파를 잡았고, 좋은 리듬은 유지되었다. 15번 홀은 좋은 티샷, 그린을 살짝 미스한 세컨 샷에 이어, 어프로치는 무난하였으나 퍼팅을 놓쳐서 다시 보기를 하였고, 16번 파 4홀에서는 좋은 티샷에 이어 그림 같은 미들 아이언 세컨 샷으로 버디를 했다. 얼마나 기뻤는지 모른다. 큰 기대를 걸지 않고 그저 18홀을 마칠 수 있기만 바랬는데, 복권에라도 당첨된 듯, 80대 중반의 스코어가 눈 앞에서 아른거렸다.

  함께 라운드한 프로, 싱글 핸디캐퍼를 제치고 오너(Honor)가 된 17번 짧은 파 5홀, 그는 자신이 오너가 된 것을 무척 자랑스럽게 생각하였다. 회심에 찬 티샷은 힘차게 맞았으나 훅이 걸리면서 아깝게도 오비 라인을 살짝 넘었다. 특설 티에서 친 제 4타는 이번에는 오른쪽으로 슬라이스가 나며 또 OB. 재앙은 몰려다닌다더니, 가장 쉽다는 그 파 5홀에서 P상무는 결국 더블 파를 기록하였다. 정말로 혹독한 버디 값을 치른 셈이다.

그의 마지막 홀 티샷은 또 한 번의 훅이 되었고, 세컨 샷은 나무를 맞고 벙커에 빠졌다. 이미 물 건너간 80대 스코어, 모든 것을 체념한 듯 그는 벙커 탈출에만 주력하였고, 안전한 벙커 샷과 투 퍼트로 보기를 기록하였다.

"세상에 이렇게 보기가 쉬운데!"

92타로 라운드를 마친 P상무는 16번 홀의 혹독한 버디 값에 대해 이렇게 이야기하였다.

"맞습니다. 죽으면 살리라이지요. 욕심을 버리고 한 타 한 타 겸손하게 쳤을 때, 나 죽었소 하고 고개 숙였을 때에 골프는 미소를 지었고, 버디 잡고 교만해졌을 때, 살았다고 고개 들었을 때 골프는 나를 외면하여 버린 것입니다."

이러한 일은 비단 P상무에게만 일어나는 것이 아니다. 골퍼들이라면 누구에게나 이와 비슷한 경험이 적지 않게 있으리라.

문제는 그 경험이 한 번으로 끝나는 것이 아니라, 혹독한 대가를 치른 후에도 그런 실수가 여전히 반복된다는 사실이다. 난로에 손 데고 돌아서서 또 데고…….

제4장

독백 : 내가 죽어야 사는 골프

고.들.개.가 물고 온 홀인원

연세골프 동호회장의 홀인원 소식에 문득 나의 홀인원 기억을 다시 더듬어 보게 되었다.

처음 두 번의 홀인원 상황에 모두 공통점이 있었으니, 소위 고.들.개.(고개 들면 개XX)를 수십 번씩 뇌까린 후에 정말로 번듯한 아이언 티샷을 하였고, 그 결과 홀인원의 행운이 찾아와 주었다.

첫번째 홀인원은 T골프장 17번 홀이었다. 그날 15번 홀까지의 성적은 매우 부진하였으나, 16번 홀에서는 멋진 티샷을 날리고 핀까지 약 60야드 정도 남았으니 딸아이가 선물한 머그잔의 만화처럼 '16번 홀의 버디'가 눈 앞에 보이는 듯하였다. 그런데 아뿔싸 헤드업을 하여 제주도인지 마라도인지 겨우 온그린을 시키고, 아주 어렵게 파 세이브를 하게 되었다.

다음 홀로 걸어가면서 몇십 번을 뇌까렸다.

"고개 들면 개XX, 고개 들면 개XX."

정말이지 오랜만에 헤드업 없는 좋은 티샷을 날렸고, 그것이 생애 첫 홀인원이 되었다.

제4장 독백 / 내가 죽어야 사는 골프   177

두번째의 홀인원은 J골프장 16번 홀이었다. 총무를 맡고 있던 모임의 단체 경기였는데, 15번 홀까지 거의 필드하키 수준의 골프를 하였던 것으로 기억난다. 우승, 메달은 물론 아무것도 건지지 못할 것 같아, 니어핀이 걸려 있는 16번 홀에서 니어리스트 상품이라도 하나 건져야 하겠다고 결심했다.

155미터의 비교적 긴 파 3홀이었고, 바로 핀 앞에 벙커가 있어서, 벙커를 살짝 넘는 탄도 높은 티샷을 쏘기로 하였다. 평상시 같으면, 니어핀과 상관없이 그린의 중후방을 겨냥하였겠지만, 어차피 '모 아니면 도'로 니어핀을 목표로 탄도 높은 티샷을 쏘기로 결심, '더 이상 헤드업은 없다, 고개 들면 개XX' 하면서 날린 5번 아이언 샷이 홀인원을 뽑아 내게 될 줄이야! 결국 두 번의 홀인원은 홀인원이 탄생하기 전까지, 비교적 유쾌하지 않았던 상황이 연출되었고, 그 결과 한방의 기적이 일어날 수 있었던 것 같다.

지금도 중요한 대목에서 샷을 준비할 때에 나는 이따금 '고.들.개.'를 구호처럼 되새기고는 한다. 몇 일 전에 어느 경제지의 골프 기자는 머.들.개.로 표현하였는데, 아마도 내가 '고.들.개. 홀인원'의 원조가 아닌가 한다. 비록 점잖치 못한 표현이지만, 효과는 꽤 있는 것 같다.

퍼터는 잘 닦았는감?

수년 전 어느 토요일, 골프 입문 이래 가장 가까운 거리에서 뼈 아픈 쓰리 퍼팅을 하였다. 후배들과 천룡 컨트리 클럽에 갔었는데, 세 사람이었기에 여유도 있고 해서, 룰에 따라 끝까지 홀아웃하기로 하고 아주 품위(?)있는 골프를 시작하였다.

첫째 홀 파 5홀로 드라이버와 우드 샷이 모두 완벽하였고, 피칭웨지를 쓴 써드 샷은 홀 옆 6피트에 붙었다. 첫 홀부터 버디의 향기가 코 끝을 스치는 순간이었다. 그런데 첫 퍼팅을 성공시키지 못하였다. 홀을 지나 볼은 약 30센티 지점에 섰다. 아주 가벼운 마음으로 탭인을 시도하였는데, 볼이 홀 옆으로 빗나갔다.

"이럴 수가?!"

나는 내 눈을 의심하지 않을 수 없었다. 도저히 상상도 할 수 없는 일이 일어났기 때문이었다.

그런데, 그 이유가 분명히 있었다. 물론 확실히 스트로크하지 못한 것이 나의 불찰이었지만, 그린에 모래를 뿌려 놓았고, 그 모래가 볼에도 붙어 있었고, 내 퍼터의 페이스에도 붙어 있었는데, 그만 모래끼리 부딪히면서 빗나가고 말았다. 만약 볼에 묻은 모래를 털어내고 다시 퍼팅을 하였다면 아마도 99.9%를 성공하였지도 모른다. 그 작은 모래알 한두 개가 게임의 흐름을 망쳤고, 최선의 노력을 하였으나, 잃어버린 퍼팅감은 끝내 잘 찾아오지 않았다.

쓰리 퍼팅 5번, 총 39개의 퍼팅을 하였는데, 이것은 금년도 최악의 퍼팅 기록이 되었다.

아무리 천룡 골프장의 그린이 난이도가 있다지만 첫 홀에서 퍼팅을 조금 더 신중히 하였다면 경기의 흐름이 이렇게나 망가지지는 않았다는 생각이다.

몇 년 전에 그렉노먼이 숏 퍼팅을 놓치고, 닉 팔도에게 6타 차의 리드를 뺏기고 허물어지던 그런 기억이 났다. 호랑이가 토끼 한 마리를 잡는 데에도 끝까지 최선을 다 한다. 비록 미세한 모래 한 알이지만, 퍼팅 전에 항상 퍼터를 깔끔히 닦아야 한다는 교훈을 얻은 셈이다. 골프장에서나 침실에서나······.

캐디가 당신의 등을 떠밀지라도……

본인의 실수나 본인의 판단 착오로 처벌을 받으면 덜 억울하다. 또 '다음에는 이런 실수 하지 말자' 뭐 이런 각오가 생기기도 한다. 그런데 남의 말대로 하였다가 잘못되면, '공연히 남의 말을 들어서…… 차라리 내 판단으로 할 것을……' 하는 후회가 커진다. 골프장에서는 플레이어와 캐디간에 가끔 이런 상황이 발생한다.

K씨가 휴가 때에 태국 골프장에서 그의 아들과 골프를 하였다. 몇 년 만에 아들과 함께 시간을 맞출 수 있었기에, K씨는 그 소중한 시간과 추억을 위하여 한 타 한 타를 아주 공들여 쳤다. 전반을 마치고 난 그는, 챔피온 티에서 +2를 쳤다는 사실에 마음이 흥분되기도 하였다. 후반 첫 홀도 그린을 놓친 후에 들어갈 뻔하였던 멋진 칩 샷으로 파를 세이브하고, 한층 고무된 분위기에서 11번 파 5홀에 올랐다.

540야드의 비교적 짧고 쉬운 파 5홀이라, 그는 이곳에서 공격적으로 버디 사냥을 염두에 두었다. 페어웨이 정 중앙을 가로지르는 멋진 티샷을 날렸다. 우드 세컨 샷만 안전하게 쳐 놓으면, 60야드 전후의 웨지 샷으로 버디를 노릴 수 있는 상황이었다. 그린 전방 우측으로

100야드 지점부터 연못이 있어, 조금 더 안전하게 왼쪽을 겨냥하여 세컨 샷을 날렸다.

아뿔싸, 너무 버디를 의식하였는지, 몸통 회전 없이 팔로 감아 친 샷은 훅이 나더니 급기야 왼쪽 OB선상의 나뭇가지를 맞췄다. K씨는 볼이 떨어지는 장면을 보지 못하였기에, 잠정구를 치려 하였다. 캐디는 서투른 영어로 "Safe입니다. 내가 떨어지는 것을 보았습니다"라고 하며 잠정구를 칠 필요가 없다는 것이었다.

그러나 막상 현장에 도달하니, 볼은 OB 말뚝을 약 20센티 벗어난 곳에 있었다. 캐디는 미안하다고 했지만, 돌아가자니 이미 뒤팀이 세컨 샷 지점까지 와 있고…… 할 수 없이 핀에서 110야드 떨어진 그곳에서 드롭을 하고 제 5타를 치게 되었다.

"만약에 잠정구를 쳤다면, 지금 보다 훨씬 좋은 곳에서, 훨씬 가까운 곳에서 제 5타를 칠 수 있었는데……."

캐디 말만 믿고 따라온 자신이 바보같이 여겨졌다.

어리석음을 자책하면서 친 110야드 샷은 그린을 놓쳤고, 어프로치도 핀에 붙이지 못했고, 마음이 흔들리더니 퍼팅도 좋지 않아 결국 트리플 보기를 하였다.

"버디를 노리던 홀에서 트리플 보기를 하다니, 최소한 더블 보기로 막을 수는 있었는데…… 차라리 잠정구를 친다고 강력하게 주장할 것을……."

다음 홀에서도, 그 다음 홀에서도 K씨의 머리 속에는 잠정구를 치지 않은 본인의 실수를 자책하는 마음이 가득하였고 결국 보기 행진이 계속되었다. 그늘 집에서 아들이 그에게 조언을 하였다.

"빨리 잊어버리세요. 그것이 한 손 싱글 되는 지름길입니다. 그리고 본인의 눈으로 확인이 되지 않았으면, 무조건 잠정구를 선언하고 치세요."

　마음의 평정을 찾은 K씨는 나머지 홀들을 모두 파로 마무리하여 +8의 나쁘지 않은 성적으로 라운드를 마칠 수 있었다. 그는 그 라운드에서 아주 중요한 교훈을 얻었다. 그것은 '아무리 캐디가 등을 떠밀지라도, 내 눈으로 확인되지 않은 상황이라면, 반드시 잠정구를 친다'는 것이었다.

골프장에서 십자가는 혼자 짊어지지 말라

싱글 핸디캐퍼 D씨는 골프장에서 캐디에게 굉장히 인기 있는 멤버이다. 그는 특별히 진행을 잘 도와주기 때문이다. 그는 보통 초보자 고객 세 사람과 접대 골프를 자주 하기 때문에, 좌탄 우탄 기관총 같이 날리는 일행의 볼도 잘 봐주고, 숲이나 러프에 들어 간 볼을 찾아주는 데도 일가견이 있다. 진행이 늦으면 캐디가 벌당에 걸릴까 봐 별것을 다 걱정하는 D씨는, 항상 앞뒤 팀 간격을 염두에 두고, 진행을 물 흐르듯이 도와준다.

그렇듯 그는 세심하게 남을 배려하는 인기 있는 회원이지만, 바로 그것이 그에게는 대단한 부담이요, 큰 짐이 되고 있다. 왜냐하면 그는 로우 핸디캐퍼로서 진행을 잘 도와주어야 한다는 강박관념이 있고, 그것은 다른 골프장에 초대를 받아 가서도 공연히 혼자서 느끼는 부담감이다.

그런데 그가 느닷없이 생각을 바꾸었다. 컨디션도 좋은 날에 금년도 시즌 최악의 스코어 89타를 기록한 뼈저린 경험을 한 후에 그는 앞으로는 절대로 십자가를 혼자 지지 않겠다고 결심을 하였다.

그의 사연은 이러했다. 거래처로부터 회사의 후배 임원 둘과 초대를 받아, 토요일 오전에 티 오프(tee off)를 하였다. 첫 홀은 장타자인 M이사가 혹이 나서 숲에 들어 갔다 나오면서 더블 보기, 나머지는 모두 보기를 하였고, 둘째 홀에서는 교타자 Y이사의 티샷이 의외로 혹이 나면서 수풀 깊은 곳으로 빠졌고, D씨는 티샷을 페어웨이 정중앙에 잘 쳐 놓았으나, Y이사의 볼을 찾다가 흐름이 끊겼고, 세컨 샷 토핑에 이어 써드 샷에 온그린을 시켰다. 한편 Y이사는 고생 끝에 파이브 온시켰고, 전체적으로 많은 시간이 지연되었다.

일행이 두 번째 퍼팅을 하기 훨씬 이전부터 뒤팀 일행 모두는 세컨 샷 지점에서 이미 오랫동안 홀 아웃하기를 기다리고 있었다. 모두 1미터 정도의 오르막 퍼팅이 남은 상황이고, 비록 짧은 거리이지만, Y이사의 경우 놓치면 OB없이 더블 파가 되기에, D씨가 "진행이 너무 늦었으니, 이번만 모두 기브합시다"라고 권하였으나, 원칙주의자 M이사가 "모두 끝까지 넣도록 합시다"라고 거절하였다.

숏 퍼팅의 달인이라고 평소 자부하던 D씨는 "내 퍼팅이 안 들어갈까 봐 구걸한다고 생각하나?" 등 쓸데없는 잡념이 떠올랐고, 불쾌함도 다소 느끼게 되자, 그 퍼팅은 결국 들어가지 않았다. 그 이후 퍼팅 감각을 잃은 D씨는, 쓰리 퍼팅을 계속적으로 하며 허물어졌고, 쓰리 퍼팅 후에는 티샷 오비를 내기도 하며, 때로는 그린에 떨어진 세컨 샷이 오비가 되는 불운까지 겹쳐 비록 끝까지 포기하지는 않았으나, 아주 비참하게 허물어졌다고 한다. 핸디를 준 후배들에게 그로스 스코어에서 졌으니 대패를 한 셈이었다.

D씨는 패인을 분석하다 보니, 우선적으로 진행을 돌봐야 한다는 그의 강박관념이 문제였다.

스스로 불안감을 조성하고, 압박을 받는다는 것이었다. 그가 싱글 동호회원들이나 선수 또는 프로들과 라운드하면서 전혀 진행의 부담을 느끼지 않으며 자기 볼을 칠 때에는 쉽게 70대 중반 스코어를 기록한다는 사실을 발견하게 되었기 때문이다.

그렇다. 슬로우 플레이는 배격되어야 하겠지만, 진행에 대하여 혼자서 십자가를 지는 것은 분명 좋은 매너임은 틀림없으나, 플레이어 본인에게는 결코 도움이 되지 않는다. 원활한 진행, 그것도 중요하지만 십자가는 구태여 혼자만 짊어질 필요가 없다는 사실이다.

저주의 부메랑

나쁜 샷은 그 이유가 딱 세 가지 중의 하나라고 생각한다.

첫째: 기본적으로 실력이 부족할 때

둘째: 자신감이 없을 때

셋째: 화가 나 있을 때.

최근 수차례 연속 70대 스코어를 기록하면서 한참 물이 올랐던 나에게 찬물을 끼얹는 사태가 발생하였다. 2주전 토요일 파 3홀 벙커에서 세컨 샷 오비를 내고, 다섯 게임 무벌타, 무 더블 보기 행진에 종지부을 찍게 되었다.

전반에 쉬운 스타팅 두 홀에서 주의부족으로 연속 보기를 한 후에 어렵게 흐름을 찾아 파 행진을 계속하면서 8번 홀 파3에 도착하였다. 바로 지난 번에 이 홀에서 버디를 하였기에, 이제 상승세를 몰아 또 버디 사냥을 해 보자는 기대감이 무척 앞섰던 것 같았다. 핀은 좌전방에 꼽혔고, 몸통 회전(Body Turn)이 부족하였던 부실한 스윙으로 훅이 걸려 벙커에 빠지게 되었다. 벙커쪽으로 걸어가며, 마음을 비웠다.

"그래 보기만 하자, 일단 그린 위로 안전히 나오자."

그러나 벙커 속의 내 볼을 발견하고는 끓어 오르는 분노를 참을 수가 없었다. 바로 어떤 사람의 고약한 발자국 속, 아주 좋지 않은 라이에 볼이 놓여 있었기 때문이었다.

"고얀 놈, 나쁜 자식, 무식한 인간. 자고로 그린과 벙커는 들어갈 때보다 나올 때 더 깨끗해야 하는 법인데, 이런 무식한 인간들이 골프장에 출입하다니⋯⋯ 이 친구는 아마 평생 100도 못 깰 꺼야."

누군지도 모르는 발자국 주인에게 심한 저주성 비난을 하였다. 사실 그렇게까지 분노하고, 욕할 필요는 없었는데⋯⋯.

가장 마음이 편한 상태, 무념무상에서 샷을 하여야 하는데, 분노와 욕설을 하면서 벙커 샷을 하였고, 그 결과 볼을 직접 때려 그린을 훌쩍 넘더니, 그만 반대편 숲속으로 오비 말뚝을 넘어 날아가 버렸다. 장외 홈런, OB였다. 나의 사랑하는 볼 하이 소프트는 그렇게 사라졌고, 결국 트리플 보기를 하였다. 일명 양파!

벙커 손질을 하지 않은 그 사람의 행위가 부적절한 것이었지만(클린턴 만큼?) 몰라서 그럴 수도 있었는데, 내가 지나치게 욕설과 비난을 퍼부어, 그것이 결국 부메랑이 되어 나에게 돌아온 것 같았다.

가슴 아픈 대가를 치루면서 중요한 교훈을 하나 얻은 셈이다.

"화가 나더라도 욕설을 퍼붓지 말라, 그 저주가 부메랑이 되어 다시 나를 해칠 수도 있다."

아들아, 그 홀인원의 의미를 알겠느냐?

골프가 다른 스포츠와 구별되는 것은, 또 유독 어렵다고 하는 것은, 골프 기량 이외에도 마인드 컨트롤이 중요하기 때문이다. 오늘은 우리 부자가 직접 체험한 골프 이야기를 소개하고자 한다. 지금은 KPGA 프로가 된 아들은 당시 만 19세의 쎄미프로였다. 12살 때 어린 나이에 초등학교를 마치자 본인의 뜻으로 한 곳에서 골프도 하고 공부도 제대로 할 수 있다는 학교를 찾아 호주로 떠나갔다. 아들이 호주에 유학하는 동안, 나는 여름 휴가 대신 한국의 겨울 특히 설날 연휴에 맞추어 호주에 아들을 만나러 가고는 하였다.

호주 모교에서 동계 훈련을 하고 있는 아들을 격려할 겸, 또 겨우내 못친 골프의 한(?)도 풀 겸 몇 년 만에 호주의 그 학교를 방문하였다. 그곳은 힐스라는 학교로 골프장, 기숙사가 한 곳에 있어서 나와 같은 골프광에게는 아주 훌륭한 시설이 아닐 수 없다. 몇 년 전에 내가 그 학교 한국 유학생 학부모회의 대표를 한 인연으로 아직도 교장, 골프 감독 코치들이 나의 방문을 환영하여 주고 있다.

박세리, 김미현, 서지현, 김주형 선수들이 국가 대표 시절에 훈련을 하였던 그곳인데 전장 7,551야드 파 72, 코스 레이팅 77의 어려운 골프장이다. 그곳 8번 209야드 파 3홀에서 나와 함께 라운드하던 아들이 맞바람에 친 2번 아이언 샷이 정확하게 핀을 향하여 나르더니 원 바운드 후에 홀인원이 되었다. 아들에게는 이번이 통산 세 번째 홀인원이었으나, 이 장면을 직접 본 아버지로서는 정말 엄청난 축복이 아닐 수 없다.

그런데 극적으로 이 홀인원이 나오기 전에는, 지루할 만큼 많은 인내의 시간이 있었다.

10홀부터 시작하여, 처음 7홀을 연속하여 파를 잡아 비교적 좋은 플레이를 벌이다가, 전반 마지막 두 홀에서 짧은 퍼팅을 연거푸 빠뜨리며 보기, 보기로 마무리하였고, 후반에도 아들의 샷은 좋았으나 퍼팅은 계속 빠졌으며, 특히 14, 15홀에 이어 16번 홀에서는 1미터짜리의 짧은 버디 퍼팅이 또 빠지자 마침내 아들의 얼굴은 험상 굳게 굳어져 버렸다.

솔직히 이야기해 나였어도 참기 어려운 상황이었다. 그러나 명색이 아비인데, 아들에게 좋은 이야기를 해주어야 하지 않겠는가? 그래서 내가 다음과 같이 이야기해 주었다.

"우리 부자가 이곳에서 건강한 모습으로 화목하게 볼을 치는 것만도 축복이 아니냐? 물론 볼이 잘 맞았으면 더 좋겠지만, 또 네가 언더파라도 쳐 주면 더 즐겁겠지만, 우리가 신이 아닌 이상 짧은 퍼팅도 계속 빠질 수 있고, 실제로 세계적인 선수들도 그런 실수를 하는 적이 많은데, 우리는 이제 남은 두 홀을 아주 기분좋게 치도록 하자. 내가 홀인원을 하였을 때 두 번 다 아주 형편없는 경기를 벌이다가 홀인원이 터졌던 경험이 있었는데 나쁜 일 속에서도 얼마든지 좋은 일이 생길 수 있는 것이 세상의 이치란다."

아들의 표정이 밝아지며, "이제 웃으면서 즐거운 마음으로 플레이할께요" 하였다. 그리고 즐거운 마음으로 친 아이언 티샷이 그에게 홀인원의 행운을 안겨주었다. 만약에 그가 긍정적으로 즐거운 마음으로 티 그라운드에 오르지 않고, 기분나쁜 상태에서 티샷을 하였다면 아마도 홀인원의 행운은 없었으리라. 분노의 상태에서는 절대로 좋은 샷이 나올 수 없기 때문이다.

골프, 무조건 기분좋게 플레이하여야 한다. 항상 기쁘고 즐겁고 감사하는 마음으로 플레이할 때에 또 어려움 속에서도 참고 견뎌내며 긍정적으로 생각할 때에 언제나 더 좋은 스코어가 만들어지는 법이다. 우리 부자에게 특히 아들에게, 골프에서 마음가짐이 얼마나 중요한 것인가를 일깨워 준 좋은 행운과 축복의 홀인원이었다. 이제 아들이 그 홀인원의 의미를 충분히 알았으리라 생각한다.

여러분은 항상 즐겁게 골프 치시고 모두 홀인원의 행운과 축복받으시길!

행운도 만들기 나름, 16번 홀의 버디

나는 16번 홀에서는 항상 잘 칠 수 있다는 자신감과 믿음이 생긴다. 실제로 16번 홀의 성적이 아주 좋으며, 두 번째 홀인원도 16번 홀에서 했다. 16번 홀에서 버디 숫자는 다른 홀의 세 배쯤 되고, 16번 홀에서 더블 보기가 2000년에는 전혀 없었고 2001년에는 두 번 있었다. 2년간 더블 보기 이상이 총 170개였지만 16번 홀에서는 단지 2개였다. 다른 홀의 1/4도 채 안 되는 숫자이다. 그리고 그 전통은 지금도 계속 되고 있고, 16번 홀에서는 또 쓰리 퍼팅도 거의 없다.

홈코스 8번 홀은 무난한 파 5홀이지만, 16번 홀은 무척 난이도가 있는 긴 파 3홀로 롱 아이언이나 우드를 사용해야 한다. 그렇기에 결코 홈 코스가 쉬워 잘 나오는 성적은 아니다.

정말로 과학적으로는 설명이 잘 안 된다. 그러나 나는 알고 있다. 그 이유는 바로 나의 믿음, 그리고 긍정적인 생각, 또 자기 최면의 효과란 것을……

딸아이가 몇 년 전 방학때에 호주로 어학연수를 갔다가 돌아오면서 예쁜 선물을 주었다. 만화가 그려진 머그잔이었는데, 병아리가 퍼터를 들고 홀에서 볼을 꺼내는 만화였고 그 밑에 '16번 홀의 버디'라는 제목이 그려져 있는 것이었다. "아빠가 이 만화처럼 버디를 자주 했으면 좋겠어요"라는 말을 속삭이면서…….

그리고 얼마 되지 않아서 제가 어떤 단체 모임에 참석을 하였고, 그날 따라 거의 필드하키 수준의 보기 플레이로 졸전을 벌이고 있었다. 마지막 파 3홀인 16홀에 오자, 나는 "니어 핀이라도 하나 건지자"고 생각했다. 마침 16번 홀이니 잘 칠 수 있다는 생각을 하면서 침착한 5번 아이언 티샷을 했고 그 티샷은 똑바로 날아가더니 170야드 전방의 컵 속으로 빨려 들어갔다. 버디가 아니라 홀인원이었다.

언제든지 16번 홀에 오면 엔돌핀이 오르고 어쩐지 잘 칠 것 같은 예감이 든다. 그리고 그 좋은 흐름은 대체로 마지막 홀까지 이어지는 편이다. 결국 골프는 공을 그저 똑바로 멀리치는 단순한 운동이 아니라 마음까지 다스려야 하는 종합 스포츠 예술이라고 생각한다. 언젠가 컬럼에서 말이 씨가 되는 것이니 가능한 한 부정적인 말이나 생각은 하지 말아야 한다고 강조하였었다. 그러나 그보다 한 단계 더 나아가서, 스스로 좋은 이미지를 자꾸 만들도록 긍정적인 생각을 갖고 또 긍정적인 자기 최면을 하게 되면 분명 아주 좋은 결과가 찾아온다는 점이다.

딸이 선물한 머그의 만화가 나에게 좋은 행운을 주었는데 결국 골프에서는 행운도 어느 정도, 본인이 만들고 가꾸기 나름이라고 믿는다. 여러분, 이제부턴 행운도 직접 만들어 갑시다.

버디한다 자랑말고, 더블 보기 추방하자!

가끔 이런 상황을 맞게 된다. 18홀에 숏 아이언으로 핀을 공략할 수 있는 지점으로 티샷을 잘 해 놓았는데, 벙커나 워터 해저드가 바로 핀 앞에 있는 경우, 과연 핀을 직접 공격해야 하는가? 평상시 같으면 안전하게 그린 중, 후방을 노린다거나, 혹시 직접 핀 공격이 실패할 경우 벌타를 맞는 상황이라면 군 시절 각개전투처럼 우회하는 작전을 쓸 것이다.

그런데 문제는 17홀을 마친 현재 +8인 상황일 경우, 만약에 버디를 하면 79타요, 안전하게 파를 하면 80의 스코어가 될 때에 나는 상당히 고민을 하게 되고, 대체로 70대 스코어를 위하여 공격하게 된다. 마음 속으로 80이나 81이 무슨 차이가 있겠는가 하면서…… 이런 상황에서 나는 대개 공격할 가치가 있다고 생각을 하는 편이었다. 그러나 과연 그럴까? 돌이켜보면, 의도했던 79타를 기록하는 경우보다는, 오히려 욕심 때문에 보기나 더블 보기를 함으로써 81타 또는 82타로 마감하여 씁쓸한 입맛을 다시며 집으로 돌아간 경우가 허다하다.

결정적으로 나의 생각을 바꾸게 한 사건이 있었으니 지난 해 가을

백암비스타 클럽 18번 홀 티샷은 그림같이 페어웨이 중앙을 갈랐고, 홀까지 남은 거리는 불과 90야드, 그러나 벙커를 넘자마자 꽂힌 핀의 위치는 약 10야드도 안 되는 좁은 간격이었다. 스코어 79를 외치며 피칭 웨지로 탄도 높은 샷을 쏘았다. 그러나 불행히도 그 샷은 엣지의 턱을 맞고 오히려 뒷걸음질, 온그린 대신 벙커로 굴러들었다. '이제는 80이라도 치자' 라고 마음을 먹은 것이 또 하나의 화근이 되었다.

벙커에 빠졌을 때, 안전하게 나와서 퍼팅으로 승부를 하였어야 했지만, 파를 하여야 한다는 강박관념 속에 한 벙커 샷은 깊은 턱을 넘지 못하고 다시 벙커로 굴러들었다. 우둔한 자는 꼭 손을 덴 후에야 난로가 뜨거운 것을 안다고……. 이번에는 벙커에서 안전하게 나오는 것에만 주력을 하고 샷을 하였다. 그린 중앙으로 잘 나온 좋은 샷이지만, 퍼팅은 홀의 가장자리를 돌고 빠졌다. 버디를 노린 홀에서 결국은 더블 보기로 끝이 났다.

차라리 처음부터 파를 목표로 핀 하이로 공격을 하였어야 했는데, 또 최소한 벙커에 빠졌을 때라도, 안전하게 그린으로 올린 후에 퍼팅으로 승부하였더라면……. 집으로 돌아오면서 나는 여러 번 굳게 다짐을 하였다.

"앞으로는 무조건 파로 만족하자, 실력 범위 내에서 파 작전으로 치고 버디가 찾아오는 것은 축복으로 여기자. 그리고 버디한다 자랑말고, 더블 보기 추방하자."

쓰러진 자는 놓아두라

구력 30년의 내기 골프 달인 K사장과 입문 첫해 손이 부르트도록 하루 1,000개식 연습 볼을 쳤다는 회계사 S는 시원한 장타를 구사하는 쌈닭형 싱글 핸디캐퍼이다. 두 사람 모두 언더파 스코어를 가끔 내는 실력인데. 이 두 사람에게는 공통점이 있다.

대학 선배인 K사장은 돈내기가 아니라면 내가 거의 맞놓고 쳐도 큰 차이가 없으나 단위가 큰 내기에서는 완전히 다른 사람으로 돌변한다. 놀라운 집중력은 물론이고 게임에 들어서면 피도 눈물도 없다.

또 후배인 회계사 S상무는 나에게 이렇게 이야기한다.

"선배님, 그렇게 마음이 좋으면 더 이상 잘 치실 수 없습니다. 클럽 챔피언은 꿈 깨세요. 상대를 죽일 때에는 확실히 죽여야 합니다. 돈을 아무리 땄어도 사정 봐줄 필요가 없습니다. 차라리 끝나고 돌려주실지언정 쓰러졌을 때엔 못 일어나게 확실히 밟아버려야 합니다."

사실 그 문제로 고민을 많이 하였다. 지난 50여 년을 살아오면서 테니스, 볼링, 당구, 고스톱 그리고 골프에 이르기까지 많은 내기를 해봤지만 내 스스로 뛰어난 싸움꾼이라고 생각해 본 적은 한번도 없다.

오히려 스스로를 평화유지군이라고 생각해 왔다.

　20여 년 전에 고스톱 열풍이 전국을 휩쓸었을 때, 고스톱판에서는 나만의 경기 철학이 있었다. 내 손에 아무리 좋은 패가 들려 있어도, 또 상대방이 역고를 할 가능성이 전혀 없고, 내가 쓰리고를 할 수 있는 상황이라도, 양쪽이 피바가지인 경우에 나는 언제나 스톱을 했다. 돈 따는 것이 아니라 즐기기 위한 것이 첫번째 목적이기 때문이었다. 그런 성향 때문에 골프에서도 누가 심하게 망가지면 위로해 주고, 볼도 같이 찾아주러 다니고, 리듬이 흐트러진 상대를 위해서 내 이익을 버리고 다소 희생하여 주는 성향이 있다. 가능하면 18홀 내내 모두가 즐거운 상생의 골프를 칠 수 있기를 바라는 마음에서이다. 좋은 매너이지만, 경기 측면에서만 보면 이것은 현명하지 않은 생각이다.

　왜냐하면 컨디션이 흐트러지는 것은 홍역처럼 순식간에 전염되는 무서운 병이기 때문이다. 갑자기 한 홀에서 동반자 전원이 죽을 쑨다거나, 모두 터무니없이 물이나 벙커에 빠진다거나 하는 것도 컨디션이 망가진 한 골퍼가 전체의 분위기를 하향 평준화시킨 것이기 때문이다. 그린에서도 쓰리펏을 밥 먹듯이 하는 골퍼가 하나 있으면 팀 전체의 퍼팅 수는 엄청 늘어나는 경우를 많이 봤다.

　나는 비록 더 이상 골프 실력이 늘지 못하더라도 동반자와 상생하는 골프를 추구하려고 하지만, 프로가 된 아들이 주니어 골퍼일 때 가끔 이런 이야기를 들려 준 적은 있다.

　─흐트러진 선수는 무시해라. 말도 걸지 말고 혼자 내버려두라. 그를 구하려다 너도 빠진다. 가능하면 눈을 마주치지도 말고, 네가 마커가 아니라면 볼도 찾아주지 마라. 비탈에 올라갔다 오면 흐름이 깨진다.

- 페어웨이를 걸을 때 오늘 잘 치고 있는 선수와 함께 걸어라. 조금 전에 티샷을 잘 친 선수와 걸어도 좋다. 전 홀에서 버디를 친 선수와 이야기하며 걸어가도 좋다.
- 헤매는 선수의 진행에 신경쓰지 말고, 그저 자기 샷만 제때에 제대로 한다. 그가 자기의 볼을 찾지 못하면 네 샷을 먼저 쳐라. 자칫하면 집중이 깨지기 때문이다. 위로의 말은 18홀 끝나고 해줘라.

클럽 선택, 자존심 버리고 실리를 취하라

외형을 중요시하는 경영자가 있는 것처럼 유독 체면을 중시하는 골퍼들이 있다. 회사의 수익성보다 화려한 매출액의 외형 성장을 중시하는 경영자와 거목사 클럽(거리에 목숨을 거는 사람들)의 골퍼들이 비슷한 성향을 갖고 있다고 본다.

나에게 뼈아픈 실수의 교훈이 있어 독자들의 간접 경험을 위해 공개하고자 밝힌다. 2년 전 겨울을 맞으며 6년 간 쓰던 G드라이버를 바꾸었다. 사실 그때 G드라이버는 구형이었지만 페어웨이 안착률이 75%를 넘어 티 그라운드에 설 때 언제든지 마음이 편하였었다. 그런데 신무기를 보유한 젊은 후배들과 라운드를 가끔 하면서 그들에게 뒤떨어지는 티샷 거리를 만회하여 보고자, 오로지 거리 욕심 때문에 E드라이버로 바꾸었다.

G드라이버는 동양인용 스펙으로 로프트 10도, 스윙 웨이트 D 0.5, 309그램이며 CPM 242였다(CPM이란 Cycle Per Minute로 1분간 진동 횟수를 말하며 샤프트가 딱딱할수록 높다).

새로 바꾼 E드라이버는 미국인 스펙으로 레귤러 샤프트이기에 그

정도는 문제가 없겠지 하며 사용했는데, 시간이 갈수록 페어웨이 안착률은 떨어져서, 과거에는 14개의 티샷 중 년 평균 10.5개가 좋은 샷이었던 것이, 9.5개 이하로 평균 1개 이상 줄었다.

물론 잘 맞았을 때 약 5야드 남짓 거리가 더 나가기는 했지만, 티샷의 종합 능력은 오히려 훨씬 떨어진 것이었다. 더구나 채에다 몸을 맞추려다 보니 모르는 사이에 오른팔로 때리는 현상이 생기기 시작했고, 혹시 연습을 많이 하는 날에는 왼쪽 어깨가 피곤해져야 하는데, 오른쪽 팔뚝이 피곤해지는 것이었다.

'명색이 싱글 핸디캐퍼인데 그 까짓 미국제 레귤러 샤프트에 질질 매서야 되겠는가?' 하며 계속 드라이버와 씨름을 하고 있었다. 그러다가 내용이 점점 나빠져서 더 이상 자존심만 내세울 수 없어 피팅 센터를 찾아 체크하였더니 CPM이 254로 판명되었다.

이것은 한국이나 일본 제품의 S 또는 SR에 해당되는 것이라 히터(Hitter)가 아니라 스윙거(Swinger)인 나에게는 그만큼 다루기 버거웠던 것이었다

그래서 샤프트를 거금을 들여 다른 회사 고급 제품으로 바꿨다. 약간 부드러워지기는 하였으나 피팅 센터 직원의 실수로 내가 기대하던 수준의 CPM은 나오지 않았다. '내가 싱글 핸디캐퍼인데……' 하는 자존심으로 또 바뀐 샤프트와 씨름을 벌였으나, 한 번 믿음이 사라진 클럽이요 샤프트이다 보니 결국 과거의 좋은 페어웨이 안착률은 찾기 어려웠다. 1년 가량을 더 씨름하였으나 페어웨이 안착률은 9.0개 수준으로 더 떨어졌다. 더 이상 감당할 수 없게 되어 E드라이버를 스타일이 맞는 P선배에게 증정하고, 큰 헤드를 좋아하지 않는 나의 성향으로 몇 년 된 T사의 모델로 바꿨다.

그리고 지금은 티 그라운드에 설 때마다 자신 있게 휘두른다. 물론 E드라이버보다 거리가 더 나간다고는 할 수 없지만, 훨씬 티샷의 방향성이 좋아지니 플레이하기가 매우 쉬워졌고, 골프가 더욱 행복해졌다. 혹시 젊은 후배들에게 티샷 거리가 10~20야드 뒤떨어진다 하여도, 더 이상 외형에는 크게 개의치 않고 세컨 샷의 방향성, 그리고 숏 게임의 치밀한 전략으로 대응하기로 했다.

결국 티샷 거리와 같은 외형에는 다소 떨어지더라도, 안전한 곳으로 똑바로 보내는 티샷의 안정성을 중시하고 오직 골프는 스코어로 말한다는 신념으로 수익성 제고를 위한 실리의 골프를 치기로 결심한 때문이다. 골프는 자기 스타일과 자기의 체력에 맞는 클럽으로 편하게 쳐야 더욱 일관성 있는 경기를 할 수 있다. 아직도 주니어 골퍼들이나 나이가 많은 골퍼들이 몸에 버거운 낮은 로프트의 클럽이나 강한 샤프트의 클럽을 무리하게 사용하는 것을 흔히 보게 된다. 시니어들의 경우는 로프트가 큰 3번 우드나 샤프트가 부드러운 여성용 드라이버로 거리를 더 낼 수 있을지 모른다.

그렇지만 클럽 선택에 자존심을 버리고 실리를 취할 때 더 행복한 스코어가 보장된다는 점을 잊지 말아야 한다.

뽑은 채도 다시 보자

　10년 전의 이야기이다. 동창생 물싱글들끼리 자존심을 건 한 판 승부였다. 스트로크당 5천원, 스킨스는 홀당 1만원으로 시합처럼 제한 없이 끝까지 세는 조건이었다. 엎치락뒤치락하면서 13홀까지 왔다. 특별히 잃은 사람도 없고, 딴 사람도 없었으며 스킨은 하나도 획득한 사람 없이 12개가 쌓여 있었으니 한 타 한 타 제법 긴장되는 상황이었다. 그 당시만 해도 1캐디 1백이었으므로, 캐디들도 모두 자기 손님을 열심히 응원하고 있었고 게임의 열기가 제법 고조된 분위기였다.
　12홀에서 보기를 친 내가 말구가 되었다. 어느 캐디가 이렇게 이야기하였다.
　"여긴 서비스 홀이에요."
　겨우 340야드짜리 파 4홀이었다. 오너인 친구가 회심의 티샷을 날렸다. 힘이 잔뜩 들어간 그의 샷은 왼쪽으로 감기더니 오비 말뚝을 훌렁 넘었다.
　"오, 원 아웃!"
　남의 불행은 나의 행복인 양 콧노래를 부르며 올라간 2번 타자는 그 반대 방향으로 심한 슬라이스가 나더니 우측으로 OB가 났다.

"오, 예스 투 아웃!"

두 사람이 쓰러지자 세번째 친구는 어깨를 으쓱이며 티잉 그라운드에 올랐다. 그러나 그의 힘찬 티샷은 토핑이 되어 바로 코 앞에 떨어지고 말았다. 말구였던 필자는 그립을 내려잡고, 거리 욕심을 버리며 침착하게 안전한 티샷을 하였다.

토핑을 하여 티샷을 바로 티 그라운드 앞의 러프에 빠뜨린 친구는 그곳에서부터 필드하키를 시작하더니 네 번째 샷에서 겨우 볼을 그린 엣지로 보낸 것이었다. OB를 낸 두 친구는 OB티 구역에서 4타를 치기로 하였다.

정말로 황금의 노마크 찬스였다. 내가 친 볼은 핀까지 130야드 정도 남았고 페어웨이 중앙 아주 좋은 라이에 놓여 있었다. 파만 쳐도 확실히 스킨즈를 모두 가져 올 수 있는데, '만약 버디라도 한 방 때리면?' 그야말로 빈집에 소 들어오는 격이 되었다.

흐뭇한 미소를 지으며 캐디에게 말했다.

"9번 아이언 주세요."

"여기 있어요."

캐디가 건네 준 클럽을 받고, 몇 번이고 뇌까렸다.

"헤드업하지 말고 차분하게 치자. 서두르지 말자. 여기서 확실히 승부를 내자."

침착하고 자신 있게 친 샷은 핀을 향하여 똑바로 날아갔다. 그런데, 그런데, 그 볼은 이상하게 한참을 날아가더니 핀 옆에 떨어진 것이 아니라, 그린을 훌쩍 넘어 뒷편의 오비 구역 러프에 직구로 날아가 박혔다.

"아니, 이럴 수가?"

도저히 믿을 수가 없는 상황이었다. 망연자실 어이 없어 하는 내 옆에서 캐디는 울상을 하며 고개를 푹 숙이고 있었다. 순간 느낌이 이상하여 내 클럽의 바닥을 들여다보았다. 으악, 9번이 아니라 6번이었다.

빈집에 들어오던 금송아지가 펑 하는 마술로 순식간에 허공 속으로 사라진 셈이다. 그때 그 라운드 이후 지금까지 변하지 않는 구호가 하나 있다.

"꺼진 불은 물론이고, 뽑은 채도 다시 보자."

제5장

경영 : MBA 성공하는 골프*

....
＊) [경기 이코노미 21] 월간 경제지에 2002년 4월 창간호부터 현재까지 연재된 내용.

존경받는 골퍼의 열 가지 성공 비결

골프는 즐거움을 위해서 하는 것이다. 그 즐거움은 좋은 동반자와의 반갑고 귀한 만남에서 더욱 커지며 좋은 스코어를 이룰 때에 그 기쁨은 배가 된다.

골프를 하다 보면 누구에게나 좋은 파트너가 되는 사람들이 있다. 그런 동반자와의 라운드는 무척 즐겁다. 그렇다면 존경받는 그들의 성공 비결과 덕목은 무엇일까? 골프는 기량만을 다루는 단순한 스포츠이기 보다는 마음까지 다스리는 철학적 스포츠이기 때문에 성공한 경영자와 유능한 골퍼의 덕목이 매우 비슷하다고 생각한다.

동반자들에게 인기 있고 실제 볼도 잘 치는 골퍼는 다음과 같은 특성을 가지고 있다.

하나. 언제나 웃음짓는 골퍼

동반자가 침울한 표정을 지을 때에 팀 전체의 스코어가 대체로 하향 평준화가 된다.

OB를 내면 껄껄 웃고, 쓰리 퍼팅을 한 후에 콧노래를 부르는 여유,

내기에 졌어도 웃음을 잃지 않는 골퍼는 자주 초대받고 빨리 실력이 느는다.

둘. '네 덕이요, 내 탓이다' 동반자와 캐디에게 겸손한 골퍼

실제로 많은 골퍼들이 실수의 원인으로 남의 탓을 하는 경우가 많다. 동반자가 잘못을 하여 미안함을 느낄 때 탓하지 않고 잘 감싸주는 골퍼는 캐디와 동반자가 모두 잘 치라고 빌어준다.

셋. 상대방의 장점을 칭찬하며 배우는 골퍼

모방은 제2의 창조가 아닌가? 그러나 골프에서는 모방이 제1의 창조도 된다. 때로는 싱글 핸디캐퍼도 핸디 30에게 배울 장점이 있는 법이다.

넷. 스코어보다는 연습량을 자랑할 줄 아는 솔직한 골퍼

"바빠서 연습은 통 못 하는데, 항상 스코어는 좋아"라고 뻐기다 핸디 많이 달라고 조르는 골퍼보다, "스코어는 좋지 않지만, 개선을 위해서 열심히 노력하고 있지"라고 말하는 골퍼. 개인의 골프 경영도 투명성을 확보해야 건실해진다.

다섯. 충고를 열심히 경청하는 골퍼

100만 깨지면 흡사 상급자라도 된 듯 착각하는 골퍼가 많다. 에티켓이나 마인드 콘트롤, 코스 매니지먼트에 이르기까지 좋은 충고는 잘 듣고 가려서 적용하여야 한다. 그러나 귀가 너무 엷어도 문제는 있다.

여섯. 나에게 인색하고 남에게 관대한 골퍼

상대에게 주는 기브(Gimmie)가 더 길고, 멀리건은 받지 않고 주기만 하려는 골퍼. 대체로 동반자들은 이런 골퍼를 좋아하고, 기브와 멀리건을 상습적으로 즐겨 받는 골퍼는 실제 상급자가 되는 일이 거의 없다.

일곱. 자신의 몸을 건강히 돌보는 골퍼

아무리 기량이 뛰어나도 후반에 무너지면 좋은 결과는 없다. 또 하체가 부실한데 스윙이 잘 될 수 있는가? 건강한 골퍼라야 결국 볼을 잘 친다.

여덟. 실패에서 꼭 교훈을 얻으려는 골퍼

우둔한 사람은 난로에 손을 데고, 돌아서서 또 손을 덴다. 골프는 실수를 줄이는 경기. 같은 실수를 반복하지 않을 때 강호의 대열에 낄 수 있다.

아홉. 험한 트러블 속에서도 희망을 잃지 않는 골퍼

구하지 않는데 주겠는가? 찾지 않는데 길이 열리겠는가? 호랑이에게 물려가도 정신만 차리면 살아날 수 있는 법, 험한 트러블 속에서도 희망을 가지고 결코 포기하지 않는 골퍼가 성공한다.

열. 한 타의 가치를 소중히 다루며 즐겁게 플레이하는 골퍼

때로는 너무 쉽게 포기하여 동반자들을 맥 빠지게 하는 골퍼도 있다. 한 타 한 타를 아끼고 최선을 다하는 모습에 동반자들은 찬사를 보

낸다. 따지고 보면 매 샷이 당신의 남은 골프 인생에 있어 중요한 첫 샷이 아닌가?

여러분은 열 개의 특성을 다 가지고 있을까요? 또한 최경주 선수나 박세리 선수는 어떨까요?

수신제가치국평천하

미국의 경제계에서는 골프를 잘 치는 경영자가 회사 경영 실적이 좋고, 그 회사의 주가는 골프를 치지 않는 경영자의 회사보다 훨씬 높다고 알려져 있다. 눈코뜰새없이 바쁘게 움직이는 경영자들의 골프 스코어가 일반 골퍼보다 상대적으로 좋은 것은 무슨 이유일까?

그것은 한 마디로 골프 라운드에도 알게 모르게 경영 마인드를 가지고 있기 때문이다.

'골프는 남과의 경쟁이 아니고 자신과의 경쟁, 자연과의 싸움이다'라고 흔히들 표현한다. 그러나 성숙한 골퍼에게는 또 경영자 골퍼에게는 '동반자와의 친목, 자아의 실현 그리고 자연과의 멋진 어울림'이다. 골프의 궁극적 목표는 자연 속에서 나와 동반자의 즐거움일 것이고 따라서 골프는 단순한 운동이 아니라 자신과 동반자 그리고 자연을 함께 경영하는 종합 예술이다. 필자는 修身齊家治國平天下의 원리를 골프 라운드 경영의 황금률(Golden Rule)로 생각한다.

1. 修身 : 우선 자신을 알고, 다듬는다.

   골프는 속도나 거리의 제한 같은 것이 없이, 각자 능력껏 자율적으로 플레이를 하게 된다.

   따라서 자신의 능력의 한계를 알고, 또 자신의 스타일과 장·단점을 파악하여 강한 것은 더욱 발전시키고, 부족한 것은 보충하거나 피함으로써 자신의 능력 범위 내에서 가장 효율적인 결과를 만들어 내는 것이 필요하다. 잘 될 때 더욱 겸손하고, 안 될 때 인내하며, 크게 기뻐하거나 노하지 않도록 마음을 다스린다. 또한 자신에게 가장 적합한 장비를 고르는 것도 중요한 일이다.

2. 齊家 : 함께 어울리는 동반자, 캐디를 내 형제처럼 가깝게 보살핀다.

   바쁜 시간을 쪼개서 어렵게 만든 골프 약속이 아닌가? 이 귀한 시간을 함께 하여 준 동반자는 대 여섯 시간의 골프 여정을 함께하는 아주 소중한 벗이요, 형제 자매이다. 비록 봉사료를 주고 고용한 캐디 도우미이지만, 라운드 중에는 좋은 조언과 일깨움을 줄 수 있으므로 골프 코치를 임시로 고용한 것이나 다름없다. 따라서 동반자들을 경쟁 상대로 생각하는 좁은 의미의 골프 경기가 아니라, 동반자와 함께 꾸려가는 골프 여정으로 생각하면 훨씬 즐거운 이벤트가 된다.

3. 治國 : 골프장과 자연 환경을 다스린다.

   골프장 한 홀, 한 홀마다 설계자가 의도한 것들이 있다. 무리하게 공격을 하다가 실패할 경우 심한 벌타의 처벌을 받도록 되어 있는 홀, 너무 소극적으로 플레이하면 절대로 정복할 수 없는 홀, 쉬운 듯하여

선불리 덤볐다가 큰코다치는 홀 등 매 홀마다 그 특성이 있는 법. 자기의 능력 범위 내에서 가장 적합한 게임 플랜을 세워 계획성 있게 공략한다. 또한 바람, 비, 햇볕, 때로는 안개, 서리에 이르기까지 각종 자연현상이 골프에 미치는 영향이 의외로 적지 않다. 자연과 싸워 이긴다는 교만함보다는 자연에 순응하고 오히려 이를 적절히 이용하는 슬기가 골프장과 자연환경을 다스리는 지혜이다.

4. 平天下 : 그리고 좋은 스코어와 좋은 골프 효과를 얻는다.

비즈니스 골프이건, 친목 골프이건, 내 자신과 동반자 모두가 즐거운 가운데, 모두 좋은 스코어를 이루었으니, 모두 다시 이 좋은 모임을 갖기를 원할 것이고 아주 행복한 마음으로 다음을 기약한다. 바로 이것이 자신과 동반자가 함께 성공하는 'Win-Win Golf'의 좋은 모습으로 바람직한 골프 라운드 경영이고, 우리 모두가 추구하는 '골프의 道'라고 생각한다.

싱글 골퍼의 첫 걸음, '네 자신을 알라'

    손자병법에 지피지기(知彼知己)하면 백전불태(百戰不殆)라고 하였고, 유명한 소크라테스는 '네 자신을 알라'고 강조하였다. 골프는 자신이 연출, 감독, 주연을 하는 한 편의 드라마이자, 라운드 종합경영이며 그 점에서 상대와 직접 부딪치는 다른 스포츠와 크게 구별된다. 성공한 경영자와 상급자 골퍼의 공통점 하나는 자기 자신을 잘 알고 있다는 사실이다. 경영자들은 자기 자신과 회사의 강점 그리고 취약점을 잘 알고 있으며, 프로 골퍼나 아마추어 상급자는 자기의 스타일, 장점, 단점이 무엇인가 정확히 알고 있다.

    경영자들은 회사 제품의 특성을 정확히 알고 있으며, 자사 제품의 장점을 키워서 타사 제품과의 경쟁력을 기르는 한편, 단점은 빨리 극복하기 위하여 R&D(조사&개발)에 투자하고 QC(품질관리)를 한다.

    마찬가지로 유능한 골퍼의 경우, 자신의 특성, 능력, 장점, 부족한 점, 자신의 기록을 정확히 파악하여 장점으로 승부하고, 특별한 위닝 샷을 갖고 있으며, 부족한 점은 배우고 개선하여 스트로크의 낭비를 없애기 위하여 부단히 노력한다.

필자의 경우 자신의 스타일, 능력 그리고 라운드와 관련된 모든 기록을 아주 자세히 알고 있다. 그리고 언제나 내 능력 범위 내에서 가장 효과적인 방법을 추구하는 라운드를 하고, 절대로 크게 무리하지 않는 경기를 펼친다. 구력 13년 라운드경험 740회, 주 1회 남짓 라운드하는 주말 골퍼인 필자로서는, 프로나 클럽 참피온과 같은 플레이를 펼칠 수가 없다는 것을 잘 알고 있다. 동네의 조그만 구멍가게가 대그룹이 경영하는 대형 할인매장과 같은 방법으로 경쟁하며 영업할 수는 없는 것 아닌가?

그러나 평균 주 1회의 주말 골퍼가 또 더구나 타고난 운동 신경이 매우 부족함에도 핸디캡 6을 유지할 수 있는 것은, 비록 화려한 경기를 펼치지는 못하지만, 능력 범위 내에서 가장 효과적인 방법으로 플레이하고, 가장 적은 비용과 시간으로 효율적인 연습 방법을 찾아 추구하였기에 가능했다고 본다. 그리고 그것은 많은 것을 기록하고 분석하여 자기 자신에 대한 정확한 정보를 가지고 통계에 기초한 전략 골프를 추구하기 때문에 가능한 것이라고 믿는다. 독자들께서는 자신의 골프를 얼마나 아는지 다음의 질문을 하여 보시라.

- 클럽 별로 정확한 거리를 아는가? (드라이버 235야드, 7번 150야드)
- 실제로 그 클럽들을 정확하게 다루는가? (D. 5W: 능숙, 3W 3I: 미숙)
- 매 라운드에 얼마나 자주 실수를 하는가? (평균 7~10회)
- 라운드시 클럽 별로 몇 회나 사용하는가? (D 14회, 5W 3회…… PW 8회 등)

- 구질은 어떤 것이며 일관성은 있는가? (약간 드로우로 일관적)
- 샷에 실수를 하였을 때 그 유형은 어떤 것인가? (피니시 부족시 짧게 우측으로 커팅)
- 가장 자신 있는 클럽은 무엇인가? (8I. PW)
- 그린 주변에서의 어프로치 샷 중 자신 있는 방법은 무엇인가? (피치 & 런)
- 2미터 거리의 퍼팅은 몇 퍼센트나 성공하는가? (35%)
- 페어웨이 적중율, 정규타수 파 온률을 아는가? (10.5/14, 8.9/18)
- 라운드당 쓰리 퍼팅과 평균퍼팅 횟수를 아는가? (1.5, 33.2)
- 라운드당, 벌타는 몇 회이며, 파 보다 좋은 성적은 몇 홀인가? (0.3/R, 10.5/18)
- 마음을 잘 다스리는가? (실수가 계속 3번 정도 나왔을 때를 빼고는 잘 다스리는 편)

   위에 적은 것은 단순한 예이며 괄호 안의 숫자는 필자의 기록을 예로 들었다.

   위와 같이 자신의 골프 스타일과 능력 그리고 통계들을 정확히 파악하지 않고서는 효과적인 연습 방법이나, 효율적인 라운드 전략을 짜기가 매우 어렵다. 전략 없는 골프는 마치 회사를 주먹구구식으로 운영하는 것과 크게 다를 바가 없다. 시간과 경비를 절약하며 골프를 잘 치기 위하여는 우선적으로 자기 자신의 능력과 플레이 유형을 잘 알고, 그 기초 위에 효과적인 연습 방법과 전략을 보강하여야만, 비로소 기초가 단단한 라운드 경영의 초석이 다져진다. 네 자신을 알라, 그것이 싱글 골프의 첫걸음이다.

거물 골퍼들의 3덕목 : 소언 · 호문 · 치대

친구와 늦은 점심을 먹던 중 M방송에서 도올 선생 강의 마지막 회가 재방송 될 때 칠판에 써 있는 글을 발견하였다. 그것은 도올 선생이 대통령에게 드리는 충고의 말씀이라고 했다. 그 프로그램을 보지는 못하였지만, 평상시 골프와 경영을 주제로 다루어 보고자 했던 생각과 비슷하여 감히 도올 선생의 논리를 골프 컬럼에 한 번 올려 보고자 한다.

〈소언(小言)〉

언제나 침묵이 금이라고 이야기할 수는 없지만, 회사의 경영자나 비즈니스 골프의 초청자나 모두 말을 아끼는 것이 좋다. 회사에서 CEO나 중역들이 너무 말을 많이 하다 보면, 스태프들이 집중을 하지 못한다. 핵심적인 목표에 대하여 명확히 하는 정도로 말은 아끼고 생활에서 모범을 보여야 진정한 솔선수범의 좋은 리더십을 발휘할 수 있다.

골프에서도 말을 많이 하다 보면 실수가 따르게 되고 불필요한 말

은 동반자들의 라운드에 적지 않게 방해가 되기도 한다. D사 L회장님과 라운드를 하게 되면, 경기에 집중할 수 있어서 좋다. 그 분은 티잉 그라운드와 그린에서는 절대 말씀을 하지 않으시니까, 그저 게임에만 몰두를 하면 되는 좋은 분위기가 연출된다.

물론 티샷을 마친 후 세컨 샷 지점으로 걸어가면서 재미있는 이야기도 나누지만, 세컨 샷 지점 이전부터 다시 말씀이 없어지고 진지한 골퍼의 모습으로 바뀐다.

〈호문(好問)〉

경제 각료를 지내신 K원장님은 핸디캡 12 정도의 준수한 골퍼이다. 30여 년 전 미국 유학 시절에 골프에 입문하셨다는 그 분은 미국에서 독학으로 연구하며 골프를 익힌 분인데, 요즈음도 경제신문에 자주 컬럼을 쓰실 정도로 학구적이다.

나는 그 분과 골프를 할 때에 언제나 즐겁다. 대선배이지만, 골프장에선 나를 확실히 상급자로 대우하여 주시기 때문에 나는 더더욱 모범적인 모습을 보여드리려고 노력하게 된다. 그 분은 그늘 집이거나, 또는 라운드 후에 식사를 할 때에 많은 질문을 하신다. 본인의 실력이 좋으면서도 질문하시기를 좋아하며, 한 가지라도 더 깨우쳐서 본인의 실력을 발전시키려고 한다. 그 덕분에 K원장님은 최근 피니시 때 오른쪽 발에 체중이 남던 증세를 고치고 비거리를 늘리셨다.

〈치대(治大)〉

경찰 총수를 지내신 전직 장관 A회장님은 체력면에서 젊은이들에게 못지 않는 노익장을 과시한다. 월남에서 골프에 입문하신 그 분은 젊은 시절 꽤 장타를 치셨고, 핸디캡도 확실한 싱글이었다. 가는 세월을 막을 수는 없지만, 지금도 티샷 거리가 섭섭치 않게 나가고, 골프가 맞는 날이면 70 후반 스코어도 기록해서 머지않아 에이지 슈터가 되실지도 모른다.

그 분의 골프 설계는 기본적으로 틀이 크다. 손목 코킹이나, 작은 동작의 잔재주 같은 것은 그다지 관심이 없고, 대신 단전 호흡이나 기본 체력 유지 운동을 통하여 건강하고 단단한 하체를 유지하여 그 토대 위에 좋은 스윙으로 거리도 내고 공격적인 골프를 추구하신다.

비록 한 샷 한 샷을 성의 있게 치지만, 경기 전체를 디자인하고 감독하듯 큰 작전의 바탕에서 플레이를 하신다. 따라서 그 분의 골프에는 이랬다 저랬다 하는 변덕스러운 스타일을 전혀 찾아 볼 수가 없어 시원하다. 그 분은 크게 다스리는 스타일의 골프를 치시기에 동반자로서는 아주 시원시원한 골프를 함께 즐길 수 있다.

바이블에서 배우는 골프 전략 십계명

　'지구상의 가장 좋은 경영학 교본이 성경이고, 최고의 환경 매뉴얼도 성경이다' 라는 말을 많이 들었다. 그렇다면 스코어의 약 절반이 전략과 마인드 컨트롤에 달렸다는 골프는 과연 어떨까? 사랑이 넘치는 만남과 성숙한 골프를 추구함에는 성경이야말로 최고의 마인드 컨트롤 교재가 아닌가 한다. 성경에 배울 수 있는 골프 전략을 마인드 컨트롤 측면에서 살펴 보기로 한다.

1. 매사에 감사하라.

　좋은 스코어는 만족감으로 정신적 감사.
　나쁜 스코어는 산으로 들로 운동을 많이 해서 육체적으로 감사.
　동반자에 감사, 특히 초보자를 보내 주심에 더 감사.
　OB와 해저드, 로스트 볼도 교만하지 말라고 가르쳐 주신 것에 감사.

2. 네 이웃을 사랑하라.

동반자의 행복이 나의 행복, 잘 치라고 기도하면 남도 날 위해 빌어 준다.

도우미는 내 여동생, 어려운데 핀 꼽은 그린 키퍼는 나의 조련사.

늑장부리는 앞팀, 재촉하는 뒷팀, 모두가 나의 형제.

3. 누구든지 공경하라.

굼벵이도 구르는 재주는 있고, 초보자에게서도 배울 점이 있다.

상급자 골퍼는 나의 목자로 존경하고, 초보자는 어린 양처럼 이끌어 주자.

잘 키운 라이벌, 열 사부 안 부럽다(보고 배우는 벤치 마킹이다).

4. 네 자신을 알라.

주제 파악하라. 능력 범위 안에서 최선을 다 하라(70% 성공 확률을!)

네 보폭을 알고, 위닝 샷은 자기 구질대로 승부하라.

자신을 믿고 담대하게 치면 사망의 골짜기를 지나 푸른 초장에 볼이 놓인다.

5. 높은 곳을 향하라.

네버 업, 네버 인(Never up, never in), 못 미치면 안 들어간다.

물은 위에서 아래로 흐른다. 프로 라인으로 위에다 쏴야 더 잘 들어간다.

모든 샷은 핀 하이, 벙커 샷, 트러블 샷도 피니시 하이, 동반자 칭찬은 하이파이브!

6. 인내로 승리하라.

네 시작은 미약하나 끝은 창대하리라(첫 홀 OB 후 1901년 브리티시 오픈 우승했다).

참는 자의 지혜 그리고 진정한 용기는 레이업. 잘라 치기.

화를 품고 홀을 떠나지 마라. 쓰리퍼트 성질 내면 티샷도 토핑한다.

7. 묵상하라.

골프장 가는 길엔 찬송가가 최고, 마음을 경건히

매 샷 전에 묵상으로 프리 샷 루틴

실수 후에는 반성으로 한 번 더 포스트 샷 루틴

8. 유혹을 멀리하라.

군대시절 각개전투 원칙: 벙커, 워터, OB는 우회하라.

멀리 치려 하면 욕심이 죽음을 부르고, 길게 치려 하면 웃음과 상금이 온다.

티샷 잘 해 놓았을 때, 버디 노린다고 김칫국부터 마시면 토핑한다.

9. 거짓 증거하지 말라.

라이 개선을 위해 풋 웨지(Foot Wedge: 발로 툭 차 놓기)를 사용하지 마라.

숲에서 손으로 던져놓고 잘못을 빌지 말고, 기도하고 클럽으로 쳐라.

정확하게 적어야 내 역사가 바로 선다(멀리건은 주되 받지는 마라).

10. 탐욕하지 마라.

어쩌다 한방의 횡재를 바라지 마라('혹시나'는 '역시나'를 낳는다).

스코어보다 돈 계산 먼저 생각하여 실수하는 과오를 범하지 마라.

골프장에서 얻은 재물 쌓아 놓지 마라(싱글 골퍼가 천국 가긴 낙타가 바늘구멍 들어가기).

실패하는 골퍼의 세 가지 악습

    연습장에서 볼을 칠 때 보면, 또 스윙이나 퍼팅하는 것을 보면, 상당한 실력자로 보이는 데 막상 필드에서 함께 라운드를 하면 의외로 기대 이하의 스코어를 기록하는 골퍼들을 쉽게 만날 수 있다. 저렇게 장타에다 방향성도 좋은데 왜 수시로 하수 같은 스코어를 낼까?

    그것은 장타를 이루는 파워, 좋은 방향을 만드는 스윙 테크닉의 좋은 하드웨어가 있어도, 코스 매니지먼트와 멘탈 컨트롤 소프트웨어가 맞아 떨어지지 않기 때문이다. 회사의 외형은 번듯한데 수익성이 떨어져 실속이 없는 것과 같은 이치이다. 지난 십여 년 간 함께 라운드한 골퍼들 중에서 분명 잘 칠 수 있는 능력을 충분히 갖추고도 형편 없는 라운드를 하였던 경우를 돌이켜 보면 대체로 몇 가지의 공통점이 있었다. 이것은 물론 필자 자신의 경험으로도 뒷받침되는 이야기이기도 하다. 무엇이 라운드를 망치게 하는가. 그 대표적인 세 가지 나쁜 습관을 살펴 보기로 한다.

생각 따로 행동 따로, '따로 국밥'

언행불일치(言行 不一致)라는 말이 있다. '말은 번지르르한데, 행동은 영 아니다'인 것처럼 골프장에서 계획과 실천이 완전히 따로 따로 노는 꼴이다. 라운드를 시작하기 전에, 때로는 홀마다 몇 번이고 다짐을 했을 것이다. '오늘은 정말 차분한 마음으로 제대로 전략을 세워 공략을 해 보아야지' '이번 홀은 핸디캡 1번 홀이니 정말 조심해서 분수껏 쳐야지'라고 다짐했으나, 일단 티잉 그라운드에 오르면, 다 잊어버리고 다시 '돌격 앞으로'로 변한다는 점이다.

'내가 왕년에', 왕자병

대한민국 골퍼들은 '남들이 나를 어떻게 볼까?'하는 의식이 유독 강하다. 무언가 남에게 보여주려고 하는 허세성 왕자병 증세는 라운드를 망치는 데 크게 일조를 한다. 어쩌다 한 번 잘 맞은 티샷, 바로 그것이 자기의 평균 비거리라도 되는 양, 자기가 제2의 존 댈리라고 착각하고 힘차게 때리게 된다.

필자도 어쩌다 한번 잘 맞은 티샷이 295야드를 쳐서 큰 시합에서 롱기스트를 수상한 적이 있는데, 그 이후 '내가 왕년에'라는 왕자병 증세가 치료될 때까지 불필요한 실수를 수도 없이 했던 경험이 있다. 또 어쩌다 한번 들어간 20미터 롱 퍼팅이 자기 실력인 양, 함부로 덤비면 그야말로 쓰리 퍼팅을 밥 먹듯이 하게 되는 우를 범한다. 왕자여 이제 꿈 깨고 그만 평민으로 돌아가라.

죽음에 이르는 병, '죽어도 Go'

무모한 황소 고집을 초지일관(初志一貫)과 혼돈하지 말라. 우드 한 자루로 서너 번씩 같은 실수를 하고, OB 한 방 없이 우습게 더블 파를 치는 모습을 가끔 보게 된다. 티샷이 토핑되어 100야드도 못 나가 페어웨이가 아닌 러프에 볼이 조금 묻혀 있을 때, 죽어도 Go병 환자들은 거침없이 3번 우드를 빼 든다. 싱글 핸디캐퍼도 프로도 아이언을 쓰는 그런 라이에서, 무모함과 만용으로 돌돌 뭉친 Mr. 만용, 죽어도 Go의 사나이는 진주만을 공습했던 가미가제 돌격대로 돌변한다. 3번 우드로 계속 토핑을 하고 매번 30~50야드 차곡차곡 전진을 하던 그는, 마침내 다섯 번째 친 샷이 가드 벙커에 빠지면서 처절하게 전사한다. 더블 파까지 정했으니 망정이지, 파 4에서 가볍게 10타도 칠 뻔했던 것이다.

골퍼라면 누구라도 다 안다. 마음을 다스리는 것이 얼마나 어려운지를…… 실패를 부르는 세 가지 악습을 고치려면,

1. 최초의 전략대로 차분하게 공략하되,
2. 언제나 자기의 능력 범위 내에서 최선의 샷에 만족하고 실수를 하였을 때 무리수를 두지 않는 중용의 길을 선택할 줄 알아야 한다.

좋은 라이벌은 곧 나의 스승

지난 15년 간 약 1,000회의 라운드를 통하여 실로 다양한 동반자를 만나 보았다. 골프는 누구와 쳐도 즐겁고 또 갓 입문한 사람에게서도 한두 가지는 꼭 배울 점이 있었다. 항상 입버릇처럼 '인생이나 골프나 평생을 배우다 가는 학생이다' 라고 이야기하면서 실제로 동반자들로부터 좋은 점은 무조건 배우려고 노력하여 왔다. 라이벌 때문에 더 연구하게 되고, 더욱 노력하게 되고 또 옆에서 지켜 보며 좋은 점을 자연스럽게 배우게 되니 좋은 라이벌은 바로 스승이나 다름없다.

업계 선배인 K재보험사 K전무, 봉급장이 주말 골퍼이면서 언더파도 쳐 본 싱글 핸디캐퍼다.

많은 사람들이 K전무와 필자를 라이벌로 평가하고 있다. 사실 그런 라이벌이 있다는 것이 필자에게는 무척 다행스러운 일이다. 언제나, 누구에게나 지기 싫어서 아둥바둥했던 예전의 모습을 부끄럽게 느끼도록 하였고, '골프는 저렇게 쳐야 더 즐겁게 잘 치는 것이로구나' 하고 비즈니스 골프를 치는 방법을 개선할 수 있게 만들어 준 분이다. 물론 경쟁을 통하여 필자가 스코어를 더 개선하도록 많은 자극을 주기도 하였다. 지난 10년 간 K전무와는 매년 두세 차례의 라운드를 하였다. 아주 오래 전에는 핸디를 4점을 드렸지만 요즈음은 서로 스크래치로 붙는다. 나이도 너댓 살은 젊고, 또 필자는 1주일에 최소한 두 번 이상 정기적으로 꾸준히 연습을 하는데, 연습량도 적은 K선배가 최근 몇 년간 실력이 수직 상승을 하였으니 '돈 덜 쓰고, 시간 덜 쓰고……골프의 경제학'을 부르짖는 골프 구두쇠인 필자로서는 무척 자존심 상하는 일이 아닐 수 없었다.

무엇이 K전무의 장점이고 필자에게 어떤 영향을 미쳤을까?

K전무는 드라이빙을 평균 250야드 치는 장타자이고, 롱게임이 좋은 편이다.

사실 필자도 거리가 짧다는 소리를 듣는 사람은 아니지만, K전무에게 거리가 떨어지지 않으려고 연습장에서 칼을 간 적이 많다. 전략 골프를 추구하는 필자의 경우 숏게임과 매니지먼트에서 약간 우위에 있으므로 거리가 조금 떨어지는 것이 치명적은 아니지만, 분명 K전무 덕분에 거리를 늘리려고 노력을 하게 되었고 또 실력을 키웠다.

K전무는 필요할 때에 집중하는 능력이 뛰어나다. 필자의 경우 4시간 남짓 라운드 내내 집중을 유지하려고 노력하는 스타일이다 보니, 라운드를 임하는 자세가 매우 심각하여 때로는 동반자가 불편하게 느끼게 만든 적도 있었다. K전무는 동반자는 물론 캐디와도 자연스럽게 흥을 돋아주는 이야기와 농담을 잘 한다. 그래서 그와의 라운드에는 웃음이 끊이지 않는다. 물론 K전무도 프리 샷 루틴이 시작되면 진지한 모습으로 돌아오나, 샷 할 때를 빼고는 적절한 농담으로 동반자의 긴장과 썰렁한 분위기를 잘 풀어준다. 그래서인지 K전무는 T골프장 캐디들에게 가장 인기 있는 회원이기도 하다.

대학동기생 R사장은 D금융그룹의 경영자로 주재원 시절 일본과 영국에서 골프의 기초를 다졌다. 그는 체격이 필자보다 작지만, 숏게임 능력이 뛰어났다. 초창기 티샷 거리는 필자가 길었고, 또 페어웨이 적중율, 파 온 확률에는 앞섰지만, R사장에게 늘 쩔쩔 맨 것은 그린 주변에서의 어프로치나 온그린 후의 그의 퍼팅 능력 때문이었다. 1타당 1천원의 내기지만 정말로 코피 터지도록 하였다. 딴 사람이 락커실이나 주차장 요원의 봉사료를 대신 내 주는 관행 때문에 게임에서 1천원을 따면 오히려 손해를 보았지만, 자존심 때문에 우리 둘은 죽기살기로 경쟁을 하였다. 결국 우리 둘은 서로의 실력을 향상시켜주는 도움과 혜택을 주고받았다. R사장이야말로 필자에게 최고의 라이벌이면서도, 골프를 생각하며 치게 만들어 준 고마운 친구이다. 골프는 롱게임, 숏게임, 그리고 코스 매니지먼트가 삼위일체로 이루어져야 만족스러운 결과를 낳는다는 진리를 가슴속 깊이 새기게 해준 좋은 스승이 된 셈이다.

　지난 달에는 프로 따라 배우기 벤치마킹을 하였으나, 위에서 보듯이 우리 주변 라이벌의 좋은 모습은 우리가 가장 빨리 또 손쉽게 따라서 배울 수 있는 가까운 벤치마킹 모델이며 수업료를 받지 않는 스승이다.

골프 QC 불량품 줄이기는 프리 샷 루틴이 최고

　프로도 라운드당 약 3~4번 큰 실수를 하고, 아마추어는 핸디캡 숫자보다 많은 실수를 한다. 골프는 히트작(굿 샷)이 많은 것보다 불량품(미스 샷)이 적어야 건실해진다. 불량품(OB, 해저드, 로스트)은 리콜(Recall) 비용(벌타)이 너무 많이 들기 때문이다.

　누구나 샷을 하기 전에 나름대로 최선의 정신 집중을 하고 또 가장 집중이 잘 된 순간에 샷을 해야 좋은 결과를 기대할 수 있다.

　미국의 어느 심리분석가가 PGA 선수 50명을 점검하였더니, 대부분 정신 집중을 시작하는 시점에서 임팩트까지 대략 18~22초가 걸렸다고 한다. 문제는 18초냐, 30초냐가 중요한 것이 아니고 (가르시아처럼 너무 뜸들이면 욕먹지만), 그들이 샷하기 전에 취하는 일련의 행동들이 (프리 샷 루틴) 일정하다는 점이다. 정신 집중은 아마추어도 프로에 못지않게 잘 할 수 있는데, 그렇게 훈련이 되면 일관성 있는 샷과 퍼팅을 하게 되므로 좋은 성과를 얻을 수 있다.

　프리 샷 루틴이란 샷을 치기에 가장 좋은 정신적, 육체적 상태로 만들기 위한 일련의 단계를 의미하며, 두뇌가 육체에게 이제 곧 아주 중요한 작업이 시작된다는 신호를 주고, 분산된 신경을 집중시키면서, 또한 정신적 압박감을 잊고 오로지 샷에 몰두할 수 있는 환경을 만들어 주는 매우 중요한 과정이다.

사람들마다 프리 샷 루틴의 내용은 다양하다. 필자의 경우 클럽을 선택한 후에 볼 뒤 3~4미터에서 표적을 바라보며, 오른손으로 잡은 클럽을 앞뒤로 경미하게 흔들며 어깨의 긴장을 푸는 것으로 프리 샷 루틴이 시작된다. 양쪽 팔을 좌우로 조금씩 흔들면서 볼에 접근하여 어드레스에 들어가고, 어드레스를 취한 후 양 손목의 왜글(Waggling)을 한 후에 연습 스윙 없이 그대로 샷을 한다.

퍼팅의 경우 차례가 되었을 때에 볼 뒤에 앉아서 로고를 퍼팅 목표 쪽으로 맞추고, 볼 뒤 3~4미터에서 최종 라인과 볼 스피드를 결정하고, 볼 주변으로 다가와 표적 지점을 바라보며 퍼팅 스트로크의 크기를 반복 연습한 후, 볼에 접근하고 퍼터 페이스를 스퀘어로 맞춘 후 표적을 한 번 더 천천히 응시하고 볼 앞 전방의 중간 타깃(intermediate target) 쪽으로 지체 없이 퍼팅 스트로크를 하는데 샷이나 퍼팅 모두 대략 20초가 소요된다.

위와 같은 프리 샷 루틴이 끝나면 실제 샷을 하는 순간에는 아무 생각을 하지 않는다. 복잡한 머리는 이때에 공백 상태로 남게 된다.

가장 좋은 샷을 칠 수 있는 상태로 몸과 마음을 준비하는 프리 샷 루틴! 모두가 나름대로 잘 하고 있지만, 이것도 일관성이 있어야 큰 도움이 된다. '자기의 스타일에 알맞은 집중과 프리 샷 루틴의 확립'이 실수 예방의 지름길이다.

특히 커다란 실수 다음이나, 짧은 퍼팅을 놓친 후 마음의 평정이 흔들렸을 때와 느닷없이 샷을 하는 순서가 바뀌었거나, 앞팀 싸인으로

급히 샷을 하는 경우 마음을 다시 차분하게 다스려 주는 효과가 있어 일관성 유지에 매우 유익하다.

많은 아마추어들이 실수 후 허둥대다가 연거푸 터무니없는 실수를 한 후에 완전히 무너지는 경우를 쉽게 볼 수 있다. 자기 만의 프리 샷 루틴을 잘 확립하여 놓으면 불량품(미스 샷)을 확실히 줄여서 안정된 플레이를 기대할 수 있고, 이것이 바로 골프의 QC이다.

룰도 알아야 면장

용평 B골프장의 5번 홀, 약 360야드 심한 내리막의 파 4홀이었다. 티샷만 정확하면 숏 아이언이나 웨지로 공략이 가능한 재미있는 홀이다. 왼쪽이 OB라서 조금 더 안전한 오른쪽으로 티샷을 날리기로 했다. 그러나 볼이 페이드성으로 휘면서 페어웨이 오른쪽의 깊은 러프에 빠졌고, 동반자 두 사람의 티샷 역시 직구로 오른쪽으로 날아가 버렸다.

그때까지 내기에 지고 있던 K사장 한 사람만 똑바른 방향으로 티샷을 하였다. 그러나 유감스럽게도 그의 볼은 카트 도로 인접한 곳에 정지하였고, 그의 스탠스는 카트 도로를 피할 수 없고, 어드레스 자세는 한 발이 시멘트 턱에 걸리는 것이었다.

그는 보기 플레이를 한다는 남자 캐디에게 물었다.

"스탠스가 걸리는 데, 드롭하면 되겠지?"

그러나 캐디는 엉뚱하게 답을 하였다.

"스윙하는 데 지장이 없으면 그냥 치셔야 될걸요."

다른 플레이어들은 볼을 찾느라고 분주하자, K사장은 원활한 진행

을 위해 자기가 먼저 샷을 하고 볼을 찾아주기로 생각했다. 그러나 그의 머리 속에는 '스탠스가 걸려도 구제받을 수 있는데……' 하는 찜찜한 생각뿐이었고 그의 샷은 몇 미터 앞 나무에 맞고 OB구역으로 날아가 버렸다. 절대절명의 좋은 기회를 날려 보낸 것이었다.

그 홀을 마치고 그늘 집에서 K사장이 룰에 관하여 물어 왔기에 '움직일 수 없는 장해물에 대한 규칙으로, 볼이 장해물의 안 또는 위에 있던가, 볼이 이에 접근한 곳에 정지하여 플레이어의 스탠스 또는 의도하는 스윙의 구역을 방해할 정도일 때는 움직일 수 없는 장해물에 의한 방해가 생긴 것으로 한다. 따라서 워터 해저드, 래터럴 워터 해저드 내에 있을 때를 제외하고는 벌 없이 구제받을 수 있다'고 룰 북을 꺼내 설명하였다.

K사장은 무척 아까워했다. 경험이 다소 부족한 캐디의 말만 믿고, 부자연스러운 자세로 찜찜한 샷을 하였던 것이 경기의 흐름을 망쳐버리게 되었기 때문이다. K사장은 그러나 캐디 탓을 하지는 않았다. '모든 것이 플레이어의 책임이지요.'

캐디는 미안해서 어쩔 줄을 몰랐지만, 교회에서 성가대장으로 봉사하는 그는 신사답게 모든 것을 자기 탓으로 돌렸다. 그러나 그 이후에도 K사장의 플레이는 좀처럼 회복되지 못하였다.

룰도 정확히 알아야 유리하다. 구제받을 수 있는 곳에서 구제를 포기하고 불이익을 감수할 필요가 있겠는가? 언제든지 의문 나는 것이 있으면 룰 북을 펼쳐 보는 습관을 가져야 한다. 필자가 속한 동호회에서는 회장인 필자를 면장이라고 부른다. 그 말 속에는 '알아야 면장'이라는 뜻이 조금 들어 있다. 필자는 언제나 캐디 백 속에 룰 북을 넣고 다닌다.

때로는 친구들과 골프를 할 때 장난으로 억지를 부리며 "백 속에 있는 룰 북 꺼내 볼까?" 하면 순진한 몇 친구들은 자신이 없어 "그래 그래 되었네, 자네 맘대로 하게"라고 답변한다.

"아닐세 내가 억지부린 것일세, 「골프 알고 치면 더 재미있다」라는 책 한 권 사 보게"라고 필자는 웃으면서 설명하여 준다.

맞다, 골프 룰도 알아야 면장을 한다.

벙커 피해 80대, 깃발 피해 70대

"마지막 두 홀에서 벙커에만 빠지지 않았어도 쉽게 80대는 쳤을 텐데……."

"그때 안전하게 그린 중앙으로 치기만 했다면 다 잡은 70대 스코어였는데."

주변에서 흔히 듣는 이야기이다.

회사의 제품 모두가 출시하는 대로 히트를 친다면 그것보다 더 신나는 경영이 어디 있겠는가? 경영자는 언제나 성공을 기원하지만, 어떤 경우라도 최악의 실패만큼은 피하는 것이 안전 경영의 지름길이다. 물론 경영자나 골퍼들 모두 잘 알려져 있는 위험 요소는 잘 피해 다닌다. 그러나 실제로 OB나 워터 해저드가 있는 곳에서 치명적인 실패가 많은 것이 아니다. 별로 두려워 보이지 않으면서도 골퍼 대부분이 간과하여 큰 실패를 초래하는 두 가지 위험 요소가 있는데, 바로 벙커와 깃발의 유혹이다.

첫째: 벙커

잘 맞은 장타가 해저드에 빠지지 말라고 만들어 놓은 고마운(?) 벙커도 있지만, 기본적으로 플레이에 난이도를 가하기 위하여 만들어 놓은 것 아닌가? 현명한 플레이어들은 페어웨이든 가드 벙커든 벙커를 피해 다녀야 좋다. 벙커 샷 세계 랭킹 1위의 PGA 선수가 통상 파 세이브를 2/3 정도 한다. 평생 하루도 빠지지 않고 연습을 한 벙커 샷과 출중한 퍼팅 실력으로 인간이 이룰 수 있는 한계가 70% 이하인 것이다.

싱글 핸디캐퍼들이 보통 다섯 번에 한 번 파 세이브를 하면 매우 잘하는 편이다. 웬만한 중 하급자들은 벙커에서 한 번에 확실히 나오지 못하는 것도 흔한 일이고, 중 상급자들도 벙커에서 심심치 않게 홈런을 날리는 등 사고를 치는 것을 볼 수 있다. 필자의 경우 가드 벙커에서 파 세이브 확률은 약 15%에 불과하다. 그러나 그린을 놓친 같은 거리에서 파 세이브는 최소한 50%로 3배 이상 높다. 세컨 샷이 8번 아이언 이내의 거리라면, 핀 하이로 공격하여 얼마든지 그린에 볼을 세울 수 있으므로 기꺼이 벙커를 넘기는 탄도 높은 샷을 하지만, 그보다 더 긴 채를 잡아야 할 경우, 무조건 벙커를 피하는 루트를 택한다.

또 페어웨이 벙커에서 정말로 마음에 드는 샷을 하기가 얼마나 어려운가? 그래서 웬만하면 페어웨이에서도 벙커 쪽을 피하는 것이 좋다. 특히 요즈음 신설 골프장들은 짧은 거리를 커버하기 위하여 움푹 들어간 항아리 벙커 같은 것을 많이 만들어 놓는데, 그곳에 들어가면 최소한 1/2타는 손해를 보게 된다. 돌이켜 생각하여 볼 때, 필자의 경우 벙커에 한 번도 빠지지 않은 날은 거의 핸디캡 언더를 쳤다.

둘째: 깃발의 유혹이다.

해외 단체 관광에서 일행과 떨어지지 않으려면 깃발을 쫓아야 하지만, 골프에서는 깃발만을 쫓으면 사고치기 십상이다. 20세기 최고의 골퍼 잭 니클라우스가 술회하기를 평생 몇 번을 제외하고는 깃발을 향해 쏜 적이 없다고 하였다. 그가 실력이 부족하여서 그랬을까? 무너지지 않는 견실한 골프를 위하여 그는 깃발을 공격하지 않고, 오히려 그린 중앙이나 첫번째 퍼팅을 오르막으로 하는 안전지역을 노려 쳤다.

버디가 보기 된다지요? 버디 퍼팅이 길어서 쓰리 퍼트로 보기가 되는 경우도 있지만, 버디 노리고 핀을 직접 공략하다가, 파도 못하고 쓰러지는 경우가 오히려 더 많았다. 세컨 샷을 안전 지역으로 온그린시킨 후에 퍼팅으로 승부하는 것이 대박은 못 터뜨려도 훨씬 안전한 투자이다.

필자의 경험으로도 마음을 잘 다스리고 그린 중앙이나 안전 지역으로 세컨 샷을 한 날이 핀을 보고 공격적으로 플레이한 날 보다 평균 1~2타 적었다는 것이 기록으로 나타난다. 세계적인 프로 잭 니클라우스가 그렇게 하였다면, 아마추어는 따질 것도 없이 깃발을 피해 안전지역으로 플레이하는 것이 훨씬 현명하다. 이것은 스킨즈 게임을 할 때에도 별로 틀리지 않은 말이다.

마음을 잘 다스리며 그린 중앙을 공격한 라운드치고 실망스러운 날이 있었는가? 정말 독한 마음 먹고 깃발을 피하여 그린의 정 중앙, 안전지대로만 공격해 보시라.

골프도 회사처럼 안전 경영이 우선이다.

골프도 경영하면 언제나 70대

'남녀노소를 막론하고 골퍼라면 모두, 자기가 라운드 중에 실수를 한다는 것을 인정하고 또 알고 있다. 그런데 문제는 그 실수가 언제 어떻게 일어나는지를 모르고 있다는 사실이다. 이 리스크를 미리 알고 대처한다면, 당신도 언제나 70대를 칠 수 있다.'

잭 니클라우스는 골프 스윙이 아무리 좋아도 전체 스코어의 25% 정도밖에 영향을 미치지 않는다고 하였다. 또 스윙과는 확실히 별개인 퍼팅이 스코어의 42% 남짓 차지한다.

그렇다면, 웬만한 중급자가 손쉽게 스코어를 줄일 수 있는 방법으로 마인드 컨트롤과 게임 매니지먼트에 각별한 관심을 가지고 실수를 줄여야 한다고 본다. 이런 관점에서 아마추어가 범하기 쉬운 다섯 가지의 대표적 실수유형을 파악하고 한 홀에서 크게 허물어지는 일이 없도록 한다면 스코어는 획기적으로 개선된다.

I. 티샷 드라이빙

실수유형: 저 멀리 한가운데로 멋지게 날려서 뭔가 보여주어야지!

결과: 잔뜩 힘들어 가서 뒷땅, 토핑 에구 에구…… 방향이 좋으면 거리가 100야드, 거리가 잘 나가면 러프나 동산 위에!

드라이버는 세컨 샷을 하기 좋은 지점으로 보내기만 한다.

그리고 그 지점의 3/4되는 지점에, 약 170야드만 보낸다고 맘 편히 친다. 타깃이 가까워 훨씬 편한 마음으로 스윙하게 되며, 결과가 좋아진다. 또 첫 1, 2홀에선 구태여 드라이버를 잡을 필요도 없다.

2. 에구에구 티샷 토핑한 후, 핀까지 250야드.

실수유형: 힘껏 패서 거리를 만회하여야지.

결과: 스푼이나 3번 아이언으로 힘껏 휘둘렀는데 100야드도 못 간다. 그리고 허둥지둥 왔다갔다 하다 4온 쓰리펏 트리플 보기! 라이 나쁜 러프에서는 3번 우드를 그림같이 쳐도 200야드 이상 못 간다. 또 잘 나가봐야 세번째 샷이 어정쩡하게 콘트롤 스윙을 하는 거리에 남게 된다. 어차피 쓰리 온이니 미들/숏 아이언으로 안전한 방향으로 확실하게 잘 쳐 놓고, 써드 샷을 숏 아이언이나 웨지로 풀스윙하는 것이 훨씬 성공 확률이 높다.

3. 벙커 샷

실수유형: 너무 두껍게 또는 얇게 맞을까 봐 걱정하면서 벙커로 들어가니…….

결과: '어떻게 해야겠다' 보다는 '이러면 안되지' 하는 생각을 함으로써 강력한 의지 없이 어정쩡하게 치다 보니 서너 번 만에 나오고 "씨~익 씨~익 우 쒸"

벙커 밖에서 스윙 스피드에 맞추어 연습 스윙을 몇 번 하고 볼 뒤쪽에서 접근하여, 볼 뒤의 모래를 그린 위에 퍼올린다는 생각만으로 스윙 그리고 하이 피니시!

또 '벙커 샷 한 번 실수했다고 세상이 망하냐?' 이런 배짱으로, 벙커에 들어갈 때엔 더욱 보무도 당당히! 벙커에선 기가 죽으면 확실히 실패한다.

4. 어프로치

실수유형: 맨날 탄도 높은 샷만 생각하네.

자기가 타이거 우즈, 가르시아, 미켈슨인 줄 착각하고 있음.

그린의 안전한 쪽으로 굴릴 수 있으면 굴려 치는 타법이 제일로 안전함. 토핑해도 올라는 간다! 퍼터면 어떻고, 치퍼면 어떠냐!!

5. 트러블 샷

실수유형: 한번도 연습해 본 적이 없으면서도 확률 낮은 샷을 무모하게!

이미 이 지경에 오도록 샷을 하였으니, 지금의 심정이 차분하지는 않으리라. 평온하지 못한 마음의 상태에서 확률 낮은 리커버리 샷을 감행하는 것은 화약을 지고 불속에 들어가는 것과 같다. 먼저 숨을 죽이고 남들이 지루하다고 느낄 정도로 냉정하게 시간을 충분히 쓴다. 그리고 가장 마음이 편한 클럽을 선택하여 성공 확률 75% 이상일 경우에 도전을 한다. 그렇지 못한 상황이라면 그저 그곳에서 빼 놓기만 한다.

70대 스코어는 언제나 회사 경영처럼 리스크를 피해 무리수를 두지 않을 때 기록된다.

안전 경영의 표본, 레이업

　세계적인 선수들이나 꾸준하게 안정된 플레이를 하는 상급자들에게는 공통된 특징이 하나 있다. 공격과 수비의 조화를 잘 이루는 라운드 경영을 한다는 점이다. 무조건 공격이란 무리수를 두지 않고, 때로는 안전한 잘라치기(Lay up)를 한다는 사실이다. 미국 PGA 시합 중계를 보면 그린 앞에 워터 해저드인 파 5홀에서 세컨 샷을 앞두고 선수들이 신중히 생각하고 끝내 안전한 잘라치기 샷을 결정하는 것을 쉽게 볼 수 있다.

　그들은 나머지 230~250야드의 거리를 우드로 온그린을 시켜 이글을 노리는 공격을 할 것이냐, 아니면 물 앞에 안전하게 세컨 샷을 쳐놓은 뒤, 어프로치 샷을 하는 파 확보 수비 작전을 할 것이냐를 두고 고민하게 된다. 우드로 온그린을 시키는 공격적인 샷은 보기에 시원하지만, 최악의 경우에는 보기 이하의 스코어로 전체의 흐름을 망치는 경우가 나올 수 있기 때문이다.

　2001년 미국 PGA 챔피언십에서 보여준 데이빗 톰스의 레이업. 이것이 현명한 결정이었고, 그는 우승컵을 거머쥘 수 있었다. 그렇다고

레이업이 언제나 더 나은 작전이라고 평가할 수는 없다. 보편적으로 위험을 감수하면 성과가 크기 때문이다.

프로와는 달리, 아마추어의 경우에는 실로 용기 있는 자만이 레이업을 한다고 믿는다. 누가 뭐라고 하건 자신의 플레이를 소신있게 할 수 있는 사람이 진정 용기 있는 자 아닐까?

그러나 엄격히 이야기하면 레이업은 용기의 문제보다는 확률에 근거한 지혜의 문제라고 생각한다. 필자가 생각하는 레이업의 효과적 방법은 다음과 같다.

1. 티샷부터 계산하라.

보통 티잉 그라운드에서 워터 해저드나 계곡, 깊은 벙커 등은 위치가 정확히 파악된다.

레이업이란 그런 상황을 맞았을 때 즉흥적으로 하는 것이 아니며, 처음부터 계획을 세워야 효과적이다.

2. 잘 맞았을 때보다 20야드를 더 남겨라.

이따금 레이업을 하기 위해 친 샷이 잘 맞아서 물로 굴러들어가는 경우를 보았을 것이다.

뒷바람, 경사 등을 감안 아주 잘 맞았을 때 20야드 정도 남는 레이업이 안전한 선택이다.

3. 중간에 우왕좌왕하지 마라.

먼저 세운 계획이 흔들릴 때, 플레이어의 마음도 많이 흔들린다. 일단 레이업을 결정하였으면 중간에 계획을 바꾸지 마라.

4. 40~60야드짜리 컨트롤 샷 거리를 남기지 마라.

　물이나 깊은 벙커를 넘기는 40~60야드짜리의 컨트롤 샷은 웬만한 프로들도 꺼리는 난이도 있는 샷이다. 차라리 웨지 풀스윙 샷이 일반 아마추어에게는 훨씬 쉽다.

　예를 들어 시그너스 골프장 7번 파 5홀은 장타자의 경우 투 온을 노리는 비교적 짧은 홀이지만, 세컨 샷이 왼발 내리막 경사에 걸리므로 그리 쉬운 여건은 아니다. 페어웨이 왼쪽은 그린 중앙까지 약 100야드가 떨어져 있지만, 오른쪽은 그린으로 좁게 연결되어 있다. 만약에 조금이라도 그린에 가깝게 가기 위하여 페어웨이 오른쪽으로 레이업을 한다면, 혹시 훅이나 드로우가 걸릴 때에는 가차없이 왼쪽으로 해저드 행이 된다. 또한 페어웨이 오른쪽에 계획대로 잘 보냈다 해도 나머지 40야드 정도 거리에서 어프로치 샷을 런 없이 즉시 그린에 정확히 세우기는 쉽지 않은 일이다. 따라서 이 경우에는 미들 아이언으로 세컨 샷을 페어웨이 중간으로 한 후에 100야드짜리 피칭 웨지 풀스윙을 하는 것이 훨씬 더 현명하게 파를 잡는 방법이다.

　급할수록 돌아가란 말이 있듯이, 안전한 수비 경영이 알찬 결과를 만드는 기반이 된다.

가급적 쉽고 단순하게, 승부의 분수령은 일관성

역삼동에 있는 풍년식당은 구멍가게 수준인데 주인의 경영 방침이 아주 특별하다. 된장찌개와 특별한 상치가 곁들어진 갈비살 구이, 저녁 메뉴가 이것 딱 한 가지이다. 낮에도 시골밥상이라는 메뉴 한 가지밖에 없다. 예약도 받지 않아, 평일 점심이나 주말 저녁에는 바깥에서 줄을 설 각오를 하여야 한다. 오직 한 가지 메뉴로 승부를 걸고, 성공한 셈이다.

골프채널에서 숏게임을 가르치는 모 프로는 훌륭한 이론가이고, 멋있는 의상도 특출하여 인기가 좋은 것으로 알고 있다. 그런데 그의 프로그램을 볼 때, 필자는 답답하기 짝이 없다.

그 분의 숏게임 레슨은 그 내용이 다양하고 화려하나, 너무 복잡하다. 프로들이나 싱글 핸디캐퍼들이 보수 교육 차원에서 본다면, 아마도 최고의 레슨이 될 수 있다. 그러나 1주일에 한두 번 연습장 가기도 바쁜 대부분의 아마추어들에게는 별로 영양가가 없어 보인다. 왜냐하면 너무 복잡하기 때문에, 무슨 클럽을 써서 어떻게 볼을 칠 것인가를 따지다 결국 장고(長考) 끝에 악수(惡手)를 둘 수 있기 때문이다.

더구나 요즈음처럼 한 명의 캐디가 네 명의 플레이어에게 서브를 하는 경우, 그린 근처에서 볼의 놓여진 상태를 보고 클럽을 선택할 수 있는 경우가 별로 없다. 통상 퍼터 이외에 한두 개의 클럽만 가지고 그린 주변으로 가야만 하는데, 그 프로의 방법대로 어프로치에 4번 아이언부터 로브 웨지까지 클럽을 다양하게 쓰기 위해 골프 백을 그린 주변까지 통째로 다 들고 갈 수는 없지 않은가?

주니어 출신 K프로와 라운드를 했다. 온그린에 실패했을 때 유심히 보니, 그는 퍼터 외에 2개의 클럽을 가지고 다니는 것이었다. 때로는 피칭 웨지와 8번 아이언, 때로는 샌드 웨지와 8번 아이언이었다. 그의 전략은 단순하게 '일단 굴릴 수 있으면 굴린다' 였다.

가능하면 볼을 띄우는 시간(Air Time)보다 구르는 시간(Roll Time)을 길게 하는 것을 원칙으로 하고, 굴릴 때에는 주로 8번 아이언 칩 샷을 하는 것이었다. 그리고 착지 지점을 선정하는 원칙이 아주 뚜렷하게 보였다. 볼과 홀 사이의 절반쯤 되는 지점을 파악하고 그 지점과 볼과의 거리 중간에 볼을 떨어뜨려 굴리는 것이었다.

칩 샷은 주로 12의 이론이 보편적인데 「예: 8번 아이언의 경우 12-8=4로, 1 날아서 4구른다. 5번 아이언의 경우라면 12-5=7로, 1 날아서 7만큼 구른다는 것」 쓰리피스 볼에 백스핀 양이 많아서인지, 필자의 눈에는 그가 1:3으로 하는 것으로 보였다. 프로인 그가 구사하는 샷은 매우 단순한 그러나 일정한 샷이었다.

어쩌다 텔레비전에서 세계적인 선수의 예술 같은 샷을 볼 수는 있지만, 아마추어들이 절대로 따라 할 필요가 없는 것들이다. 그들은 적어도 20년 간 꾸준히 연습한 결과로 그 수준의 샷을 구사할 수 있지만, 아마추어에게는 오직 가장 단순하고 어렵지 않은 샷만이 일관성을 보장해 준다.

따라서 어프로치 연습도 가장 마음 편하면서 단순한 방법을 선택하여 집중적으로 하여야 한다. 그것만이 실제 라운드 때에 가장 자신 있게 정확한 샷을 함으로써, 그린 주변에서 터무니 없는 실수로 허탈하게 타수를 낭비하고 후회하는 것을 막을 수 있다.

가장 단순하고 쉬운 방법, 그것이 골프에서 최고의 일관성을 보장하는 현명한 전략이다.

골프는 무조건 쉽게 쳐야 한다. 일부러 어려운 샷을 치며 사서 고생을 할 필요가 절대 없다.

스코어 경영의 다섯 가지 쉬운 법칙

어느 골퍼에게나 좋은 스코어의 꿈이 있다. 처음으로 100을 깨고 싶다거나, 80대에 진입하고 싶다거나 또는 싱글 핸디 스코어를 이루어 보겠다는 것들이다. 그러나 모든 골퍼의 꿈이 그냥 이루어지는 것은 아니다. 골프 라운드도 경영이다. 좋은 매니지먼트 없이는 좋은 결과가 나오지 않는다. 여기 당신의 꿈을 이룰 수 있는 다섯 가지의 쉬운 스코어 경영 법칙이 있다.

1. 현실적인 목표를 세워라.

막연한 욕망만으로는 꿈을 이룰 수 없다. 현실적 목표를 세부적으로 세우고 총력 투구하라. 한 번에 모든 것을 이루려는 기적을 바라지 마라. 뛰어서는 절대 높은 산을 오를 수 없다. 하루 아침에 드라이빙, 아이언, 어프로치, 퍼팅 전 부문을 획기적으로 개선할 수는 없다.

티샷 OB 없애기, 미들 아이언 정확도 높이기, 어프로치 일관성 유지하기, 롱 퍼팅 특히 길게 치기 등 부문별로 실현 가능한 목표를 세우고 이를 하나 하나 정복하라.

2. 땀과 수고를 아끼지 말라.

성공은 땀과 수고를 통해서만 완성되며, 모든 것이 뿌리고 가꾼 대로 거두는 법이다. 진정한 싱글은 적어도 백만 번의 연습 스윙을 통해 만들어진다. 또한 어려움이 닥쳐도 낙심하거나 포기하지 말라. 쉽게 이룬 것은 쉽게 허물어진다. 일곱 번 넘어져도, 여덟 번 일어선다는 용기와 신념으로 인내하고 노력하라.

3. 오로지 긍정적으로 생각하라.

"오늘 안 되는군" "할 수 없어" "저기로 가면 안 돼" "쓰리 퍼트할 지도 몰라" "OB가 나면 어떡하나?" "물에 빠질 것 같은데……." "여기서 슬라이스 나면 큰일인데……."

대표적인 부정적인 생각들이다. 경쟁자가 적이 아니고, 두려움과 불안감이 바로 골프의 주적(主敵)이다. 샷이나 퍼팅을 앞두고는 어떠한 부정적인 생각도 떨쳐 버려야 한다. 구체적인 목표를 정하고 "난 저기로 칠 거야" " 할 수 있어, 있고 말고……" 같이 긍정적으로 생각을 바꿔야 한다. 볼은 결국 플레이어가 원하는 쪽으로 더 많이 가는 것이다.

4. 항상 새롭게 시작하라.

전반 9홀에 형편없는 경기로 실의에 빠져 있는 지금이 새로운 기록을 낼 수 있는 절호의 기회다. 당신에게 무궁무진한 잠재력이 있다는 것을 기억하라. 언젠가 후반에 마지막 몇 홀을 남기고 그림처럼 플레이했던 그 기억을 되살려라. 전반과 후반 9홀의 타수 격차를 넓혀 보라. 지금부터 다시 시작해도 얼마든지 충분한 가치가 있다. 중요한 것

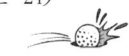

은 지금 치고자 하는 샷이나 퍼팅이 당신의 소중한 골프 역사―그 새로운 시작이다.

5. 사랑과 감사로 라운드하라.

　골퍼라면 누구라도 마음을 다스리지 못하고 크게 허물어진 경험들을 가지고 있으리라. 부글부글 속이 끓고 화가 나 있을 때, 정말로 멋진 샷을 쳐 본 적이 있는가? 분노 속에서 치는 골프로는 절대로 좋은 스코어가 나오지 않는다. 때로는 동반자 때문에, 때로는 자신의 바보같은 실수로, 또 때로는 형편없는 도우미나 토끼몰이식 운영 때문에 화를 내는 골퍼들을 우리는 자주 본다. 분노를 이기지 못하는 골퍼에겐 절대로 좋은 스코어가 찾아오지 않는다. 라운드 내내 마음만 잘 다스리면 그것만으로도 4~5타는 쉽게 줄인다. 결국 사랑과 감사로 분노를 극복하는 것이 가장 현명한 방법이다.

골프도 경제도 심칠기삼

　미국 최다선 기록 보유자 루우즈벨트 대통령이 밝힌 비결인데, 그는 아무리 경제 여건이 나빠도 공식적인 자리에서 단 한 번도 비관적이거나 전망이 좋지 않다는 이야기를 한 적이 없다고 한다. 소위 경제는 마음먹기 나름이라는 논리이다. 그런데 골프의 게임 매니지먼트야말로 이런 경제 논리와 많은 공통점이 있다고 본다. 두 가지 모두 가장 큰 적은 바로 두려움, 즉 불안감일 것이며 궁극적으로 경제와 골프 볼은 마음이 가는 쪽으로 날아간다고 본다.

　경제에 대한 국민의 자신감이 있으면 IMF 때와 같은 위기도 쉽게 극복되지만, 아무리 경제 여건이 좋아져도 국민들의 시각이 불안하면 결코 경제 전망이 밝아지지 않는다. 구력이 짧은 초보자는 왼쪽 오비 걱정을 하면 훅이 나고, 오른쪽 오비를 걱정하면 슬라이스가 난다. 코앞의 워터 해저드를 걱정하는 순간 볼은 토핑이 되어 물 속으로 찾아 들어간다. 왜 그럴까? 부정한 생각은 바로 부정한 결과를 초래하기 때문이다.

　얼마 전에 대학 후배 부부와 라운드를 하였다. 최근에 골프에 입문

한 K부인은 지난 1년간 연습장에서 꾸준히 연습은 하였으나, 봉급장이 임원인 남편을 따라 라운드를 할 기회가 별로 없었던, 전형적인 40대 중반의 가정주부로 그저 친구들과 어울려 몇 번 퍼블릭 코스를 다녀왔고, 정규 홀의 라운드는 한 손가락으로 꼽을 정도로 실전 경험이 매우 부족한 상태였다. 평생 처음으로 싱글 핸디캐퍼, 더구나 남편의 선배와 라운드한다는 심한 압박감으로 첫 홀 티샷과 세컨 샷은 과히 좋지 못한 스타트가 되었다.

"제가 너무 못 쳐서 피해를 드리게 되어서 죄송합니다"라고 K부인은 깍듯한 예의로 이야기를 하였다. 2번 홀의 티샷은 다소 좋아졌고, K부인은 세컨 샷 지점으로 가면서 이렇게 이야기했다. "페어웨이에서 우드 샷을 하면 잘 뜨지 않아서 고민입니다."

"처음에 필드에 나오면 18홀 내내 볼을 한번도 띄워보지 못하고 끝나는 사람들도 부지기수입니다. 그러니 그저 마음 편안하게 생각하시고 무조건 잘 뜨는 채로 앞쪽으로 띄워 보내기만 하세요. 그것만 해도 큰 성공입니다"라고 안심을 시켜 주었다.

"어떻게 하면 잘 띄울 수가 있지요?"

"어느 아이언이 자신 있습니까?"

"7번이요."

"그러면 오늘은 7번 아이언을 위주로 쳐 보세요."

"네, 그런데 4번 우드는 어떻게 하면 볼이 뜨나요?"

"볼이 뜨는 데서만 사용하시면 됩니다."

"네?" 필자의 답변이 이해가 되지 않는 듯 눈을 똥그랗게 떴다.

'이 볼이 잘 뜰까? 에이 모르겠다 운에 맡기고 치자' 즉 운칠기삼(運七技三) 하면 실패가 따르고 '이 샷은 잘 칠 수 있다. 자신 있는 곳에서 자신 있는 클럽으로 치자', 즉 심칠기삼(心七技三)하면 성공이 따르는 것이라는 점을 차근차근 설명해 주었다.

K부인은 후반에 들어가자 철저하게 잘 뜨는 클럽, 자신 있는 클럽으로 연습장에서 연습을 많이 해 본 자신 있는 샷만을 하였고 후반 9홀에서는 45라는 경이적인 스코어를 만들어 낼 수 있었다. 정규 라운드 5번의 가정주부에게는 거의 불가능한 꿈의 스코어였다.

긍정은 언제나 강한 것이다. 골프는 자신 있게 쳐야 한다. '나는 할 수 있다' 라는 자신감이 있는 곳에서 자신감 있는 방법으로 공격하여야 한다. 50:50의 성공 확률 정도로는 자신감이 절대 생기지 않는 법이다. 성공 확률 70%가 된다고 믿어지면 그때 확신을 가지고 자신 있는 샷을 하여야 한다. 골프에서 자신감은 언제나 기술보다 우선한다. 心七技三을 명심하여 마음을 다스리고 자신감을 가지면 언제나 성공할 수 있다.

코스 매니지먼트는 이렇게 하라

　미국의 어느 교습가는 골프를 구성하는 4대 요소로 롱게임, 숏게임, 매니지먼트 그리고 멘탈컨트롤을 각 25%의 비중으로 똑같이 중요하게 여긴다고 했다. 필자는 개인적으로 롱게임, 숏게임 그리고 매니지먼트 & 멘탈의 삼위일체가 골프의 성공 요소로 각각 1/3만큼의 중요성이 있다고 믿고 있다. 미국의 레슨 프로 100명에게 물었더니, 자기가 지도하고 있는 아마추어가 라운드할 때에 자기가 캐디가 되면 핸디캡에서 약 20~30%를 줄일 수 있을 것이라고 했다. 그만큼 아마추어들이 코스 매니지먼트에 취약하다는 사실을 지적한 말이다.

　아마추어 골퍼들의 경우 대부분 좋은 스윙과 퍼팅에만 신경을 많이 쓴다. 또한 스윙, 퍼팅의 실수에는 대단히 민감하지만, 마인드 컨트롤을 못하거나 부실한 코스 공략법으로 인한 실수에는 의외로 관대하다. 상급자나 프로가 될수록 그들은 코스 매니지먼트를 잘 세울 뿐더러, 플랜을 확실히 세우지 않고는 절대로 그라운드에 나타나지 않는다.

　아마추어들이 그들에게 배워야 할 매니지먼트전략은 크게 세 가지로 본다.

첫째: 코스를 이해하라.

　엉뚱한 방향으로 날린 티샷 하나 때문에 얼마나 많이 타수가 낭비되었는가? 빠지라고 만들어 놓은 해저드는 어떻게 해서든 피하여야 한다. 잘못 친 아이언 티샷 하나로 벙커에서 흐름이 완전히 깨진 경험도 많을 것이다. 가능하면 플레이 전에 코스의 안내도 등 정보를 입수하여 나름대로 홀 별 공략 방안을 세우는 것이 좋다. 그러나 그것이 여의치 않을 경우에는 최소한 티 그라운드에서라도, 꼭 그 홀의 위험지역, 즉 OB, 벙커, 워터, 피하여야 할 심한 내리막 라이 등을 파악하여 안전한 샷의 경로를 설정하고 플레이해야 한다. 매번 다 성공을 할 수는 없을지라도, 한두 개의 샷만 세이브하여도 전체의 흐름과 스코어를 좋게 유지할 수 있다. 안전하고 쉬운 홀에서는 대담하게, 어려운 홀에서는 처음부터 능력 범위를 인정하면 핸디캡의 20~30%는 줄어든다.

둘째: 자신의 능력을 알고 능력대로 플레이하라.

　거리를 내기 위하여 존 댈리 같은 스윙을 모방하거나, 그린 주변 숲속에서 필 미켈슨이나 가르시아의 멋진 로브 샷을 따라 하거나, 어쩌다 한 번 TV에서 본 숲속 탈출의 멋진 장면을 시도한다거나, 왼발 내리막 라이에서 롱 아이언으로 풀스윙한다면 그것은 모두 자신의 능력 범위를 벗어난 만용이다. PGA프로들은 평생 하루도 빠지지 않고 연습을 한 선수들로, TV에 비칠 때는 그들도 흐름이 좋아 성적이 좋을 때란 것을 잊지 말아야 한다. 잭 니클라우스의 "평생 70% 이상 성공 확률이 있을 때만 샷을 했다"는 말을 잊지 말라. 골프는 기적의 샷을 잘 하는 사람보다 엉뚱한 실수를 덜 하는 사람이 이긴다.

셋째: 클럽의 구조 조정으로 적재적소에 활용하라.

만약에 노약자가 9도짜리 강한 샤프트의 드라이버를 쓴다면? 초보자가 페어웨이에서 롱 아이언을 쓰고 어프로치는 로브 웨지를 쓴다면? 자기의 능력에 맞추고 또 코스의 성격에 맞추어 클럽을 구성하는 것이 현명하다. 중·하급자는 다루기 힘든 3번 우드나, 롱 아이언 2, 3, 4번 대신, 잘 뜨고 다루기 쉬운 5번 7번 우드를 쓰는 것이 훨씬 현명하다.

부녀자나 시니어들의 경우 드라이버보다 3번 우드가 체공 시간이 길어 거리가 나며, 또한 백 스핀 양이 많아 사이드 스핀이 줄어들고 방향성이 좋아진다. 얼마 전에 페루에서 한국을 방문한 교민 한 분과 기흥 골프장에서 라운드를 한 적이 있다. 기흥 골프장 북코스 4번 심한 내리막 파 4홀에서 그는 남들과 달리 3번 우드를 뽑아, 좌우측 오비도 피하고 산재한 벙커를 피하여 워터 해저드보다 훨씬 못 미친 안전지대에 정확히 티샷을 날렸다. 그리고 웨지 풀스윙으로 가볍게 파를 잡았다. 설사 길어도 물에 빠지지 않게, 적정 거리와 방향성을 확보한 그의 코스 매니지먼트가 바로 그가 골프 입문 1년에 핸디14의 수준으로 발돋움하게 한 숨은 비결이었던 모양이다.

수준에 맞는 클럽으로 구조 조정하고 적재 적소에 활용하면 성공이 보인다.

주식투자에서 배우는 여덟 가지 성공비결

대부분의 투자자들이 손해를 한탄하고 있을 때에도, 어떤 이들은 수익을 올리고 느긋한 표정을 짓는다. 좋은 전략만 있다면 나쁜 여건에서도 분명 성공할 수 있는 법, 주식과 골프의 성공 비결을 연구해 보자.

● **공짜는 없다. 끊임없이 노력하라.**

피나는 연습 없이 고수의 반열에 오를 수는 없다. 타이거 우즈나 우리의 최경주 선수도 지구상 최고의 연습 벌레이다. 주식투자에서 어쩌다 운좋게 큰 이익을 볼 수도 있겠지만 시장은 결코 만만하지 않으며 끊임없는 연구와 노력을 해야 수익을 올리는 것처럼 골프 역시 노력만이 성공의 어머니이다.

● **멘탈 게임이다. 마음을 다스려라.**

주식투자와 골프 모두 마음 다스림이 결과를 크게 좌우한다. 용기와 절제, 욕심과 걱정이 상존하는 게임이기에 무리하지 않게 적절히 마음을 다스리는 것이 기술보다 중요한 성공의 열쇠가 된다.

● 통계의 게임이다. 확률을 높여라.

실적이나 미래성장성을 무시하고 불확실한 루머로 혹시나 하는 심정으로 매수하는 것은, 열 번에 한 번 성공하는 무모한 샷과 다를 바 없다. 초보자가 러프에서 3번 우드를 쓴다든지 고난도의 로브 샷을 시도하는 것은 확률상 패배를 자초하는 일이다. 확률을 높이는 방법이 성공의 지름길이다.

● 전략의 게임이다. 다음을 생각하라.

팔 때를 생각 않고 무작정 사는 행위를 삼가고 거래량이 아주 적은 주식들은 일단 피하는 게 상책인 것처럼 골프에서 다음을 생각하지 않는 무계획은 종종 비극을 낳는다. 아마추어는 철저히 벙커를 피해서 공략하고, 길지만 잘못 간 드라이버 샷보다 짧지만 정확히 간 아이언 티샷이 훨씬 값지다.

● 버디 값은 비싸다. 승리 후에 자중하라.

어쩌다 예기치 못한 큰 수익을 올리면 마치 대단한 예지력을 가진 듯 착각, 교만에 빠져 쉽게 집중 매수하고, 결국 지난 번 수익까지 다 날리기도 한다. 잘 나갈 때 몸조심은 필수, 가뭄에 콩 나듯 구경하는 버디를 한 후 다음 홀에서 크게 망가지는 경우를 종종 본다. 승리 후에는 자중해야 큰 위험을 피한다.

● 드라이버 보다 퍼팅. 마무리를 잘 하라.

　주식투자에서는 잘 사는 것보다 잘 파는 것이 더 중요하다. 싸게 잘 사더라도 파는 시기를 놓치면 주가는 바닥을 모르고 추락한다. 티샷은 동반자보다 100야드 멀리 치고 매번 쓰리 퍼팅하는 경우도 있다. 드라이버는 매수와 같고 퍼팅은 매도와 같다. 골프와 주식 모두 마무리를 잘 하여야 한다.

● 진정한 용기. 물러설 때엔 물러서라.

　주식투자는 과감히 물러서는 것도 중요하다. 타이밍을 놓쳐 1/2～1/4 토막 되는 대형사고는 치지 않아야 한다. 재작년 PGA챔피언십 마지막 홀, 한 타 차로 앞서고 있던 톰스는 핀까지 2백10야드를 남긴 지점에 드라이브 샷을 보냈다. 그린 앞에 물이 있어 아이언으로 그린 앞 90야드 지점에 레이업을 했다. 3온을 시키고 그 퍼팅을 성공, 챔피언이 되었다. 레이업으로 물러설 줄 아는 용기가 성공의 지혜이다.

● 누구나 특기는 있다. 장기를 살려라.

　투자에는 잘 아는 업종과 종목을 고르는 것이 경제성이나 효율성 면에서 만족스러운 결과를 낳는다. 땅콩 김미현은 단신에서 오는 짧은 거리를 극복하기 위해 집중적으로 연습해서 페어웨이 우드에 관한 한 세계 최고가 되었다. 아무리 노력해도 한계가 있는 드라이버 샷 거리를 늘리려고 노력을 쏟는 것보다 자신이 잘할 수 있는 장기를 살려 페어웨이 우드 샷에 집중한 것이 성공 비결이 되었다.

고인 물은 썩고, 졸면 죽는다

    2003년에 최경주 선수가 꽤 선전을 하였다. 한국인으로는 최초로 유러피언 투어인 독일 마스터즈에서 코스레코드를 기록하며 우승한 쾌거도 이루었다. 그런데 만약 그가 한국에 남아 있었다면, 과연 지금처럼 그가 세계 랭킹 20위권 안에 들 수 있도록 체질이 강화되었을까?
    최경주 선수는 미국 PGA로 진출하기 전에 한국에서는 분명 톱의 위치에 있었으나, 세계 무대에서 보기엔 아직 우물 안 개구리요 골목대장의 범주를 벗어나기 힘들었었다. 그런데 지금 최경주 선수는 세계 정상급으로 성장을 하였다. 그것은 좋은 경쟁자들 사이에서 부대끼면서 체질이 강화되고, 살기 위해서 더욱 노력한 결과이다.
    세계적인 기업들도 경쟁업체들과의 혈투를 통하여 탄생되는 것이다. 만약에 펩시콜라가 없었다면 코카콜라가 지금처럼 발전을 하였을까? 코카콜라 혼자서 그런대로 이익을 내는 건강한 회사는 되었을지 몰라도, 지금처럼 세계 수십억 인구가 콜라를 마시고 있지는 않았으리라.
    최근에 본 기분좋은 보도로, 우리나라 L전자와 S전자가 TV용 LCD

패널 부분에서 세계 1위와 3위를 지키고 있다고 한다. 일본에서 샤프 사에게 밀린 소니가 급기야 S전자와 합작을 위한 SOS를 쳤다고 하는데 L전자와 S전자는 지난 30여 년 간의 경쟁 때문에 체질이 강화되었다고 본다.

곤지암엔 소머리 국밥집, 신당동엔는 떡볶이집, 설악산 근처엔 두부집들이 먹자타운을 형성하고 있다. 맨 처음 식당을 열어 수입을 짭짤하게 올리던 원조식당 주인은 초창기 똑같은 메뉴를 파는 옆집 식당 주인 아줌마를 원수처럼 여겨 머리끄댕이 붙들고 쌈박질도 하였을 것이다. 그러다가 또 하나가 생겨서 이번에는 연합하여 새로운 경쟁자와 싸우게 되고, 서로 미워하면서 죽지 않기 위해 불철주야 품질과 서비스를 개선하다 보니 이제는 오히려 소문을 듣고 멀리서 찾아오는 손님들 덕분에 웃으면서 경쟁하는 원원 상황이 만들어진 셈이다.

해변가 어시장에서 활어를 서울로 운반할 때 장시간 생선이 살아 있도록 하기 위해, 또한 횟집 수족관에서도 조그만 생선들이 긴장하고 살아 있도록 언제나 조금 덩치가 크거나 사나운 놈을 하나 넣는다고 한다. 그래야 많은 생선들이 바짝 긴장하여 그 덕분에 긴 여정을 무사히 마칠 수 있고, 또 살기 위해 도망치며 움직이기 때문에 육질이 좋아진다고 들었다.

과거에 애플 컴퓨터는 기술자 출신 창업주와 불편한 관계의 경영진을 의도적으로 구성함으로써 결국 기술과 관리의 조화로운 만남을 이루어 좋은 결과를 창출하였다고도 한다.

이렇듯 건전한 긴장 관계는 회사 경영은 물론 골프에서도 중요하다. 혹시라도 여러분을 불편하게 만드는 실력 있는 경쟁자가 있다면

제5장 경영 / MBA 성공하는 골프 261

오히려 감사해야 한다. 경쟁자로부터 내가 갖지 못한 강점을 배울 수 있고, 나를 쓰러뜨리는 그 장기를 배울 수 있기 때문이다.

    아마도 뒤돌아보면 라이벌과 적당히 긴장하면서 칠 때 대체로 괜찮은 성적이 나왔을 것이다. 고인 물은 썩고, 좋면 죽는다는 수족관 원리, 골프에서도 이것을 염두에 두어야 한다.

필드의 리스크 매니지먼트 벙커 전략

인생이건 사업이건 18홀의 골프 라운드건 어느 것 하나도 위기 없이 지나는 법은 없다.

회사의 경영도 적절한 위험 관리를 통해서만 안정적으로 유지할 수 있듯이, 필드에서도 위험 관리는 필수이며 그 대표적인 것이 바로 벙커 처리이다. 대한민국 골퍼 3백만 명 중 벙커로 고민하지 않는 자는 거의 없다. 아마도 엊그제 머리를 얹은 초보골퍼는 뭘 모르기 때문에 두려워하지 않는지도 모른다. 구력이 조금만 있어도 벙커가 어떤 곳인지, 그곳에서 어떤 사태가 일어나고 그것이 전체 게임에 어떤 결과를 초래하는지 숱한 경험을 하게 만든다. 그래서 상급자로 갈수록 또 프로일수록 벙커의 위협을 더 느끼게 된다.

지난 3년 간의 골프 스코어를 분석하여 보니, 필자는 그린 주변 벙커에 빠진 횟수만큼 핸디캡을 초과하는 타수가 나왔다고 해도 과언이 아니다. 벙커 매니지먼트없이 싱글 핸디캐퍼나 상급자가 되기 어렵다는 것은 누구나 다 안다. 그렇다면 벙커에는 어떤 전략이 있어야 할 것인가를 살펴 보자.

1. 무조건 피하라.

세계에서 가장 벙커 샷을 잘 하는 PGA 벙커 샷 부문 1위 선수가 통상 2/3를 파 세이브한다. 그것도 빛나는 퍼팅 실력이 뒷받침되어서…… 우리의 호프 최경주 선수도 샌드 세이브율이 중상위권으로 1/2 수준이고, 핸디캡 6인 필자는 파 세이브 확률이 1/6에 불과하다. 그러나 그린 주변 같은 거리에서 벙커가 아니라면 약 50%를 원 퍼트 처리하고 있다. 그렇기에 벙커에는 빠지면 손해라서 무조건 피하는 것이 상책이다. 소방서가 아무리 가까이 있어도 불은 절대로 나지 않아야 하는 것 아닌가?

그러나 예외적으로, 1) 물에 빠지거나, 오비가 되는 것보다는 벙커가 낫다. 결국 1타만 손해를 보니까……. 2) 성공 확률 70%가 되면 벙커를 넘기는 샷을 해도 무방하다. 필자의 경우 8번 아이언부터 벙커를 넘기는 샷을 하고, 7번 또는 그보다 긴 클럽은 아예 핀을 넘겨서 거꾸로 공격하는 루트를 택한다.

2. 일단 그냥 나오라.

커다란 사고는 벙커에서 핀 옆에 붙이려는 욕심 때문에 많이 일어나고, 아예 빠져 나오지 못하는 것은 주 이유가 너무 겁을 먹기 때문이다. 욕심과 두려움 모두 반갑지 않은 적이다. 일단 벙커에서는 핀의 위치를 무시하고 그린 중앙이건, 그린 가장자리이건 심지어는 그린 밖이라도 아주 안전한 곳으로 한 번에 빠져 나오도록 한다. 사업이건 골프이건 위기에서 너무 복잡하게 따지면 오히려 악수를 둘 가능성이 커진다. 가장 단순한 방법으로 즉시 위기를 탈출하여야 한다.

3. 과감하게 하이 피니시하라.

일반적인 벙커 샷이라면, 샌드웨지를 과감히 오픈하고 볼 뒤 1~2인치부터 천원짜리 한 장 만큼 넓이로 모래와 함께 높이 퍼내도록 한다. 스윙의 크기/거리감은 페어웨이 피칭 어프로치의 3배를 생각하라. 즉 10야드짜리 벙커 샷이면 30야드 피칭 어프로치하는 정도의 스윙을 한다. 모래의 저항과 샌드웨지의 고탄도 때문에 거리가 1/3 정도로 덜 나가는 것이다. 위기에서 휘두르는 칼은 확실히 끝까지 휘둘러야 위력을 발휘한다.

4. 결과는 잊어라.

혹시 벙커에서 나오긴 했으나 볼 위치가 만족하지 못하면 나온 것만으로도 감사하고, 만약 핀 옆에 붙었으면 절대 자신의 실력으로 착각하지 말라. 차라리 운이 좋았다고 생각하라. 매번 그렇게 잘 나온다는 것은 환상이다. 벙커 샷의 결과에 연연하지 말라. 그저 다음 샷 즉 퍼팅을 어떻게 하면 넣을 수 있을까 집중하라. 위기에서 빠져 나온 사업의 경영도 바로 그 다음 조치에 따라 성공이 판가름난다.

불안감 다스리기

경영과 골프에서 실패 또는 실수의 요인 중 대표적인 것은 크게 세 가지로 나눈다.

첫째: 회사의 능력과 제품이 부족해서 (워낙 연습도 부족하고 실력이 없어서)

둘째: 경영자가 합리적이지 못해서 (플레이어가 화가 나 있을 때)

셋째: 경영환경이 어려워 불안할 때 (플레이어가 소신이 안 서고 불안할 때)이다.

그렇다면 왜 목숨이 걸린 것도 아닌데 골프 샷에 불안감과 공포가 생기는가? 그것은 자신에게 믿음이 없기 때문이고, 성공 확률이 적다는 것을 알기 때문이다. 골프를 잘 치기 위해서 끊임없는 인내심을 가지고 연습을 하여야 하지만, 그에 못지않게 마음 다스리기 또한 중요하다. 오늘은 특히 불안, 공포심 다스리기를 살펴 보자.

공포는 인간의 두뇌에서 가장 잘 만들어진다고 한다. 사실 별로 걱정할 것도 아닌데 사람들은 인생지사 일어나지도 않을 많은 것들을 필요 이상 걱정을 하면서 살아간다고 한다.

골프도 불필요한 상상이 불안감을 유발하고, 더욱 공포심을 자극하여 사태를 악화시킨다.

해결 방법은 아래와 같다.

1. 목표와 기대치를 현실적으로 낮추어라.

여주 S골프장 1번 홀 티 그라운드 앞에는 100야드짜리 연못이 있다. 이곳에서 실로 수많은 골퍼들이 티샷을 바로 코 앞의 연못에 빠뜨린다. 몸도 안 풀린 상태에서 멋지게 230야드 날아가는 드라이빙을 기대하면 안 된다. 7번 아이언으로도 얼마든지 건너는 연못은 그저 마음 편하게 60~70점짜리 샷으로 넘기도록 한다. 특히 동반자가 멋진 샷을 한 이후 더욱 기준을 낮추어 안전을 택하라.

2. 좋은 것만 생각하고 긍정적인 자기 암시를 하라.

티샷부터 퍼팅에 이르기까지 골퍼들은 모두 좋았던 샷을 한두 개씩은 기억할 것이다. 비슷한 상황에서 과거에 어렵지 않게 성공하였던 좋은 장면들을 연상하여 긍정적인 자기 암시를 연출하라. 지난 번에 홀 한 뼘 옆에 붙인 어프로치 샷을 연상하면 최소한 그리 멀지 않은 퍼팅을 할 수 있을 것이다. 골프는 언제나 긍정적인 생각이 부정적인 생각보다 좋다. 톰 왓슨이 십여 년 전 US 오픈 마지막 라운드 17홀 그린 옆에서 캐디에게, "무슨 소리야 나는 직접 넣을 수 있어"라고 이야기하고 칩인에 성공, 우승을 거머쥔 것은 매우 긍정적인 자기 암시의 실현이었다.

3. 용감하게 대시하라.

좋은 코스 매니지먼트는 장기적으로는 공격 경영을 하여야 한다. 어렵다고 절대 위축되지 마라. 두려워 말라. 싸우라. 2003년도 마스터즈 최종일 써든 데쓰 때, 렌 매티스의 세컨 샷은 끝까지 휘두르지 못해 큰 실수가 되었다. 위기에서는 과감한 스윙을 끝까지 피니시해야 바로 간다. 정신적으로 밀리면 스윙도 실수하고 게임도 진다. 심호흡 크게 하고 과감하게 돌진하라.

4. 지식과 정보는 해독제, 알고 대처하라.

현실적인 작전 전략을 세우면 두려움이 없어진다. 코스의 안내 책자도 활용하고, 라운드 전에 특정 홀의 특별한 지형이나 장해물도 정확히 파악하여 정면 돌파가 어려우면 피하여 돌아가는 계획을 세워라. 어떠한 경우라도 유비무환(有備無患)이 무비유환(無備有患)보다는 낫지 않은가?

5. 길게는 기초에 충실하라.

근본적으로는 기본에 충실하여 충분한 연습을 통하여 실력을 길러야 한다. 실력이 뒷받침되지 않는 일시적인 성공은 오히려 판단을 흐리게 하여 큰 낭패를 일으키기도 한다. 버디 후에 허물어지는 아마추어 골퍼가 얼마나 많은가? 언제든지 70% 정도의 성공 확률을 이룰 수 있게, 두려움 없이 샷을 할 기초를 충실히 쌓아야 한다.

비전을 세우고 강점으로 승부하라

S그룹의 K상무가 물었다.

"선배님 저는 왜 골프 스코어가 그렇게 개선이 안되지요? 저는 골프와 맞지 않는 것 같습니다."

어떤 것이 골프가 안 되는 이유인가를 묻는 필자의 질문에 그는 이렇게 대답했다.

"우선 첫째로 스윙이 빠릅니다. 그리고 둘째로 실수를 하면 마음을 다스리지 못하고 연거푸 실수를 하고, 그리고는 그냥 허물어져서 몇 홀에 다 말아 먹습니다."

K상무는 기획, 투자 등을 섭렵한 영업담당 임원으로 그의 전략은 언제나 알차며 뛰어나서 항상 좋은 성과를 내고 있기 때문에 그의 답변은 정말로 의외였다.

물론 회사 경영과 취미로 하는 골프가 똑같을 수는 없다. 그러나 K상무의 경우 최소한 본인의 결점을 인지하고 있기에 이렇게 몇 가지를 조언하였다.

첫째, 골프 스윙의 구조적 특성을 파악할 것
둘째, 자신의 스타일과 골프 경쟁력을 분석할 것
셋째, 핵심 역량 집중으로 경쟁 우위를 확보할 것
넷째, 비전을 수립하고 성장 방향을 설정할 것

첫째, K상무의 스윙 템포가 빠른 것은 문제가 되지 않는다.

그렉 노먼, 닉 프라이스처럼 템포가 빠른 골퍼도 있고, 어니 엘즈나 커플즈처럼 천천히 유연하게 치는 골퍼도 있다. 템포가 빠르건 늦건 실력 있는 골퍼들은 모두 공통점이 있는데, 그것은 스윙을 충분히 한다는 점이다. K상무는 특히 자기의 백스윙이 충분하지 못하다는 것을 인정하였다. 그래서 그에게 혁대 버클을 바지 오른쪽 재봉선까지 넉넉히 돌려 줄 것을 권하였다.

둘째, K상무는 거리에 관하여는 남에 뒤지지 않는다.

그러나 잘 나가다가 가끔 실수하는 경우 그 실수가 연거푸 일어나는 단점을 걱정하였는데, 그 역시 큰 문제가 아니다. 타이거 우즈도 한 라운드에 몇 번의 실수를 하며, 싱글 핸디캐퍼 그 누구라도 자기 핸디캡보다 많은 실수를 한다. 핸디 18의 보기 플레이어는 적어도 매 홀 한 번씩은 실수를 한다고 보면 된다. 그래서 아무나 또 누구라도 하는 실수를 탓하거나 또는 뒤돌아볼 필요가 없다. 단지 지금 이 샷에 집중하면 된다. 그리고 실수 후에 하는 첫 샷은 자기가 가장 자신 있는 클럽으로 안전하게 친 후, 그리고 그 다음 샷으로 승부를 하면 그것으로 충분하다.

셋째, 거리, 방향성, 퍼팅 모든 부문에서 능력을 골고루 갖춘 골퍼는 없다.

장타자는 거리 자랑의 교만을 버리고, 방향성에 치중하면 되고, 단타자는 약점을 극복하기 위해 잘 뜨는 우드 샷을 집중 연습하면 된다. 온그린 확률이 다소 떨어지는 골퍼는 어프로치를 집중적으로 연습하면 스코어를 획기적으로 개선할 수 있다. 자기의 강점 즉 장기를 활용하여 골프의 경쟁력을 기르면 된다.

넷째, 비전을 수립하고 단계적 목표와 효과적 성장 방향을 설정해야 한다.

'과연 내가 바라는 궁극적인 목표는 어디인가? 언더파인가? 싱글핸디캡인가? 또 어떻게 얼마나 걸려서 그 목표에 도달할 것인가?' 등 계획을 세워야 한다. 드라이버 사고만 치지 않으면 100이 깨지고, 미들 아이언만 잘 쳐도 90은 허물어진다. 어프로치가 정교해지면 80 안쪽으로 들어가고, 퍼팅의 예술사가 되면 언더파까지 갈 수 있는 것이 골프의 길이다. 그러나 이 모든 것을 한꺼번에 이룰 수 있는 길은 없다. 따라서 자신의 강점과 능력 범위 내에서 차분하게 목표를 설정하고 노력하면 대단히 효과적인 성장을 이루는 날이 온다.

곁가지 정리하니 주가도 골프도 '쭉쭉'

지난 달 C신문 경제면의 기사 제목 하나가 '곁가지 사업 정리하니 주가도 쭉쭉' 이었다.

'곁가지 사업을 정리하고 핵심 분야에 집중한 기업들의 주가가 강세다' 라고 기자는 강조하였다. 국내 화장품 업계 부동의 1위라는 T사도 90년대 초부터 그 동안 다각화했던 의류, 금융, 스포츠 사업을 매각하고 화장품 위주로 구조조정을 단행한 결과 현금 흐름이 개선되었고 90년대 말부터 본격적으로 이익을 내더니 주가는 약 20만원대의 사상 최고가를 경신했다고 한다.

식품, 엔터테인먼트 사업을 축으로 하는 C사는 청량음료, 통신망, 화장품 회사와 금융 계열사를 매각하고 경쟁력 있는 식품 부문에 집중하여 안정적 사업 구조를 갖추자 올들어 주가가 2배 가까이 올랐으며, 한때 통신, 금융, 전자업종으로 다각화를 시도했던 H사도 제지 중심으로 기업 구조를 재편한 이후 작년 1,000억 원 이상의 흑자를 기록했다고 한다.

아일랜드에 출장 가서 들은 이야기가 있다. 아일랜드가 자랑하는 흑맥주 기네스 회사의 이야기인데 기네스북으로도 유명한 250여 년 역사의 그 회사는 한때 250여 개의 계열사를 거느린 방만한 경영을 하다 크게 위기를 맞았다고 한다. 계열사를 거의 정리하고 다시 흑맥주 사업에 집중한 결과 8년 만에 주가가 10,000배나 뛰어 수익성 있는 회사가 되었다고 한다. 맹수와 독수리도 될 놈만 골라서, 강한 새끼만 집중하여 살린다고 한다. 즉 가치가 있는 곳에만 투자를 하는 것으로 소위 경쟁력도 집중의 원리에서 나온다.

골프의 마스터인 프로가 되기 위하여는, 사실 모든 분야에서 실력이 골고루 뛰어나야 한다.

그런데 아마추어들은 사업이나 직장 때문에 시간을 그리 넉넉하게 쓰지 못하는 것이 현실이다. 연습할 시간이라고는 기껏해야 주 2~3시간 밖에 없는 데

- 티샷은 언제나 250야드를 넘는 바르고 긴 샷
- 롱 아이언을 포함한 모든 아이언의 정확한 방향성
- 갖가지 탄도의 어프로치 통달
- 모든 롱 퍼팅을 2피트 이내에 붙이는 감각을 한꺼번에 추구하려 한다면 자기 자본이나 능력 없이 무리한 확장을 감행하는 문어발식 기업 경영과 다를 바 없다.

육상 선수들의 경우에도 마라톤, 중거리, 단거리, 장애물 경기 모두 선수들의 특기가 다르다.

강타자들은 숏게임이 다소 취약하고, 단타자들은 불가피하게 우드 샷이나 어프로치가 강해진다. 필자의 경우에는 1주일에 평균 3시간 정도의 연습과 주 1회 정도의 라운드로 모든 것을 다 잘 할 수가 없다

는 것을 알고 있고, 그래서 몇 가지로 집중해 연습한다.

- 티샷은 평지에서 평균 220야드만 똑바로 나가주면 더 이상 거리 욕심을 내지 않는다. 410야드가 넘는 긴 홀이라면 처음부터 보기를 각오하고 방향에 집중한다.
- 세컨 샷으로는 여간해서 성공율이 떨어지는 3번 우드나 3번 아이언을 쓰지 않는다. 그저 그린 중앙이나 주변의 안전지대를 향해 미들 아이언이나 숏 아이언에 집중한다.
- 어프로치의 경우에도 일관성 있는 피치 & 런으로 20야드 전후를 중점 연습한다. 온그린을 놓치더라도 절반은 1퍼트로 마무리하도록 평소에 연습을 많이 한다.
- 현실적으로 10미터가 넘는 거리의 퍼팅은 철저하게 붙이기 래그 퍼팅(Lag Putting)하고, 대신 숏 퍼트를 집중한다.

S그룹이 재계 서열 1위이라지만, 모든 업종에서 다 1위는 아니다. 타이거 우즈가 세계 골프랭킹 1위이지만 모든 분야에서 1위는 아니다. 아마추어 골프가 골프 스윙 퍼팅 모든 분야를 다 발전시키기에는 너무나 많은 시간과 노력이 요구된다. 현재의 입장과 여건을 고려하여, 가장 빨리 효과를 볼 수 있는 곳에 집중하여 투자하는 것이 단기간에 발전할 수 있는 최선의 방법이다. 일단 한 번 업그레이드시킨 후에는 다시 그 자리에서 한 칸 더 오를 수 있는 방법을 모색하면 된다.

강점에 집중하는 것이 효과적인 골프 경영 기법이다.

골프도 경영도 안전 전략이 최우선

얼마 전에 대학 후배인 Y와 골프를 한 적이 있다. 그는 보기 플레이어인데, 오래 전에 필자와의 라운드에서는 성적이 좋지 않았기에, 그날은 유독 좋은 모습을 보여주고 싶었던 마음이 컸던 것 같았다. 그러나 골프란 것이 어디 마음대로 되는 것인가? 사업도 골프도 외형에 치우치거나 과욕을 해서 무리수를 두면 꼭 반대로 탈이 나고, 겸허히 마음을 비우면 슬며시 다시 돌아오는, 마치 까탈스런 여자 친구 같은 것이 아닐까?

무언가 보여주고 싶었던 Y는 과욕이 앞서다 전반에 무려 49타라는 형편없는 스코어를 쳤고, 내게 받은 핸디캡 8점도 모자라서 오히려 2타를 뒤지게 되었다. 후반에 Y는 큰 결심을 알려 왔다.

"선배님, 저 이제부터 드라이버를 포기하겠습니다. 아이언 티샷을 하겠습니다."

전반과 달리 매 홀 4번 아이언으로 티샷하며 철저히 안전 운행으로 무리수를 두지 않았다. 티샷이 필자의 드라이빙과 족히 30야드씩 차이가 났지만, 그는 미들 아이언으로 제주도 온그린을 시켰고, 필자는

오히려 숏 아이언으로 자꾸 핀에 붙이려다 벙커에 빠뜨리는 등, 평소 답지 않은 실수를 거듭한 끝에 그와 후반에는 비기게 되었고 그는 자기 핸디캡을 칠 수 있었다.

그렇다. 드라이빙이 흔들리지 않는 싱글 핸디캐퍼와, 아이언 티샷을 한 보기플레이어가 동 타를 친 것은 바로 작전의 성공이었다. 이것은 상급자를 지향하는 골퍼들에게 아주 좋은 사례가 될 수 있다. 골프란 결코 스윙의 연속이 아니다. 골프란 작전의 게임이고 또한 그 전략의 집행이다. 아무리 스윙이 좋아도 결국 게임에서 차지하는 비중은 불과 50% 미만이다.

매 홀 플레이를 함에 있어, 그 방법은 무척 다양하다. 가장 현명한 것은 플레이어가 자기 자신의 능력과 스타일을 충분히 파악하여, 가장 적합한 홀 별 전략을 세워, 실수를 적게 하면서 가능한 한 일관된 스코어를 만들어 내는 일이다.

보기 플레이도 잘 못하는 사람이 핸디캡 1번 홀에서 파를 하겠다고 덤빈다면, 코스의 설계자는 그에게 오히려 트리플 보기나 더블 파 같은 혹독한 처벌을 안겨 준다. 핸디캡 20이라면, 핸디캡(Stroke Index) 1의 홀에서는 '나에게는 더블 보기가 곧 파'라는 전략으로 임한다면, 결코 결과에 실망하지 않게 될 것이며 오히려 안정된 스코어를 유지할 수 있게 된다.

때로는 운좋게도 그 홀에서 보기나 파를 한다면 그것은 작전상 '버디나 이글'이 되는 것이 아닌가? 이렇게 골프에 임하면 훨씬 더 좋을 것으로 생각하며 두 가지 간단한 전략을 소개하려고 한다.

1. 트러블을 멀리하여 안전 운행한다.

만약 오른쪽에 오비나 워터 해저드가 있다면, 철저하게 오른쪽에서 티업하여 왼쪽으로 공격하라. 이것이 좁은 페어웨이를 넓게 안전하게 쓰는 방법이다. 또한 깊은 벙커가 있으면 아예 짧게 치거나, 훨씬 길게 쳐서 실수하더라도 빠지지 않게 모든 트러블은 원천적으로 우회하라. 일단 벌타 없는 경기가 적자를 면하는 최우선 방책이다.

2. 클럽 선택을 지혜롭게 한다.

티샷은 배구의 서브와 같은 것. 서브를 넣을 때 죽기 살기로 세게 넣는 것을 보았는가? 적당한 강도로 안전하게 인 플레이하는 정도면 충분하다. 300야드 티샷이라고 한 점 빼주지는 않는다. 3우드이건 4번 아이언이건 편안히 다음 샷을 할 수 있는 곳으로 티샷하면 된다. 페어웨이에서도 무엇이든 자신 있는 클럽을 사용하면 된다. 상급자가 되면 대개는 티샷으로 드라이버를 잡지만, 3번 우드 또는 롱 아이언을 꺼낼 수 있는 것도 진정한 용기이며 지혜이다. 10여 년 전 닉 팔도가 브리티시 오픈에서 우승할 때, 마지막 날 드라이버를 2~3번밖에 잡지 않았던 적도 있다.

실수 후 반응이 성패의 갈림길

노벨화학상 수상 소감으로 다나까 고이치씨는 평범한 일에도 신바람나게 일한 결과라고 했다. 그러나 아무리 신바람이 난다 하여도 언제나 성공하는 것은 아니다.

수많은 사람들과 회사가 시련을 거치며 실패하고 쓰러지기도 하고 또다시 살아나기도 한다. 불과 10년 전 재계를 주름잡았던 많은 회사 중 흔적조차 사라진 경우가 얼마나 많은가? 70~80년 한 평생을 아무런 부침 없이 평탄하고 행복하게 살다 가는 인생도 그리 흔치 않다. 40여 년 간의 찬란한 공직 생활을 하던 분이 자신의 어려움을 이기지 못하고 스스로 목숨을 끊은 가슴 아픈 사연을 보기도 하였다. 개인의 삶이건 회사 경영이건 끝없이 실수와 실패가 생긴다.

그렇다면 무엇이 성패를 가르는 갈림길이 되는 것일까? 한 마디로 실수 후에 어떤 반응을 보이느냐 하는 것이 관건이다. 성공한 경영자 그리고 성숙한 골퍼들은 실수에 대한 반응이 확실히 다르다. 성공한 경영자들은 사업이 안 되거나 실수를 하였어도 힘을 내고 일어나는 반응을 보였는데, 골프에서는 실수 후의 반응 차이가 곧 핸디캡의 차이라고 하여도 과언이 아닌 것 같다. 성공한 골퍼와 경영자들의 실수와 실패에 대한 공통적인 반응을 살펴 보자.

책임 정신이 강하다.

남이나 주변의 상황 탓을 하기 전에 자기 탓으로 돌리는 책임 정신이 그것이다. 직원들이 안 따라 주어서…… 캐디가 거리를 잘못 불러 주어서…… 라고 하기보다는 내가 솔선수범하지 못해서…… 조금 더 자세히 물어보고 참고하였어야 했는데…… 내 탓으로 돌린다. 18홀 내내 투덜거리며 잘 치며 행복해하는 골퍼는 없고, 맨날 불평하는 유능한 경영자는 없다

똑같은 실수의 반복은 없다.

때로는 비슷한 실수를 하지만, 연속해서 같은 실수를 하는 우를 범하지는 않는다. 어떤 골퍼는 2타 만에 그린 엣지까지 와서 서너 번씩 뒷땅을 치고 온그린시키고 똑같은 홀에서 매번 똑같이 OB를 내기도 한다. 그러나 현명한 골퍼는 그런 실수에서 비싼 값을 치루는 것이 아니라, 오히려 교훈을 얻고 후에 같은 실수를 반복하지 않는다.

언제나 긍정적이다.

누구나 실수를 할 수 있다는 것을 알고, 그것을 발전 과정의 한 부분으로 이해한다. '난 안 돼 난 안 돼' 하면서 부정하는 것이 아니라, 이번에는 실수했지만, 다음에는 전략을 바꾸던가 더욱 조심을 해서 성공할 수 있다고 믿는다. 실패하였다고 생각하기보다는 다만 잘 안 풀린 것으로 여기고 긍정적인 자세로 경기를 계속해 간다.

새로운 방법으로 개선한다.

무지막지하게 과거의 방식만을 무조건 고집하지는 않는다. 아무리 퍼팅이 칩 샷 보다 안전하다 하더라도, 엣지에서 자신이 없는 30야드 짜리 롱 퍼팅을 고집하는 것보다는 칩 샷이나 피치 & 런으로 바꾸어 보는 것처럼, 잘 안 될 때에는 새로운 방법으로 하여 본다. 창의력이 있어야 골프의 샷 메이킹 실력도, 회사 경영의 경쟁력도 발전한다.

끝까지 포기하지 않는다.

아무리 18홀 내내 피범벅이 되었어도 마지막 퍼팅 하나라도 잘 하고 가겠다는 인내와 끈기가 강한 골프를 만든다. 프로들의 스킨스 시합은 마지막으로 갈수록 상금이 높아지며, 맨 마지막 한 홀 잘 치고 거금을 챙긴 프로들을 스킨스에서는 많이 본다. 마지막 내기 배판에서 이기는 골퍼가 강한 골퍼이다. 최고의 제품들은 수많은 시행착오 속에서도 포기하지 않았을 때 탄생되는 것과 같은 맥락이다.

실수를 하지 않는 것보다 중요한 것은 반응의 차이로, 실제 성공과 패배의 엄청난 결과를 가져온다.

평소 아이들에게 하는 이야기인데 골프에서도 맞는 말이다.

"실수 후 베드로는 회개했고, 유다는 가책 끝에 자살했다."

실패 후 재기 방법

우리는 누구라도 실패로부터 자유로울 수가 없다. 개인의 삶이건, 가정이건, 회사 경영이건 또는 골프라도 누구나 실패를 경험할 수 있기 때문이다. 세계적인 부호나 발명가들 중 처음부터 끊임없는 성공만을 거듭하여 온 사람이 얼마나 되겠는가? 아마추어는 물론이려니와 세계적인 프로 선수라 하더라도 평생을 부침 없이 승승장구한 선수가 몇이나 되겠는가? 아마도 사례를 찾기가 매우 힘들 것이다.

성공과 실패는 잘못된 일을 놓고 어떻게 반응하느냐의 차이에 달렸다고 믿고 있다.

경영에서나 골프에서나 궁극적인 성공을 위해 '실패 후 재기 방법'을 연구하여 보자.

● **쓰라린 실패지만 분명 유익한 점이 있다.**

왜 실패했는지, 무엇이 효과적인 방법이 되지 못하였는지를 알려주기 때문이다. 누가 늘 기막힌 성공만 한다면 과연 그가 남들과 어울려 살아갈 수 있을까? 아마도 교만과 이기주의에 팽배하여져서 끝내는

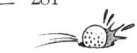

혼자 몰락의 길을 걷게 될지도 모른다. 실패는 우리에게 보다 새롭고 좋은 방법을 모색하도록 한다. 그리고 무엇이 진정 중요한 것인지를 재고하게 하며 방향을 점검하도록 만드는 유익이 있다. 그래서 위인들은 실패라고 하지 말고 교육이라고 부르자고 말하기도 했다. 입문 초기에 쓰라린 패배를 맛보고 와신상담 끝에 싱글 핸디캐퍼가 된 골퍼들, 어처구니 없이 세자리 숫자를 쳐 망신당한 후 이를 악물고 연습하여 고수가 된 골퍼들, 만년 하수가 득실거리지만, 실패를 성공으로 반전시킨 사례를 우리는 흔히 찾을 수 있다.

- **실패에 책임지고 실수를 인정한다.**

인간은 누구나 실수하고 실패할 수 있다는 사실을 받아들이고 다른 사람을 비난하지 말아야 한다. 진실로 성공하는 사람은 실패했을 때 다른 이들을 비난하지 않고 자신의 잘못을 인정한다. 88연승을 기록하였던 미국의 대학 농구 감독이 리드하던 경기에서 진 후 인터뷰에서 '모든 것이 다 제 잘못입니다' 라고 말했다고 한다. 그가 바로 진정한 승자였다.

오래 전 어느 후배와 라운드를 끝내고 꾸중을 해 준 적이 있다. 그는 골프 실력이 짧은 시일 내에 빠르게 발전하였으나 룰이나 에티켓에 대한 의식은 부족하였는데, 그린에서 캐디가 볼의 로고로 방향을 맞추어 놓을 때 잘못 놓았다고 불평을 하였기 때문이었다. 플레이어 본인이 놓는 것이 룰이고 또 그렇게 해야 방향을 잘못 잡은 것인지 잘못 친 것인지가 식별이 되므로 궁극적으로 실력을 높이는데 도움이 되는 것이다. 자신의 실수의 본질을 파악하고 그것을 인정할 때 골프도 업그레이드되며 발전하게 된다.

● 과거는 잊고 미래에 집중한다.

한강 다리 밑의 물은 이미 흘러갔다. 지나가 버린 과거, 바꿀 수 없는 지나간 것에 대하여는 더 이상 염려하지도 미련을 갖지도 말아야 한다. 뒤에 있는 것은 잊어버리고 앞에 있는 것을 잡으려고 집중하여야 한다. '왕년에~~'는 더 이상 만병통치약이 아니고, 더블 보기에 가슴 아파서 연연하면 트리플 보기가 찾아오는 것이 골프의 속성이다.

도마뱀이 위기에서 꼬리를 자르고 몸을 보호하듯이, 잘못된 과거의 실패에 연연하지 말아야 한다. 많은 경영자들이 잘못된 기존 사업에 연연하여, 또 많은 골퍼들이 지난 홀 실수의 악령에 사로잡혀 새로운 사업이나 새로운 홀의 플레이에 집중을 하지 못한다.

'뒤돌아보면 죽는다. 소돔과 고모라의 소금기둥이 되기 싫다'의 마음으로 잘못된 과거로부터 무조건 속히 떠나야 한다. 그래야 새로운 모습으로 변화하고 발전할 수 있다.

CEO 예수의 골프 경영

예수가 이 땅에 오신 지 2,000년이란 세월이 흘렀으나, 아직 예수보다 이 세상을 더 잘 경영한 인물은 없다. 크리스천이건 아니건 예수의 지도력, 성품 또 리더로서의 자질을 의심하지는 않는다. 역사상 가장 존경받는 지구상 최고의 경영자 예수, 만약 그 예수 CEO께서 골프를 하셨다면 과연 어떻게 하셨을까? 우리가 과연 무엇을 배울 수 있을까 살펴 보는 것은 매우 의미 있다고 본다.

지도자와 지속적 교제 및 점검

예수 CEO는 골프에 대한 비젼을 먼저 확립하고, 입체적, 거시적 관점에서 계획을 세우며 코치(하나님)의 정기적인 지도 점검을 받아 실천하고 실수 없이 목표를 이루어간다.

결코 혼자서는 최고의 수준에 오를 수 없는 것, 최강 타이거 우즈도 계속 레슨을 받고 있지 않은가?

나귀에 발길질 않는 인내와 여유

타고 있는 나귀가 갑자기 움직이기 거부할 때 많은 사람들은 나귀를 걷어찬다. 그 나귀가 자신의 생명을 구해줄지도 모르는데…… 예수 CEO는 오히려 잠시 휴식을 취하며 행로와 사명을 다시 생각한다. 안될 때 타석에서 벗어나 다시 시작하는 인내와 여유가 효과적이다.

늘 감사하는 마음과 자세

언제나 열린 마음, 감사하는 마음, 경청하는 마음은 리더십의 핵심 요소이다. 예수 CEO는 클럽 챔피온 실력자이지만, 겸손하기에 더욱 인기 있다. 동반자들은 그와 라운드하면 즐거움에 성적도 좋아지고, 도우미도 고마움에 행복하여 피곤한 줄 모른다.

마당발, 인적 자원의 활용

돈이면 그만이라고 생각하지만, 자신의 가장 큰 자원은 '내가 잘 알고 있는 사람들' 이다. 예수 CEO는 출신 성분을 따지지 않고 인적자원을 잘 활용한다. 골프장 직원, 피팅 전문가, 트레이너, 기자, 협회 등 곳곳의 전문가들이 열과 성을 다하여 기쁜 마음으로 예수 CEO를 도우려고 한다. 그래서 그들의 도움으로 골프 입문 3년에 클럽 챔피언이 되었다.

명확한 계획과 지침

훌륭한 리더는 계획을 가진다. 예수 CEO는 제자, 후배들에게 명확한 계획을 알려주고 바라는 결과를 어떻게 얻을 수 있는가에 대해 분명한 지침을 주었으며, 본인이 솔선수범하여 계획대로 실천하던 중,

머리로 알던 골프가 가슴과 몸으로 잘 정립되었다.

뺀 칼은 휘두르는 단호함

예수 CEO는 일단 방침이 서면 머뭇거리거나 무의미한 절차로 시간을 허비하지 않고 단호하였다. 전에 행하지도 보지도 못한 샷을 할 때에도 주저함 없이 자신 있게 샷을 한다. 골프도 경영도 주저하는 자는 실패한다. 일단 목표가 정해지면 단호하게 휘두른다. 결과를 두려워 말라.

한 번에 한 계단씩 성실함

큰 건물 앞 붕어빵 노점상이 하루 밤새 그 건물을 소유할 수는 없다. 방법은 비가 오나 눈이 오나 좋은 빵을 잘 팔아서, 건물 한 구석에 조그만 점포를 얻고, 그 점포를 늘려 여러 개 층에 사업을 확장하고 충분한 여력이 생기면 그때 건물을 사게 된다. 예수 CEO는 한 번에 한 계단씩 올라갔다. 하루 만에 장타자와 퍼팅의 달인은 결코 되지 못한다. 퍼팅 연습으로 밤새워 본 사람들이 싱글이 된다.

투명함이 영원한 경쟁력

자기 죄를 감추고 잘 될 리 없다. 제 잘못을 반성하면 동정받고 구제된다. 숨기려 하는 것은 '너보다 위대하다' 라는 의미요, 교만한 행동이다. CEO는 언제나 룰대로 플레이한다. 때로는 스코어가 나쁠 수도 있지만 부끄러워할 필요가 없다. 2002년 브리티시 오픈 때 양심을 지킨 최경주 선수가 2003년에는 건너 마을 독일에서 우승을 하였다.

제6장

묵상 : 승리하는 삶과 골프

승리 다음 뜻밖의 패배

미국 프로야구에서는 신인 투수상을 받은 선수는 다음 해에 형편없는 슬럼프에 빠져서 고생을 하는 경우가 대부분이라고 한다. 수상을 한 선수 본인은 대체로 교만해져서 방심을 하고, 상대팀은 그의 투구를 더욱 연구하여 공략 방법을 터득하기 때문이다.

골프를 비롯하여 모든 신인왕이 2년차에 좋지 못한 성적을 이루는 것이나, 아마추어 골퍼의 경우 오랜만에 버디를 잡은 후에 바로 그 다음 홀에서 엄청나게 값비싼 버디 값을 치루는 경우를 우리는 주변에서 아주 흔히 볼 수 있다.

또한 PGA나 LPGA 시합에서 코스 레코드의 좋은 기록을 냈던 선수가 바로 다음 날 형편없는 점수를 내는 것도 흔하게 보았다. 승리 바로 뒤에 이은 어처구니 없는 뜻밖의 패배라고 할까? 아마추어 골퍼가 라이프베스트를 기록한 바로 그 다음 라운드에 엄청나게 많은 스코어를 내고 절망하는 경우 역시 드문 일은 아니다.

나의 경우도 잊지 못할 에피소드가 있는데, 동호회 싱글 핸디캐퍼 4명이 경기를 한 날이었다. 안양 베네스트 4번 파 3홀, 거리는 160야드에 불과하지만, 그린은 좌우로 3단이며 무지하게 경사가 어렵고, 핀의 위치는 바로 물가에 꼽혀 있었다. 타이거 우즈라도 도저히 핀을 보고 샷을 쏠 입장이 아니었다. 나는 왼쪽의 그린 주변 안전 지대로 샷을 하였고, 그곳에서 3단 그린의 경사를 타고, 약 25야드를 가는 칩 샷을 하였는데, 내 생애 최고의 멋진 칩 샷이 되어 버디를 잡았다. 함께 경기하던 싱글 핸디캐퍼 모두에게 회심의 역작으로 한 펀치 먹인 셈이 되었다.

그러나 바로 그 다음 5번 350야드 거리밖에 되지 않는 쉬운 도그레그 파 4홀, 어깨가 으쓱하여 교만에 가득찬 나는 무언가 보여준다는 마음에 들떠 힘차게 티샷을 휘둘렀고, 그것은 터무니없는 생크(Shank)로 오른쪽 숲속으로 날아가 OB행이 되었다. 생애 최고의 칩 샷 성공, 바로 그 다음에 가장 우둔한 티샷 실수가 뒤따랐다.

상대를 알고 나를 안다면 백전백승을 한다지만, 사실 무서운 적은 바로 내부에 있고, 그것은 자기 자신의 교만이다. 수많은 전쟁에서 막강한 군대를 가지고도 숫자가 적은 적군에게 어이없이 패전을 당한 기록들은 세계 역사에 얼마든지 찾아볼 수 있다. 대개의 경우 자신을 과신한 교만으로부터 허점이 생기고 허물어지게 된다.

성경에서도 이런 예를 찾아볼 수 있다.

여호수아 7장을 보면, 난공불락의 여리고 성을 쉽게 몰락시킨 이스라엘군이 전쟁의 승리에 도취되어, 60만 군대 중 3천명만 아이성 공략에 투입하였다가 아주 형편없이 패전을 당한 기록이 나온다. 만약 상대를 얕보지 않고 군대를 완전히 가동하여 최선을 다하였다면 과연 실패하였을까?

승리 후에 일어나는 뜻밖의 패배, 이것은 우리 주변에 아주 흔한 현상이다. 호랑이가 토끼 한 마리를 잡을 때에도 혼신의 힘을 다하듯이 전쟁이건 골프이건 항상 겸허한 마음으로 철저한 준비와 전략을 갖춰야 한다.

결론은 승리 후에 더욱 겸손하고 냉철해야 한다는 사실이다.

강점으로 승리하라

우리에게 주신 은혜대로 받은 은사가 각각 다르니~~~ (로마서 12장에서)

하나님은 우리에게 각기 다른 골프의 은사를 주셨다.

예닮골 동호회원들의 예를 들면
미켈슨, 마라도, 큰덩치의 장타력,
나사로, 늦깎이, 다크호스의 유연한 포도나무 스윙
에비얀, 밤톨의 아름다운 폼과 템포
아굴라의 정확한 임팩트
바나바의 돌격 앞으로 용기
오발로의 굴리고 굴리는 게임 매니지먼트
왕짜의 숏게임 관리능력
비니주니, 필로, 브리스가, 이푸로의 좋은 동반자 자세.
(이름 안 나왔다고 삐지기 없기)
이렇게 다양하다.

이 세상에서 가장 현명한 부인은,
주방에서는 가정부,
거실에서는 귀부인
침실에서는 창부의 기질이 있어야 한다.
그런데 이게 순서가 바뀌어
주방에서는 귀부인
거실에서는 창부
침실에서는 가정부가 되면 매우 골치가 아프다고 한다.

하나님은 우리 모두의 장점을 보신다.
나는 못 만났지만 베드로와 아브라함도 장점만 보셨다고 한다.
설사 왕짜가 티샷은 짧아도 숏게임으로 먹고 살 수 있도록 해 주셨는데 구태여 미켈슨이나 마라도처럼 드라이브를 멀리 치려고 욕심내고 아둥바둥할 필요가 없다.
각자 장점과 강점을 발견하고 그 쓰임새를 찾아서 활용하여야 한다. 각자 가지고 있는 특기 바로 그것이 주님이 주신 축복이다.
구태여 남이 가진 특기를 뺏으려고 경쟁하거나 시기하지 말고 대신 좋은 점을 닮아 가고자 노력하고 기도하면 주님이 웬만하면 그 기도를 들어주실 것 아닌가?
만약에 필로가 기도를 하는데,
"주님 저에게 미켈슨의 장타력, 에비양의 아름다운 폼, 아굴라의 정확한 임팩트, 나사로의 포도나무 스윙, 왕짜면장의 숏게임 능력을 부어 주소서" 하고 청한다면 주님이 들어주실까?

욕심이 많다고 노하시고 교육 차원에서 발목 한쪽을 삐게 하지 않으시면 다행이다.

그래서 빌리 그래엄 목사님도 골프장에서는 욕심날까 봐 기도를 안 하셨대나 어쨌대나~~~

때가 이르매 거두리라

자신을 잃지 말게 아직 희망이 있다네 (욥기 11:18)
낙심하지 말찌니, 포기하지 않으면 때가 이르매 거두리라 (갈라디아서 6:9)

골프가 지구상에 생긴 지 수백 년 간 단 한 번도 완벽한 경기는 없었다. 지난 수십 년 간 온 지구인이 경탄해 마지 않았던 위대한 골퍼들도 한 라운드에 최소한 두세 차례의 실수는 하였다. 즉 골프란 반복되는 실수와 완벽하지 못한 플레이를 인정하는 가운데 벌이는 게임이다.

3~4,000라운드에 한 번, 즉 5대에 걸쳐서 평균 한번 나올까 말까 한다는 홀인원을 세 번씩 경험한 것은 대단한 축복으로 그저 감사할 따름이다. 세 번의 홀인원이 모두 16, 17번 홀에서 나왔는데, 돌이켜 보니 모두 핸디캡 두 배를 치는 형편없는 라운드를 하고 있을 때였다. 그러나 또한 아주 형편없는 경기를 펼치면서도 마지막까지 포기하지 않고 남은 홀을 잘 마무리하여 즐거운 마음으로 골프장을 떠나겠다고

마음 먹은 후에 생긴 축복의 홀인원들이었다. 만약에 형편없는 스코어 때문에 모든 것을 포기하고 이제나 저제나 빨리 끝나야지 하는 마음으로 임하였다면 아마도 아직 홀인원은 하나도 구경하지 못하였으리라.

   자신을 잃지 않고 희망을 가지며, 낙심하거나 포기하지 않으면 때가 이르매 좋은 결과를 거두게 되리라. 가끔 욕심 없이 한 칩 샷이 그냥 홀에 빨려 들어가는 것처럼, 마음을 비울 때 간혹 행운이 찾아오기는 하지만, 어떠한 경우라도 축복은 포기하는 자에게는 절대로 찾아오지 않는 법이다. 포기하지 마라, 웬만하면 보지도 하지 마라. 하하하…….

왜 걱정합니까? 페어웨이에 보낼 수 있는데…

그가 나를 푸른 초장에 누이시며 쉴 만한 물가로 인도하시는도다 (시편 23:2)

골퍼들이 티샷을 실수하는 경우를 보면, 두려움과 걱정이 앞서 마음껏 스윙을 하지 못해 실망스러운 결과가 나온다. 골프장엔 왼쪽은 오비, 오른쪽은 물인 레이 아웃을 흔히 볼 수 있다. 또한 좁은 홀의 양쪽이 다 오비 구역이거나, 한일 골프장 동 코스 2번 홀처럼 좌우 모두 워터 해저드인 경우 대부분의 아마추어 골퍼들은 지레 겁을 먹고 스윙이 쪼그라들게 마련이다.

요즈음 나는 볼에 십자가를 그렸다. 내 볼임을 식별하기도 쉽고, 또 티샷이나 퍼팅 때 방향을 맞추는데 크게 도움이 되지만, 사실은 그것보다도 더욱 중요한 것은, 터무니 없는 실수를 한 후 마음을 다스리며 다음 샷을 그저 감사하는 마음으로 치기 위함이다.

또한 이따금 좁은 페어웨이 등으로 위축되어 티샷에 자신감이 조금 부족해질 때 할 수 있다는 믿음으로 끝까지 피니시하면, 십자가가 그

려진 내 볼은, 분명 음침한 사망의 골짜기를 지나서 페어웨이 푸른 초장에, 또 워터 해저드를 피해서 그 옆에 쉴 만한(?) 즉 다음 샷을 하기에 좋은 곳으로 날아갈 것이라고 굳게 믿기 때문이다. 실제로 벌타가 최소한 10%는 줄었다.

물론 볼에 그은 십자가보다 마음속에 그은 십자가가 더 은혜롭겠지만…….

골프도 인생도 실수를 통해 배운다

그 노염은 잠깐이요, 그 은총은 평생이로다. 저녁에는 울음이 있을지라도, 아침에는 기쁨이 오리로다. (시편 30:5)

다윗이 자신의 죄에 대한 하나님의 벌을 받은 후에 시편을 기록했다고 들었다. 그는 하나님께서 노함을 오래 품지 않으심을 믿었고, 징벌을 통해 큰 교훈을 얻었다고 한다.

만약에 기록을 할 수 없다면, 우리는 똑같은 실수를 계속하고 난로에 손 데고 돌아서서 또 데고 하는 실수를 반복하면서 살아가고 있을지 모른다. 우리가 실수에서 교훈을 얻는다면 평생동안 하나님의 은혜 가운데 살 수 있게 된다.

골프도 마찬가지이다. 라운드 때마다 핸디캡보다 더 많은 숫자의 실수를 하는 것은 당연하다. 타이거 우즈도 2~3개씩은 한다. 그런데 어떤 이는 3년 전이나 지금이나 똑같은 실수를 하나도 빼지 않고 그대로 하고 있다는 사실이다. 그리고 골프를 100번도 더 쳤는데 아직도 100을 깨는 것이 요원하다고 꿍시렁거린다.

덩치 큰 K는 얼마 전까지 확실한 백돌이 하수였다. 그런데 그가 요즈음은 달라졌다. 라운드 때마다 자기의 실수를 잘 기록하고 그 실수에서 교훈을 얻고, 개선을 위한 연습을 한다는 점이다. 14개의 드라이버 티샷 중 아직도 2~3개는 사고를 치지만, 실수에서 교훈을 얻고 그것을 개선한다는 그의 믿음과 연습이 얼마 전에는 단체전에서 우승을 하고 큼직한 선물 보따리 열매를 집으로 가지고 간 적도 있다.

"에이, 재수없어" 욕하고 끝내는 실수가 아니라 그 실수에서 교훈을 얻어내면 골프 스코어도 은혜스러운 숫자가 된다. 자신의 실수 유형과 잘못을 기록하고 반성하며 개선하도록 노력하라. 그러면 하나님께서 좋은 스코어를 선물하시리라.

높이면 낮아지고 낮추면 높아진다

무릇 자기를 높이는 자는 낮아지고 자기를 낮추는 자는 높아지리라 (누가복음 18:14)

몇 달 전에는 초보답지 않게 후반에 거의 보기 플레이를 하던 K부인이, 이번에는 어쩐 일인지 볼도 뜨지 않고 볼이 뻗어 나가지도 못하는 졸전을 벌이고 있었다. K부인은 답답한 마음에 질문을 건네 왔다.

"연습도 쉬지 않고 했는데…… 프로가 잘못 가르쳐 준 것은 아닐까요?"

내가 들려준 이야기는 다음과 같았다.

"예전에는 본인이 초보자라는 사실을 인정하고 그저 잘 뜨기만 하면 된다는 마음으로 미들/숏 아이언과 잘 뜨는 7번 우드를 주로 사용하셨지요? 그런데 오늘은 풀도 누렇게 죽어 라이도 좋지 않은데, 다루기 힘든 4번 우드를 자주 쓰시더군요. 심지어는 왼발 내리막 라이에서도 그러셨어요."

"높이 띄우려는 마음만 앞서면, 헤드업으로 몸이 들리며 클럽의 스

위트스폿(sweet Spot)이 아니라, 칼날(Leading Edge) 쪽으로 맞게 되어 오히려 토핑이 되니 낮은 탄도가 됩니다. 그러니까 높이려니 낮아지는 겁니다. 시선을 「볼만 바라볼찌라」로 머리를 낮춘 상태에서 클럽의 로프트를 믿고 정확히 내려치면 정확한 스윙, 팔로우스루(Follow-through)와 클럽의 로프트가 볼을 공중에 띄워줍니다. 그러니 높이면 낮아지고 낮추면 높아지는것이 골프의 원리이지요."

이 얼마나 기가 막힌 성경의 골프 원리인가!

작은 것에 충성하라

지극히 작은 것에 충성된 자는 큰 것에 충성되고 지극히 작은 것에 불의한 자는 큰 것에도 불의하니라 (누가복음 16:10)

2004 시즌 첫 경기인 메르세데스 벤츠시합 첫 2일간 그리 좋은 스타트가 아니었던 타이거 우즈는 4위의 좋은 성적으로 마감을 하였다. 2003년 시즌 중에도 그리 좋아 뵈지 않았던 그가 평균타 1위를 고수한 비결은 무엇일까? 타이거 우즈가 맹위를 떨치던 2000년부터 3년간 그는 여러 부문에서 좋은 기록을 만들어냈다.

2000년에 종합 드라이빙 순위 (거리와 정확도 합산) 1위
2001년 드라이빙 거리 3위
2000년과 2002년에 정규 온그린율(G.I.R) 1위
2001년과 2002년에 연속 스크램블링 (정규 온그린 안 되었을 때 파 이상 기록율) 1위

그러나 2003년 그의 각종 기록은 다소 실망스러운 것이었다

종합 드라이빙 순위 45위

정규 온그린율(G.I.R) 26위

스크램블링 57위

라운드당 퍼트 수 32위

그럼에도 불구하고 그는 1999년부터 단 한 차례도 뺏기지 않은 평균타 1위를 고수하였다.

2002년보다 0.15타가 개선된 68.41타를 기록했다.

공식 기록에서는 잘 보여지지 않지만, 타이거 우즈는 1.2미터 퍼트 성공율이 약 99%로 세계 최고이다. 바로 그것이 타이거 우즈의 성공 비결이다. 가장 짧은 거리 퍼트 최고의 성공율, 바로 그것이 다른 부문이 전보다 많이 나빠졌음에도 평균타 1위를 고수할 수 있었던 비결이다.

시즌 첫 경기에서 우승한 호주의 스튜어트 애플비는 우승소감에서 "넣어야 될 퍼팅은 반드시 넣었다. 3라운드 17번 홀 3m짜리 파 퍼트 성공직후 우승을 예감했다"고 했다. 대회 출전선수 30명 중 퍼팅 랭킹 1위(라운드당 27.5타)를 마크한 애플비는 작은 것에 충실한 골퍼가 성공한다는 것을 보여준 좋은 사례이다.

나비스코 챔피언십에서 송아리 선수의 추격을 물리치고 우승한 박지은 선수가 우승 인터뷰에서 한 말이다. "마지막 퍼팅 때, 사실 떨렸어요. 그러나 떨려도 헤드업만 하지 않으면 들어간다고 믿었습니다."

드라이브 거리 5~10야드 늘리려고 입에 거품 물고 고생하지 말고, 짧은 퍼트 안 놓치게 수시로 연습하는 것이 작은 것에 충성하여 큰 것도 충성되게 하는 비법이다.

반석위에 지은 골프

"그러므로 내 말을 듣고 그대로 행하는 사람은 반석 위에다 자기 집을 지은 슬기로운 사람과 같다고 할 것이다." (마태복음 7:24)

우리가 흔히 듣는 이야기로 '급할수록 돌아가라', '골프에는 왕도가 없다', '첫 숟가락에 배부르지 않다' 등등 맥을 같이 하는 말이 많이 있다. 성경에서도 그런 교훈을 얻을 수 있다. 반석 위의 집과 모래 위의 집이 바로 그것이다.

홍수가 나고 바람이 불었을 때, 무너진 모래 위에 지은 집을 놓고 예수님께서는 어리석은 사람과 같다고 했다.

10년 전 멀끔하게 잘 생겼던 성수대교와 삼풍백화점이 무너졌을 때 수많은 사람들이 졸지에 불쌍하게 목숨을 잃었고 우리 나라는 세계 건설 시장에서 크게 신용이 추락되었다. 처음부터 잘못된 출발이었다.

출발이 다소 늦더라도 반석 위에 집을 지어야 견고하다. 골프도 마찬가지이다. 가끔은 이런 무용담 같은 이야기를 듣는 경우가 있다.

"나는 레슨이란 것을 받아본 적이 없어요. 그냥 채를 덜렁 들고 쫓아나갔고 10년을 혼자 쳤습니다."

그런데 그런 사람치고 진짜 고수는 찾기 힘들다. 잘못하다가는 새로 입문한 뭘 모르는 후배들에게 그릇된 방법을 알려주는 사탄 같은 존재가 될 수도 있다.

세계 랭킹 1, 2위인 타이거 우즈와 비제이 싱 그리고 대한민국의 간판 선수 최경주프로가 얼마나 소문난 연습벌레인가? 또 그들이 얼마나 자주 그리고 꾸준히 지도를 받는지 잘 알 것이다. 레슨도 제대로 받지 않고, 연습도 체계적으로 하지 않으면서 골프를 잘 치겠다고 벼른다면 그것이야말로 모래 위에 지은 집과 다를 바 없다. 누구나 처음 시작은 같이 할 수 있고, 개성대로 집은 지을 수 있다. 그러나 기초가 튼튼하게 반석 위에 지은 집이 견고하다는 사실을 잊으면 안 된다.

어느 날 80대를 치다가 바로 그 다음 수시로 100도 못 치는 골퍼들, 국방의무를 필한 체력인데 라운드 100회에 아직도 세자리치는 골퍼들은 혹시 모래 위에 지은 집이 아닌가 점검, 보수할 필요가 있다. 그래도 아주 무너지는 것보다는 나을 테니까……..

화를 품고 골프장을 떠나지 말라

성경(에베소서 4:26)에 '해가 질 때까지 분을 품지 말고'라고 적혀 있다. 내가 항상 마음 속에 두고자 하는 말씀이다. 적어도 골프장에서는……. 나는 그 말씀을 이렇게 해석한다.

"화를 내지 말라. 화가 나더라도 빨리 풀고, 다음 홀 티 그라운드까지 가지고 가지 말라. 그리고 아무리 화가 났더라도 절대로 화를 품고 골프장을 떠나지는 말라."

'아이쿠, 에구구, 어머나, 에이 씨~' 아마추어들이 실수를 하고 난 후 나오는 소리이다. 모두들 기대치는 높은 데 샷의 결과가 따라오지 못해서 무심결에 나오는 말들이다. 사실 그래서 골프가 묘미 있는 것일 수도 있다. 그런데 우리는 주제(?) 파악을 하지 못하는 많은 아마추어들이, 또는 마음을 잘 다스리지 못한 프로들이 시합에서 화를 내며 스스로 자멸해 가는 모습을 흔히 본다. 골프에서 샷을 실수하는 대표적 이유를 자세히 살펴보면,

- 첫째로는 충분한 연습이 부족하여 실력이 모자라서
- 둘째로는 상황 판단의 실수나, 우왕좌왕 소신 부족으로

– 셋째로는 플레이어가 화가 나 있을 때이다.

연습 부족이나, 상황 판단의 실수에 관하여는 논외로 하고 오늘은 오직 자신의 탓으로 난 화를 어떻게 풀 것이냐를 살펴 보려고 한다. 우선 왜 화가 나는가를 그려 보자.

가장 큰 이유가 터무니 없는 실수, 그것도 중요한 타이밍에서 생긴 탓일 것이다. 예를 들어 좋은 티샷 후의 숏 아이언 토핑, 벙커 안에서 연속 실수, 한 발자국 거리의 퍼팅 실수, 엣지에서 어프로치 뒷땅 등을 들 수 있겠다. 웬만한 골퍼라면 한 라운드에 "에이 바보~~"

이렇게 자신을 탓하는 소리를 아마도 열 번은 더 하리라고 생각한다. 물론 프로선수들도 라운드 당 2~3개의 큰 실수를 한다. 세계 랭킹 1위 타이거 우즈도 예외는 아니다. 아마추어의 경우 실수의 숫자는 대개 자기의 핸디캡 숫자보다 많다. 그렇다면 어차피 실수는 하게 마련인데 구태여 화까지 낼 필요가 있겠는가? 가능하면 화를 참을 수 있을 정도로 마음을 다스리는 것이 최상책이다.

그러나 그럼에도 불구하고 화가 난다면, 이번 홀에서 생긴 화를 다음 번 티 그라운드까지 가지고 가면 본인만 손해 보게 된다. 주먹을 불끈 쥐건, 콧노래나 휘파람을 불건, 힙합 댄스를 추건, 혼자 꿍시렁거리건, 하여튼 분노의 감정을 가지고 다음 홀 티샷을 하는 것은 위험한 일이다. 주변에서 쓰리 퍼팅 후 다음 홀 티샷을 실수하는 사람을 자주 본다.

같은 업계 후배인 C씨는 홀 간 이동 중에 잠시 사라진다. 나는 그 이유를 안다. 화를 풀러 잠깐 사라진 것이다. 어떤 때는 나무를 붙들고 가볍게 헤딩을 하기도 하고, 나무 뿌리를 발로 차 보기도 한다. 그리고 그는 아무 일 없었다는 듯 다시 나타나 웃는 얼굴로 티 그라운드에 오른다.

　최근에 함께 라운드를 한 국내 굴지의 클럽메이커 N사의 K사장은 아주 현명한 방법으로 스트레스를 푸는 것을 보았다. 로우 싱글인 그가 짧은 거리에서 숏 퍼트 실수로 여러 차례의 쓰리 퍼팅이 있었으니 속이 좋을 리가 없었다. 그의 구호는 "질러버려~"였다. 티샷과, 파 5홀의 세컨 샷을 우드로 칠 때에 그는 안전 지대를 설정한 후, 그 쪽을 향하여 구호를 외친 후, 거침없이 스윙하는(실제로는 강타하는) 것이었다. 시원하게 나가는 한 방의 드라이빙, 또는 우드 세컨 샷이 묵은 스트레스와 분노를 말끔히 치워주는 것 같았다. 실제로 그 후 K사장의 플레이는 안정을 되찾았고, 즐거운 마음으로 골프장을 떠났다.

　골프에서 마지막 18홀은 매우 중요하다. 프로는 18홀을 잘 쳐야, 우승을 하거나 상금이 많이 생긴다. 아마추어도 18홀을 잘 쳐야 스트레스와 분노의 감정이 풀려 집에 가는 길이 즐겁고, 다음 라운드를 기대하게 된다. 화를 품고 골프장을 떠나는 것은 본인에게나 가족에게나 무거운 짐으로 남는다. 열심히 골프 친 당신, "웃으며 떠나라~~"

제7장

필드에서 7가지 실수, 확실히 없애는 법

KPGA 김병곤 프로

이 글을 쓰면서……

아버지 따라 연습장에 가서 재미로 채를 잡아 본 것이 초등학교 3학년이었다. 휴가철에 가족끼리 값싼 퍼블릭 코스에서 가족 스포츠로 골프를 하다가 1993년 여름 초등학교 5학년 때에 선수 등록을 하였다.

1994년 말에 초등학교를 마치고, 호주의 SQIC로 골프를 겸한 유학을 떠났다. 2004년 4월 KPGA 프로 테스트를 통과할 때까지 이미 10년 이상 골프를 하였으나 언제나 라운드 때마다 새로운 기분이 드는 것은 매 샷이 똑같은 것이 하나도 없다는 골프의 속성 때문일 것이다.

보기 플레이어 아마추어가 치는 90타, 프로가 치는 70타가 같은 상황은 하나도 없다. 물론 티잉 그라운드에서 티를 꼽고 치는 드라이빙과 짧은 퍼트가 그래도 비슷하지만, 페어웨이, 러프, 벙커, 업힐, 다운힐 등, 볼의 위치도 다양하고, 맑은 날, 바람부는 날, 장마철, 자연 현상도 가지가지이므로 라운드를 마치고 복기를 하여 보면 라운드 때마다 단 한 타도 똑같은 샷을 두 번 해 본 적이 없는 것 같다.

한 가지 상황에서 쓸 수 있는 타법이 무척 많다. 어떤 방법이 그 상황에서 가장 적합한 방법인지 순간적으로 생각해 내기도 쉽지 않다.

또한 겨우 100타를 끊은 아마추어가 프로들이 하는 고난도의 샷을 할 수도 없는 것이다.

나를 관찰하면서 모든 것을 기록하기를 즐겨 하셨던 아버지께서 데이터를 공개하고 그 바탕으로 골프 전략에 관한 컬럼을 쓰기 시작하셨다.

이제 그 글을 모아 출판하신다기에 나는 아버지의 일을 돕는 기쁨으로, 이 책을 읽는 독자들을 위하여 스코어 메이킹에 중요한 몇 가지 상황에서 플레이를 잘 하는 방법을 소개하고자 한다.

슬라이스를 방지하자

슬라이스를 치는 싱글 핸디캐퍼는 없다. 슬라이스는 아마도 초보자들의 전매특허일 것이다. 골프의 병 중에서 가장 괴로운 것을 꼽으라면 십중팔구 슬라이스라고 이야기하게 된다.

슬라이스의 원인과 증상 그리고 대책을 살펴보면

원인과 현상	해결 방안
Weak Grip: 왼손 엄지를 지면에 수직으로 잡고 오른손을 너무 덮어 잡으면 헤드가 돌아오기 어려워 클럽페이스가 열린다.	Strong Grip으로 과감하게 바꾼다. 왼손을 그립 후 내려보면 넉클이 2개는 보여야 하며, 오른손 그립의 V자가 오른쪽 어깨 견장을 가리키도록 잡는다.
어깨가 돌지 않는다. 백스윙 때 볼을 바라보려고 머리를 고정한다. 때로는 어드레스 때 오른쪽 어깨가 앞으로 나와 있어 스윙궤도를 무너뜨린다.	어깨를 충분히 돌려 등판이 목표선을 향하려면 몸통, 즉 허리까지 확실히 돌아야 한다. **혁대의 버클이 오른쪽 무릎을 가리킬 때까지 돌려주면** 충분한 백스윙이 된다.

원인과 현상	해결 방안
다운스윙 때 갑자기 허리를 돌리려고 하면 왼쪽 무릎이 왼쪽으로 밀려 나가 클럽이 열린다.	다운스윙이 어드레스 위치로 돌아왔을 때 **왼쪽 무릎과 다리로 벽을 쌓듯 고정**하고 과감하게 스윙한다.
임팩트 때 볼은 보지 못해 헤드업하며 상반신이 크게 들리면서 끝까지 피니시가 되지 않고 깎여 맞는다.	**최소한 임팩트시 볼을 보고** 머리를 고정한 채 양팔을 끝까지 휘두른다.
드라이버의 경우 티를 낮게 꼽고 오른팔 힘으로 다운블로우로 세게 두드리는 경우 슬라이스가 되며 심한 경우 바나나 샷까지 된다.	**다소 높게 티업을 하고** 드라이버가 정점을 지나 올라가면서 (Ascending) 임팩트가 되게 한다.

♣요점정리

평소보다 과감하게 스트롱 그립을 잡고,

볼은 다소 높게 티업하며

백스윙은 버클이 오른쪽 무릎을 가리킬 정도로 충분히 허리까지 회전하고

다운스윙 때에는 왼쪽의 벽을 쌓고

최소한 임팩트시에 볼을 보아야 하며

끝까지 자신 있게 휘두른다.

이때에 다소 그립을 내려잡으면 컨트롤이 좋아진다.

훅을 없애려면

훅(Hook)은 슬라이스와는 반대로 몸의 움직임이 멈추어진 상태에서 팔의 스윙이 선행하여 클럽 페이스가 빨리 돌아오거나 닫혀서 생기는 현상이다. 오른손의 액션이 강할수록 훅이 되기 쉬운데, 슬라이스보다는 훨씬 고상한 병이다. 그래서 고정적으로 훅이 난다면 확실히 초보자는 면했다고 봐도 무방하다.

티샷의 경우에는 볼이 떨어진 후 좌측으로 런(Run)이 많아 거리가 늘어나는 장점이 있으나 그린에 쏜 아이언 샷의 경우에는 수시로 그린을 넘는 고통이 초래되기도 한다.

훅의 원인, 현상과 그 방지책을 살펴보면

원인과 현상	해결 방안
스트롱 그립. 거리를 늘리겠다는 욕심으로 왼손과 오른손 모두 오른쪽으로 심하게 돌려 잡아 임팩트시 클럽 페이스가 심하게 닫힌다.	**스퀘어 그립**으로 바꾼다. 왼손을 스퀘어로 견고히 잡고, 오른손은 다소 약하게 잡고 왼쪽으로 닫아, 엄지와 검지의 V자 꼭지점이 턱을 가리킬 정도로 한다.

원인과 현상	해결 방안
다운스윙에서 하반신의 움직임이 굳어 있거나 너무 일찍 정지하면, 임팩트 때 양팔이 돌아오는 타이밍이 빨라져 클럽이 닫힌다.	무릎의 움직임(Knee Action)을 구사한다. 다운스윙 때에 **왼쪽 무릎을 목표선 쪽으로 조금 움직여 체중이동으로 리듬**을 살린다. 충분한 몸통회전과 톱에서 살짝 정지하는 템포를 유지하면 매우 좋아진다.
장타를 목적으로 코킹을 의식한 나머지 임팩트 직후에 오른손을 왼손 위로 덮는다.	임팩트 직후 오른팔이 쭉 펴진 상태일 때까지 오른손이 왼손 밑에 있도록 **그립의 끝이 자신의 배를 가리키도록 한 후 하이 피니시**한다.
아이언 샷 때 볼을 너무 오른쪽에 둘 경우 양손이 앞쪽으로 위치하며 실제로는 심한 클로즈 스탠스 효과로 훅이 난다.	**평소보다 볼의 위치를 왼쪽으로** 놓아 가능하면 왼발 뒷꿈치 안쪽 연장선상에 놓아 클럽이 닫히지 않도록 한다.

♣ 요점정리

　일단 거리 욕심은 버리고,

　그립은 최대한 위크 그립(Weak Grip) 기분이 들도록 스퀘어 그립(Square Grip)으로 바꾸고

　평소보다 볼의 위치를 왼쪽으로 놓아, 채가 닫히지 않게 하고

　리드미컬한 무릎의 움직임(Knee action)으로 체중 이동을 하며

　임팩트 직후에 오른손이 왼손을 덮지 않게 하며 높게 피니시한다.

뒤땅 치기를 없애라

 오랜만에 잘 맞은 티샷이 가장 멀리 날아 페어웨이 한복판에 놓여 있을 때, 회심의 미소를 지으며 세컨 샷을 치는 순간, 덜커덩 어처구니 없이 뒤땅을 치고(Duff) 속쓰려 하는 아마추어를 흔히 볼 수 있다.

 잘 치려고 하면 할수록 긴장되고 힘이 들어가 경직된 상태에서 다운 스윙 때에 체중이 오른발에 남아 있어 클럽 헤드가 볼에 닿아보지도 못하고 볼 뒤 땅바닥을 치는 경우가 생긴다.

원인과 현상	해결 방안
어드레스 때 양쪽 무릎이 뻣뻣하게 굳어져 있고 몸 전체가 경직된 채 다운스윙을 하면 체중 이동이 되지 않아 오른발에 남는다.	몸 전체의 긴장을 풀고, 양쪽 무릎에 여유를 주어 어드레스 높이를 유지한 채 다운스윙시에 유연한 체중이동으로 오른발에 체중이 남지 않도록 한다.
스윙의 시작부터 끝날 때까지 몸을 숙였다 일으켰다 하여 무릎을 일정한 높이로 유지하지 못하고 가라앉거나 옆으로 움직인다.	

원인과 현상	해결 방안
볼을 쳐 올린다는 의식으로 다운스윙 시에 머리와 오른쪽 어깨를 심하게 떨어뜨려 뒤땅치기를 유발한다.	볼을 무리하게 쳐 올린다는 의식을 버리고 오른쪽 어깨를 어드레스시의 높이로 유지한 채 클럽의 로프트를 믿고 스윙한다.

토핑은 금물

필드에서 계속되는 실수로 가장 전형적인 것은 바로 토핑이다. 티잉 그라운드에서 드라이버로 토핑을 하여 실수하고, 약간 열을 받은 상태 또는 불안한 상태에서 우드로 세컨 샷을 할 때 궁금해서 헤드업을 하여 심한 토핑을 하고, 그린까지 필드하키 방법으로 몰고 간 적이 있을 것이다.

토핑은 뒤땅(Duff)과 정반대 유형의 실수로 그 대표적인 원인은 헤드업을 들 수 있다.

원인과 현상	해결 방안
어드레스 때에 몸을 너무 낮춘 자세를 하거나 너무 고개를 내려 턱을 가슴에 붙인 경우 임팩트 때 상체가 들어올려져 토핑이 된다. 어깨가 돌지 않는다.	어드레스 때에 무릎을 너무 굽히지 않고 스윙 시작에서부터 임팩트 후까지 무릎 높이를 일정하게 유지한 후, 피니시 때에야 선다.

원인과 현상	해결 방안
머리를 지나치게 뒤로 젖혀서 상체가 오른쪽으로 심하게 기울면 토핑이 되기 쉽다.	머리가 바로 볼 위에 오도록 하여 목과 오른쪽 어깨가 우측으로 과도히 기울이지 않도록 한다.
스윙 도중에 힘을 넣기 위해 갑자기 무릎을 뻗으면 볼의 머리를 때리게 된다.	몸이 상하로 움직이면 토핑이 되므로 오른쪽 어깨와 허리 그리고 무릎의 높이가 바뀌지 않는 부드러운 스윙을 한다.
임팩트 지점을 확실히 한다.	볼의 뒤쪽 밑부분을 보며 볼을 지구라고 생각하고, 뉴질랜드 남섬이나 남아공의 케이프타운쯤을 친다.

생크는 무섭지 않다

　많은 아마추어들이 필드에서 생크(shank)를 한 번이라도 내면 큰 걱정을 하며 부들부들 떤다. 생크란 클럽 헤드와 샤프트의 연결 부분인 호젤(hosel)로 볼을 치게 되어 오른쪽으로 밀려 나가는 샷을 의미하는데, 골퍼가 어느 정도 숙달되었을 때에 가끔 일어나는 실수이다.

　많은 골퍼들이 생크를 치게 되면 너무 불안감을 느낀 나머지 계속적으로 실수를 하여 스스로 무너지는 현상을 보이기도 한다. 그러나 육상 선수도 때로는 넘어질 수 있다고 대범하게 생각하고 대처하면 전혀 문제가 되지 않는다.

원인과 현상	해결 방안
볼에 너무 가까이 선다.	볼과의 간격을 적절히 유지한다.
백스윙 때 상체가 들리거나 뒤로 밀리고 다운스윙 때 오른쪽 어깨와 오른손이 앞으로 내밀어친다.	무릎의 유연성(flex)은 계속 유지하며 스윙은 다소 가파르게 한다. 백스윙 때에 클럽 페이스가 스퀘어되게 한다. 즉 샤프트가 9시 방향을 가리킬 때 클럽 헤드의 코 끝이 하늘쪽으로 바로 서도록 한다.
너무 인사이드로 낮게 백스윙하며 손목을 돌려 클럽 페이스를 오픈한다.	

벙커에서 탈출하기

골프에서의 대표적인 트러블 샷이라면 그것은 벙커 샷이다. 세계에서 벙커 플레이 1위의 프로가 그 빛나는 퍼팅 능력을 겸비해도 그린주변 벙커에서 1/3은 파 세이브를 놓치고, 싱글 핸디캐퍼가 1퍼트로 마무리하는 확률이 10%대에 불과하다. 따라서 벙커를 피해 가는 것이 최선의 공략 방법이나 영영 벙커를 피해 다닐 수는 없다.

그리고 벙커는 성격이 완전히 다른 두 가지의 벙커가 있으며 플레이 방법도 다르다.

그러나 많은 아마추어들은 두 가지 차이점을 잘 인식하지 못하고 있다.

[페어웨이 벙커]

잘 맞은 볼이 페어웨이 벙커로 찾아 들어가 라이가 좋지 못한 곳에 놓이면 참 실망스럽고, 정확하게 볼을 맞혀 좋은 샷을 하기가 쉽지 않다.

그러나 올바른 마음가짐과 적합한 기술로 플레이하면 페어웨이 벙커는 플레이하기 쉽다.

하기 쉬운 실수의 원인	해결 방안
스윙 중에 밸런스를 잃어 미스 샷이 난다.	양 발을 모래 속에 확실히 넣고 견고한 스탠스를 취한다.
과욕을 부리다 벙커 턱 맞고 다시 들어온다.	벙커 턱(lip)에 걸리지 않을 로프트가 많은 클럽을 선택하여 확실히 1타에 탈출한다.
당황하여 서두르고 초조해 하며 거리를 내려고 하다가, 특히 임팩트를 강하게 하려다 뒤땅을 친다.	절대로 뒤땅을 치지 않기 위해 볼부터 가격한다. 클럽은 1~2개 더 긴 클럽을 선택하여 그립을 내려잡고, 백스윙은 3/4정도로 줄이고 볼 위치를 한 개 정도 우측으로 당겨 정확한 임팩트가 되도록 한다.

[그린사이드 벙커]

프로나 클럽 챔피언급 고수가 아니라면, 그린 주변에서 벙커에 들어갔을 때에는 확실히 1타를 버린다는 각오를 가지고 그린의 안전한 곳으로 나오는 것에 주력한다.

이런 벙커 샷에서는 3 O의 성공 법칙이 있다.

1. 오픈 스탠스(Open Stance): 목표보다 좌측을 향한다.
   예) 15야드의 경우 약 30도
2. 오픈 클럽페이스(Open Clubface): 벙커에 들어가기 전에 확실히 페이스를 열어서 눕혀 그립한다.

3. 아웃 인 스윙(Out-to-In Swing) 그리고 높게 피니시한다.

하기 쉬운 실수의 원인	해결 방안
클럽페이스를 제대로 열지 않거나 백스윙은 큰 데, 치다 말아서 (혹은 감속) 다시 벙커에 빠진다.	클럽을 확실히 오픈하면 볼이 멀리 날지 않는다. 자신 있게 피니시를 높게 한다.
클럽페이스로 볼을 직접 때려서 그린을 넘기는 홈런을 친다.	벙커 샷은 볼이 아니라 모래를 치는 샷이다. 클럽의 바닥으로(Sole) 볼 한 개 뒤쯤부터 천원짜리 한 장 크기 만큼 모래를 그린으로 퍼올린다.
무조건 샌드 웨지로 같은 스윙을 한다.	비 내린 뒤 젖은 모래나 그린까지 거리가 멀 때(우그린인데 좌그린 좌측 벙커에 빠짐) 피칭 웨지로 정상 스윙을 한다.

여러 라이에서의 샷

한국처럼 산악 지형을 깎아 만든 골프장에서는 페어웨이나 러프에서의 샷 중 상당수는 편편한 라이가 아닌 경우가 많다. 오르막, 내리막, 발끝 오르막, 발끝 내리막 등의 샷은 가끔 엉뚱한 실수를 초래하여 경기의 흐름을 망치게 되는 경우가 흔하다.

라이 형태	클럽 선택	볼의 위치	목표 비구선	스윙 방법
업힐 왼발 오르막	1-2 정도 긴클럽	몸의 중앙	목표보다 오른쪽 겨냥	임팩트 위주로, 무리한 피니시 필요 없음
다운힐 왼발 내리막	1-2정도 짧은 클럽을 사용. 롱 아이언과 우드는 자제	오른발 가까이	목표보다 왼쪽 겨냥	오른 무릎을 더 굽히고 임팩트 위주의 스윙을 하여 몸이 흔들리지 않게 할 것
발끝 오르막	대체로 긴 클럽을 짧게 잡음.	몸의 중앙	목표보다 훨씬 오른쪽 겨냥	임팩트 위주로 작은 스윙, 피니시를 생략함
발끝 내리막	1클럽 정도 긴 것을 잡고 무리하지 않음	몸의 중앙 또는 약간 왼쪽	목표보다 훨씬 왼쪽 겨냥	스탠스는 넓게, 무릎 굽혀 중심 낮춰 하체 안정시킨 후 상체로만 스윙

♣ 요점정리

　이렇게 정상적이 아닌 어려운 라이에서는 프로 선수들도 풀스윙을 하지 않는다.

　특별한 경우가 아닌 한, 프로들도 거리 욕심을 내지 않고, 다음 샷을 하기 좋은 곳으로 무리하지 않게 샷을 한다.

　볼의 위치가 헷갈릴 때는 우선적으로 클럽이 볼을 정확히 맞힐 수 있도록 몸의 중앙 쪽에 놓고 친다면 큰 무리가 없다.

　그립은 발끝 내리막을 제외하고는, 내려잡는 것이 컨트롤도 좋아져서 컴팩트(compact)한 스윙을 할 수 있게 된다.

| 책을 닫으면서 |

골프에게 쓰는 편지*

오늘이 2034년 2월 17일.

그러니까 우리가 만난 것이 어느새 45년이 되었네 그려.

우리가 그 동안 변치 않고 만났으니, 지난 50여 년 간 매일 지지고 볶고 살아온 우리집 할망구 빼고는 자네가 그 다음일세. 만났다가 헤어지는 것이 자연의 정해진 이치라니 정신 멀쩡할 때 미리 이별 인사를 하려고 하네. 내 나이 80을 훌쩍 넘어 이젠 걷는 라운드는 가끔 벅차게 느껴지기도 한다네. 우리의 년수가 70이요, 강건하면 80이라도 수고와 슬픔뿐이라고 했지만, 나는 사실 자네 덕분에 많이 이루었네. 욕심이란 것이 끝이 없다지만, 나는 정말 여한이 없다네.

어제 마지막이 될지 모르는 에이지 슈팅을 하였네. 파 반, 보기 반 81타 싱글 스코어로 말일세. 내가 두어 달 있으면 만 83세가 되지 않는가? 평생 그렇게도 싫어했던 것이 겨울 골프, 동토(凍土)의 골프였는데, 얼어서 통통 튀는 페어웨이 덕분에 티샷, 우드 샷 거리가 늘어

....

*) 이것은 2004년 2월 에이스 골프 신문에 실린 「골프에게 쓰는 편지」이다.

싱글 스코어로 에이지 슈팅을 기록하니 겨울 골프도 아주 색다른 맛이 있는 것일세.

　1989년 여름 북아일랜드에서 먼발치로 자네를 잠깐 보았고, 정식 인사를 나눈 것은 90년 4월이었지. 자네를 처음 만날 때 떨지 않으려고 믿거나 말거나 하루도 안 빠지고 7개월간 연습장을 찾았고, 가끔 뺀질거리는 프로에게 아양까지 떨면서 정말 그립이 다 닳도록 열심히 배우고 쳤다네. 그 해 겨울 새벽 영하 16도의 추위에 연습장을 찾으면, "아빠는 군고구마 모자가 제일 잘 어울리는 패션"이라고 하며 딸아이가 깔깔거리곤 했지. 겨울 내내 죽어라고 팼더니, 일제 우드는 헤드가 다 깨져 실제로는 효자동 수리집 브랜드가 되었다는 것 아닌가. 메탈 제품이 없었을 때니 까마득한 이야기였지.

　자네, 많은 사람들이 자네를 원수같이 생각했던 것 아는가? 말이야 바른 말이지, 자네도 한 성질하지 않았는가? 한창 베스트 스코어를 노리고 있는 친구들에게 17홀쯤에서 티샷을 터무니 없게 OB나게 하고, 잘 친 세컨 샷을 스프링클러 뚜껑 맞고 튀어서 물에 빠지게 하고 또 30센티 퍼팅 홀을 스치게 하고…… "내가 더러워서 다신 안 친다" 하고 떠나간 성질 급한 사람들도 얼마나 많았는지 아는가? 지금도 "차라리 자네를 모르고 지낼걸" 하며 한숨짓는 사람들이 엄청 많을지도 모르네. 사실 나도 처음에는 그랬다네. 자네 때문에 속상해서, 자존심 망가져서 몰래 눈물도 많이 흘렸고, 본디 개 같던 성질이 더 망가지기도 했고, 부부 싸움을 한 것도 이루 다 셀 수가 없을 정도였지. 오죽하면 마누라가 "그래 그렇게 좋으면 같이 살아라 살아" 하며 보따리 싼 것도 부지기수였다네. 평생 따져 보니 마누라와 잠자리 같이 한 것이나 자네 만난 횟수나 그게 그것 같다네 ㅋㅋㅋ.

그런데 말이야, 싸우면서 정든다는 것처럼 자넬 이기려고 내가 별 짓을 다해 보지 않았는가? 그러다가 역시 '심칠기삼(心七技三)'이라고 믿게 되면서 마음 다스리려고 이 책 저 책 공부하다가, 끝내 성경책으로 마인드 컨트롤을 확실히 배우게 되었지 않은가? 결국 이기려고 하는 게 아니라 사랑해야 된다는 걸 알게 된 것이지. 사실 그때까지만 해도 자네는 옛날 영화 제목처럼, "내 친구 싸가지. 내 사랑 싸가지"였지. 그런데 어느 날 자네가 나에게 구원의 선물이 되었고, 축복의 통로가 된 거야. 자네 덕분에 내가 예닮골 면장까지 되었지 않은가? 그 웃기는 싱글로드라는 책도 만들지 않았는가? 지금 생각하니까 그때가 천방지축 내 전성기였나 봐 하하하.

또 언젠가 휴가를 내서, 호주로 동계 훈련간 아들 녀석과 라운드를 할 때, 번번히 돌고 나오는 퍼팅에 아들 녀석이 완전히 열받고 있었지. 그때 내가 "늘 감사하고 사랑하라"고 한 마디 해 주었더니, 다음 홀에서 그 녀석이 홀인원으로 화답을 해 주지 않았는가? 그때 자네가 일부러 넣어준 거지? 나는 그때 느꼈네. 자네는 "내 친구 싸가지"가 아니라 "내 사랑, 축복의 통로"였던 것을…….

머지않아 내가 세상을 떠나는 것은 하나님의 섭리이지만, 자네를 또 만날 것을 굳게 믿고 있네. 천국 파라다이스 클럽에서 말일세. 그곳에서 라운드하게 되면 그때는 66타 한 번 치게 밀어주게. 내가 평생 66타 치고 싶어서 E-mail 주소에도 66을 넣었는데, 자네가 꼭 막판에 보기를 넣어서 초를 쳤지 않은가? 정말 딱 한 번만 확실히 도와주게. 미리 부탁하네. 이 세상에서 부탁했다고 거기 가서 딴말하진 말게.

고마우이. 정말이지, 자네가 있어서 내 일생 정말 행복하였네.
그리고 많이 이루었네. 또 보세.

〈특별한 스코어카드 양식〉

Shot Analysis							Partners						
Date							Weather						
Course Green/Pin							Caddie						

Hole Yd	Club	Target distance	Length			Position			S/P 스코어	Hole Yd/M	Club	Target distance	Length			Position			S/P 스코어
			L	M	S	L	C	R					L	M	S	L	C	R	
1 Par										10 Par									
2 Par										11 Par									
3 Par										12 Par									
4 Par										13 Par									
5 Par										14 Par									
6 Par										15 par									
7 Par										16 Par									
8 Par										17 Par									
9 Par										18 Par									

구 분	Putts	Score	L	M	S	L	C	R			
Front									FKP:		Birdie:
Back									GIR:		Par:
Total									O.W.L:		Bogey;
											Double B:

A:　　　　　B:　　　　3Putts:　　　　　Shot of the day:
Long Game:　　　　　　　　　　　　　Management:
Short Game:　　　　　　　　　　　　　Mind Control:

Target거리:Distance to Target, **Length**:샷의 거리로 목표지점보다 Long, Medium, Short으로 표시, X는 실수한 샷
Position:볼이 떨어진 지점이 Center인지, 목표보다 Left or Right인지 표시, S/P, Storkes/Put, 3/2 Three On Two Putt
FKR:Fairway Keeping Rate로 파 3홀 제외 14개 중 몇 개가 200야드 이상 페어웨이에 안착했는가 표시
GIR:Greens in regulation, 18홀 중 레귤레이션 온(파온)이 몇 홀 되었는가 표시,　O.W.L:OB, Water, Lost 갯수 표시
A:Putting past hole 지나간 것,　B:Putting short of hole 짧은 것,　3퍼팅 갯수 표시, 맨 아랫줄은 분야별 강평 기재

왕짜의 스코어카드 양식　　　　　　　DS Kim's Score From 2000

〈스코어카드 실제 사례〉

Shot Analysis

Date: 26h Oct 2003, 08:12 Partners: 최석*80, 장경*79, 신현*81
Course: 수원 코스 Weather: 좋음
 Green/Pin: 좌그린/Front핀 Caddie: 김은*(7/10)

Hole Yd	Club	Target distance	Length L	Length M	Length S	Position L	Position C	Position R	S/P 스코어	Hole Yd/M	Club	Target distance	Length L	Length M	Length S	Position L	Position C	Position R	S/P 스코어
1	D	230벙커			X	X			4st	10	D	230			V			V	3st
Par5	5	165			X		V		1pt	Par4	PW	100			V			V	2pt/A
510v	5w	200	V					V		325	PT		X				V		
내리막	SW	15	V			V			0										1
2	D	230			X		V		3st	11	7						v		v	1st
Par4	9	130			X		V		2pt/A	Par3									2pt/B
340	PW		V			V				145^									
																			1	0
3	5		V					V	2	12	D	230			X	X			4st
Par3	PW	18	V			V			1	Par4	7	50		V				V	2pt/B
175										370	9	120			X			V	2
									0		PW	16	X					V	2
4	D	205	V			V			2	13	D	220	V					V	4st
Par4	7	140	V			V			2pt/B	Par5	5W	190	V					V	1pt
345^										600^	5	170	V					V	
오르막									0		PW	35	V					V	0
5	7		V			V			2	14	D	230	V					V	2st
Par3	PW	15		V		V			1	Par4	AW	80	V					V	2pt/A
160										310^									
									0										0
6	D	230	V					V	3st	15	D	230			X	X			3st
Par4	7	150			X	V			2pt/A	par4	PW	100				V		V	1pt
380	PW	23	V			V				365v	PW	45	V					V	
									1										0
7	D	220			X	X			3st	16	7					V		V	1st
Par5	5W	180	V					V	2pt/A	Par3									2pt/B
460^	PW	110	V			V				150									
																			0
8	D	260	V			V			3st	17	D	230	V			V			4st
Par4	6	160벙커	V					X	2pt/A	Par5	5W					X		V	1pt
420	SW	25	V			V				500^	3W	200	V					V	
									1		PT		V					V	0
9	D	215	V			V			2st	18	D	245	V			V			3st
Par4	PW	95	V			V			2pt/A	Par4	AW	90			X	V			1pt
310^									0	345	SW	20	V					V	
																			0

구 분	Putts	Score	L	M	S	L	C	R				
Front9	14	3	0	17	7	4	18	2	FKP:10/14		Birdie:1	
Back9	15	3	3	17	5	4	20	1	GIR:6/18		Par:13	
Total	29	78	3	34	12	8	38	3	O.W.L:0		Bogey:4	
									실수 14개		Double B:1	

A:6 B:4 3Putts:0   Shot of the day:15번홀 45Y PW샷
Long Game:12홀 티업 잘하고 천천히 티샷할 것   Management:양호했음
Short Game:방심하다가 60센티 퍼트 실수했음   Mind Control:대체로 양호

Target거리:Distance to Target, **Length**:샷의 거리로 목표지점보다 Long, Medium, Short으로 표시, X는 실수한 샷
Position:볼이 떨어진 지점이 Center인지, 목표보다 Left or Right인지 표시, S/P, Storkes/Put, 3/2 Three On Two Putt
FKR:Fairway Keeping Rate로 파 3홀 제외 14개 중 몇 개가 200야드 이상 페어웨이에 안착하는가 표시
GIR:Greens in regulation, 18홀 중 레귤레이션 온(파온)이 몇 홀 되었는가 표시,   O.W.L:OB, Water, Lost 갯수 표시
A:Putting past hole 지나간 것, **B**:Putting short of hole 짧은 것, 3퍼팅 갯수 표시, 맨 아랫줄은 분야별 강평 기재

왕짜의 스코어카드 양식   DS Kim's Score From 2000

〈저자의 2003년 골프 기록 통계 사례〉

No	Date	Club	Bck	Ttl	3pt	Ttl	FKR	GIR	Bir	Par	Bo	Dbl	>3	OWL
1	1월12일	수원.신	2	3	0	28	8	7	0	15	3	0	0	0
2	2월15일	뉴서울.남	-1	1	1	29	8	10	2	13	3	0	0	0
3	3월2일	백암.서.북	3	11	4	36	7	8	1	6	10	1	0	1
4	9일	수원	4	9	1	32	10	3	1	9	6	2	0	0
5	13일	상록.남.중	5	13	2	34	8	8	0	8	8	1	1	2
6	15일	씨그너스	2	7	3	37	10	12	0	11	7	0	0	0
7	23일	수원.신	6	7	1	29	11	7	3	8	6	0	1	1
8	29일	한일.동.서	4	8	1	33	7	7	0	10	8	0	0	0
9	4월6일	수원.신	4	6	3	34	11	11	1	10	7	0	0	0
10	10일	상록.중.남	7	11	1	31	8	4	1	7	8	2	0	2
	중략													
32	28일	베어	2	5	2	36	13	12	0	14	3	1	0	0
33	7월8일	신라.남.동	3	7	3	37	11	12	2	7	9	0	0	0
34	10일	상록.남.중	3	5	0	32	10	9	0	13	5	0	0	0
35	14일	수원.신	10	12	3	39	11	9	0	9	6	3	0	0
36	17일	수원.신	4	7	2	35	9	10	1	9	8	0	0	0
37	26일	시그너스	4	10	2	38	11	11	0	10	6	2	0	0
38	8월2일	레익사이드남	4	10	2	35	8	8	0	10	6	2	0	1
39	9일	용평버치힐	9	16	3	37	8	6	0	6	8	4	0	1
40	10일	수원.신	-1	6	0	30	6	8	1	11	5	1	0	0
41	14일	상록.중.남	4	10	3	34	10	6	0	8	10	0	0	0
42	17일	아도니스.서중	6	6	2	34	10	12	1	13	3	0	1	1
43	23일	시그너스	3	9	2	34	13	9	0	10	7	1	0	0
44	30일	다이내스티	8	9	1	30	11	7	2	11	1	2	2	2
45	9월6일	파인크리크	6	8	2	33	9	7	2	7	8	1	0	1
46	8일	수원.신	0	2	0	29	10	10	1	14	3	0	0	0
47	13일	강촌V.L	5	7	2	35	11	12	1	11	4	2	0	0
48	14일	수원.신	3	6	1	31	10	7	1	11	5	1	0	0
49	18일	상록.남.동	4	9	1	32	8	6	2	6	9	1	0	0
50	20일	캐슬파인L.V	1	10	2	31	8	7	2	9	4	2	1	1
51	10월9일	상록.남.동	5	13	2	33	10	5	1	6	8	3	0	2
52	12일	수원.신	-1	5	1	31	12	10	2	11	3	2	0	0
53	21일	코리아InNew	7	12	2	34	8	6	0	8	8	2	0	0
54	25일	골드.챔/마	0	5	0	32	8	9	1	11	6	0	0	0
55	26일	수원	3	6	0	29	10	6	0	13	4	1	0	0
56	11월13일	상록.중.남	2	3	0	25	12	6	2	11	5	0	0	0
57	23일	수원.신	3	7	1	32	10	8	0	12	5	1	0	0
		평균	3.7	7.8	1.6	32.8	9.6	8.3	0.9	9.9	6.0	1.1	0.2	0.4

Long Game	Short Game	Management	Mind Control
드라이빙불량	양호	마지막홀 세컨샷 강력히	양호
티샷방향 부진	Excellent	차분히 길게 친 것 유용	good
티샷 매우 부실	불량	불량	불량
아이언티샷 불량	어프로치 짧음	12,15홀 티샷 주의	양호
티샷 매우 불량	거리조절 불량	벌타 주의, 9홀 OB	잘 못한 편
초반 티샷 불량	양호	양호	양호
대체로 훅이 남	양호	파 4 더블과 7W 불량	양호
대체로 훅이 남	거리조절 약간 실패	양호	양호
초반 몸통회전 부족	숏퍼트 여러 개 놓치다	Warm-up 잘하고 칠 것	동반자 실수 관대히
초반 대체로 훅 남	퍼팅감을 중간에 잃음	몸 잘 풀고 첫 홀 칠 것	기다릴땐 끝까지
양호	첫 퍼팅 다소 짧음	양호	양호
초반 몸통회전 부족	첫 퍼팅이 짧았음	12홀써드 50y샷 벙커 빠짐	Not Bad
거리조절 잘 할 것	첫 퍼팅 거리 조절!	양호	양호
후반에 엉망됨	어프로치 거리 부정확	실수후 수습 못함	침착하지 못했음
몸통회전 잘할 것	PW로 퍼팅식 실수	양호	집중방해시 주의
양호	첫 퍼팅 경사 잘못 봄	연속 실수를 하였음	집중방해시 주의
드라이버 난조	숏퍼트 계속 놓침	차분하게 인내로!	집중방해시 주의
드라이버 엉망진창	착지선정 실수 수차례	초반 퍼트 실수로 자멸	스트레스해소 연구요
티샷 몸통회전 천천히	양호	초반 흐뜨러짐 잘 잡을 것	후반 집중 잘했음
티샷 몸통회전 천천히	초반 퍼트감 놓쳐 고생	연속보기 시인내후돌파	집중깨지면 재집중요
양호	양호	10홀 더블과 큰 잘못	초보캐디 무관심요
훅이 많이 났음	양호	양호	캐디 재촉에 차분히
몇 개의 큰 실수	양호	거리파악 주저하다 실수	서두르지 말았어야
허리불편, 몸통회전 부족	숏퍼트 안정	양호	실수후 서두르지 말자
양호	양호, 착지선정 주의	양호	양호
토핑실수 수차례	양호, 첫 퍼팅 짧음	파 5홀 잘 칠 것	방해당할 때 집중요
세컨 샷 거리파악 주의	양호	1홀, 10홀 주의	양호
초반 훅 주의	60야드 안쪽 잘 칠 것	서두르지 말자	방해당할 때 집중요
불량	AW 실수가 많았음	토핑으로 망가진 9번홀	침착하게 집중할 것
훅성이 많았음	퍼팅감을 초반에 잃음	파 5홀 운영 잘 할 것	불운을 이기도록
초반 훅이 많음	양호	Not Bad	Not Bad
감기, 컨디션 난조, 훅	길어서 내리막으로 감	파 3홀 최악	집중부족으로 실패
초반 부진	첫 퍼팅 짧음	양호	양호
초반 티샷 실수 주의	방심으로 퍼팅 하나 뺌	양호	양호
충분한 회전 양호	Short Putt 좋았음	캐디의 거리 믿지 말 것	양호
초반 티샷 부진했음	양호	양호	방해에도 집중유지요